Siepe

Leitfaden für Käufer von Häusern und Eigentumswohnungen

Siepe

Leitfaden für Käufer von Häusern und Eigentumswohnungen

Schneller das Richtige finden – ohne böse Überraschungen

22., überarbeitete und erweiterte Auflage 2010

Bibliographische Information der Deutschen Nationalbibliothek
Die Deutsche Nationalbibliothek verzeichnet diese Publikation in der Deutschen Nationalbibliographie; detaillierte bibliografische Daten sind im Internet über http://dnb.d-nb.de abrufbar.

Bitte beachten:
Alle Informationen in diesem Anleitungsbuch wurden so sorgfältig wie möglich recherchiert und geprüft. Es können sich jedoch mit der Zeit Änderungen ergeben, und selbst Fehler sind nicht mit Sicherheit auszuschließen. Deshalb kann der Verlag nicht dafür haften, dass alle Angaben vollständig und richtig sind – ausgenommen davon ist natürlich die Haftung für Vorsatz und grobe Fahrlässigkeit.

Holen Sie deshalb auf jeden Fall noch fachlichen Rat ein, bevor Sie wichtige und kostenträchtige Entscheidungen treffen!

Winkelsweg 2
53175 Bonn
ISBN 978-3-87999-053-5

Liebe Leserin, lieber Leser,

das Wichtigste beim Kauf eines Hauses oder einer ETW ist, einen kühlen Kopf zu bewahren und planmäßig und systematisch vorzugehen.

Dabei kann Ihnen mein »Leitfaden für Käufer von Häusern und Eigentumswohnungen« helfen: Er enthält genau die Informationen, die Sie unbedingt für richtige Entscheidungen brauchen. Keine graue Theorie, sondern wertvolle Erfahrungen und direkt verwendbare Praxistipps von Immobilienkäufern und Profis.

In dieser überarbeiteten und erweiterten Neuauflage finden Sie jetzt auch Hinweise für eine problemlose Zusammenarbeit mit Maklern sowie spezielle Tipps für den erfolgreichen Kauf von Haus oder Wohnung.

Ich hoffe, dass der Leitfaden auch Ihnen helfen wird, schneller und günstiger »Ihr« Haus oder »Ihre« Eigentumswohnung zu finden.

Viel Glück und Erfolg wünscht Ihnen

PS: Wenn Sie bei Ihrem Kauf neue interessante Erfahrungen gemacht haben, die auch für andere Hauskäufer wichtig sein könnten: Wir freuen uns, wenn Sie uns schreiben. Jeder Tipp/jede Anregung, die der Autor in der Folgeauflage aufgreift, honorieren wir mit 20 €.

Meine Anleitungsbücher sind anders, damit Sie es leichter haben

Jeder Leser soll – unabhängig von seinen Vorkenntnissen und Erfahrungen – so viel wie möglich aus diesem Anleitungsbuch für sich herausholen können. Deshalb entwickle ich meine Entscheidungshilfen nach bewährten Grundsätzen:

Arbeitsvorbereitung für den Leser

Meine Entscheidungshilfen enthalten in übersichtlichen CHECKLISTEN und ARBEITSBLÄTTERN bereits die Informationen, auf die es ankommt. (Sonst müssten Sie selbst lange Listen mit den für Sie wichtigen Informationen zusammenstellen. Dann wüssten Sie aber immer noch nicht, ob Sie die Fragen, auf die es ankommt, auch alle auf Ihrer Liste haben.)

praktisches Arbeitsmittel

Sie sollen die Informationen zur Hand haben, sobald Sie diese brauchen. Was nützt ein übliches Ratgeberbuch im Bücherschrank, wenn Sie zum Beispiel bei der Besichtigung eines Hauses an tausend Dinge denken müssen.

leicht verständlich

Der Inhalt ist auf die wichtigsten Probleme und die Lösungen dazu konzentriert; knapp und präzise; kein Fachchinesisch, sondern leicht verständlich für Leser ohne Vorkenntnisse geschrieben. (Das lasse ich vor der Veröffentlichung von Testlesern überprüfen.)

aktuell

Vor einem Nachdruck werden bei Bedarf Ergänzungen am Anfang jedes Anleitungsbuches aufgenommen.

Wie Sie mit diesem Anleitungsbuch am besten arbeiten

- Lesen Sie das Anleitungsbuch zuerst ganz durch. Markieren Sie dabei alle für Sie wichtigen Informationen. Kursiv geschriebene Wörter sind Fachausdrücke und werden im Fachwortlexikon erklärt.
- Entscheiden Sie danach, wo Sie bei Vorbereitung und Verkauf besondere Schwerpunkte setzen wollen. Nutzen Sie dazu intensiv die entsprechenden CHECKLISTEN und ARBEITSBLÄTTER.
- Vor Gesprächen und Entscheidungen die in Frage kommenden CHECKLISTEN zu Hause durcharbeiten. Wichtige Punkte, auf die Sie besonders achten wollen, kennzeichnen. Nicht jedem einzelnen Punkt in den CHECKLISTEN nachgehen; Ihr Gesprächspartner soll Sie ja nicht für einen Kleinkrämer und Besserwisser halten.
- Lassen Sie sich unbedingt von Experten beraten, wenn Sie unsicher sind oder wenn es um spezielle Fragen geht wie zum Beispiel Beseitigung von Baumängeln und Bauschäden.

Abkürzungsverzeichnis

AGB	Allgemeine Geschäftsbedingungen
BGB	Bürgerliches Gesetzbuch
BFH	Bundesfinanzhof
BGH	Bundesgerichtshof
BV	Berechnungsverordnung
ELW	Einliegerwohnung
ESt	Einkommemsteuer
EStDV	Einkommensteuer-Durchführungsverordnung
EStG	Einkommensteuer-Gesetz
ETW	Eigentumswohnung
GFZ	Geschossflächenzahl
GRZ	Grundflächenzahl
IVD	Immobilienverband Deutschland
OLG	Oberlandesgericht
WEG	Wohnungs-Eigentums-Gesetz

GRUNDSÄTZLICHES ZUM KAUF VON HAUS ODER WOHNUNG

CHECKLISTEN

ARBEITSBLÄTTER

Grundsätzliches zum Kauf von Haus oder Wohnung

1 Kaufziele festlegen

Ihre Träume von den eigenen vier Wänden sollen jetzt Wirklichkeit werden. Am besten starten Sie Ihr neues Projekt, indem Sie sich über Ihre Ziele klar werden. Drei Kriterien beeinflussen die Zielsetzung:

- Ihre Idealvorstellung und Ihre Anforderungen
- das Angebot am Markt
- Ihre finanziellen Möglichkeiten.

Passen Sie Ihre Idealvorstellung gleich am Anfang den gegebenen Möglichkeiten an; so sparen Sie Zeit, Mühe und auch Kosten bei der Suche Ihres Hauses oder Ihrer Eigentumswohnung (ETW). Welche Vorstellungen und Anforderungen hat jeder der künftigen Hausbewohner? Diese Frage ist ganz wichtig für Familien mit Kindern: Eltern haben jetzt die Chance, die Wohn- und Lebensqualität vor allem für ihre Kinder zu verbessern. Prüfen Sie deshalb sehr kritisch, ob Ihre Gewohnheiten und Vorstellungen vom Wohnen auch für Ihre Kinder optimal sind. Sehr oft stehen die Bedürfnisse der Eltern einseitig im Vordergrund. Investieren Sie also nicht nur in schöneres Wohnen, sondern vor allem für eine bessere Entwicklung Ihres Kindes! CHECKLISTE 1 gibt Ihnen dazu einige Hilfen und Anregungen.

Sie sollten jetzt auch die Vor- und Nachteile eines Hauses im Vergleich zu einer ETW gründlich abwägen. Denken Sie vor allem daran, dass Sie als Besitzer einer ETW nicht so schalten und walten können wie im eigenen Haus.

Viele ETW-Interessenten machen sich auch nicht klar, dass sie in einer ETW in vieler Hinsicht eher wie ein Mieter leben als wie ein unabhängiger Eigentümer auf eigener Scholle! So kann ein ETW-Besitzer allein praktisch nur über das Innere seiner Wohnung bestimmen. Tragende Innenwände, Balkon, Fenster oder Außenwände zum Beispiel gehören der Eigentümergemeinschaft. Alle Veränderungen müssen deshalb gemeinsam beschlossen werden. Wenn Sie noch unsicher sind, ob eine ETW oder ein Haus für Sie geeigneter ist: Fragen Sie Bekannte, die in einer ETW leben, nach deren Erfahrungen.

Mit Haus- oder ETW-Käufern aus Ihrem Bekanntenkreis zu sprechen, lohnt sich auch künftig vor allen wichtigen Entscheidungen; denn hier gibt es eine Menge Erfahrungen, von denen Sie profitieren können. Nur so haben Sie die Chance, die Fehler zu vermeiden, die andere schon vor Ihnen gemacht haben!

Vor allem vom Standort und von der Umgebung hängt es ab, ob Sie und Ihre Familie sich wohlfühlen und ob Ihr künftiger Besitz im Wert steigt! Nehmen Sie CHECKLISTE 1 zur Hand. Gehen Sie die dort aufgeführten Kontrollfragen sehr sorgfältig durch; denn bei diesen wichtigen Entscheidungen kann Ihnen kein Sachverständiger helfen. In diesen Fragen sind Sie der Experte! Denken Sie bei aller Begeisterung auch daran: Was ist bei einem möglichen späteren Verkauf oder einer Vermietung vorteilhaft (Lage, Grundriss, Ausstattung)?

Als nächstes vergleichen Sie Ihre Vorstellungen mit dem Angebot am Markt. Ein paar Möglichkeiten dazu: Studium von Anzeigen und Maklerprospekten, Kontakte mit Maklern, Gespräche mit Immobilienkäufern. Dabei bekommen Sie auch eine erste Vorstellung davon, wie viel Sie in etwa ausgeben müssen.

Jetzt rechnen Sie mit Hilfe von ARBEITSBLATT 1 Ihre mögliche Belastung aus. Diese Summe zeigt Ihre maximale Belastungsmöglichkeit zum jetzigen Zeitpunkt.

Welchen Kaufpreis können Sie ungefähr mit der möglichen Belastung aufbringen? Überschlagen Sie nun mit ARBEITSBLATT 2, wie viel Eigenkapital Sie aufbringen können. Die Höhe des benötigten Fremdkapitals errechnen Sie aus der möglichen Belastung. Von der Summe des Eigen- und Fremdkapitals ziehen Sie dann die geschätzten Nebenkosten für Makler, Notar, Grunderwerbsteuer, Umzug und Renovierung ab. Das Beispiel in der Tabelle zeigt, dass die Nebenkosten selbst bei Renovierung und Umzug in Eigenhilfe leicht Größenordnungen von 23.000 bis 41.000 € erreichen können:

Schätzung von Nebenkosten		
(Kaufpreis 250.000 €)	Minimum in T €	Maximum in T €
3,5 % Grunderwerbsteuer	9	9
Notarkosten, Kaufvertrag und Grundbuch (geschätzt)	3	4
Kreditnebenkosten (Basis Darlehen 150.000 €, ohne Disagio, geschätzt)	0	2
Umzug (geschätzt)	1	5
Renovierung wie Tapezieren, Anstreichen (geschätzt)	1	3
Zwischensumme	14	23
3,5 – 7 % Maklerprovision	9	18
Endsumme in €	**23**	**41**
in Prozent des Kaufpreises	**9**	**16**

Jetzt wissen Sie ungefähr, wie hoch der Kaufpreis sein kann. Tragen Sie Ihre – vielleicht jetzt schon geänderten – Anforderungen in ARBEITSBLATT 4 ein. Dann CHECKLISTE 1 ergänzen und korrigieren.

Wenn Sie bereits ein Haus oder eine ETW besitzen und verkaufen möchten: Brauchen Sie den Verkaufserlös, um Ihr neues Objekt zu finanzieren? Wenn ja, dann entscheidet die Marktsituation darüber, ob Sie zuerst besser verkaufen oder kaufen sollten.

Ist der Verkauf leichter oder schwerer als der Kauf? Empfehlung: Tun Sie das zuerst, was schwieriger ist. Verkaufen Sie zuerst, wenn das Angebot entsprechender Objekte größer ist als die Nachfrage. Überwiegt dagegen die Nachfrage, kaufen Sie besser zuerst und verkaufen anschließend. Konzentrieren Sie Ihre Kräfte! Wenn der Verkauf schwierig ist, sollten Sie diese Aufgabe dem besten Makler übertragen, den Sie finden können. Sie kümmern sich dann umso intensiver um die Suche und den Kauf.

Übrigens: Viele geldwerte Informationen und praktische Hilfen zum Immobilienverkauf enthält mein Anleitungsbuch »Erfolgreicher Haus-Verkauf von Privat oder über Makler« (gtb verlag 2010, ISBN 978-3-87999-052-8, € 14,90).

Sind Angebot und Nachfrage ausgeglichen, müssen Sie versuchen, Kauf- und Verkaufszeitpunkt so nahe wie möglich zu legen. Wenn Sie den Verkaufserlös zur Finanzierung des neuen Hauses oder der neuen ETW brauchen: Vor dem Kauf müssen Sie sicher sein, dass Sie einen Käufer für Ihr Haus finden. Außerdem sollten Sie die verbindliche Zusage eines Geldgebers für ein Überbrückungsdarlehen haben. Das kann besonders wichtig werden, wenn auch Ihr Käufer erst sein Objekt verkaufen muss und dabei in Zeitverzug gerät.

Stellen Sie einen Zeitplan auf. Käufer von selbst zu nutzenden Häusern oder ETW können nur bei richtiger Zeitplanung alle staatlichen Förderungen optimal ausschöpfen. Wollen Sie ein Haus oder eine ETW zur Vermietung kaufen, sollten Sie antizyklisch in Zeiten niedriger Kaufpreise und Mieten einsteigen. Sie zurren damit Ihren günstigen Einstiegspreis fest und können von künftig steigenden Wohnungsmieten profitieren. Ihre wesentlichen Ertragsquellen sind der nachhaltig erzielbare Mietertrag sowie die langfristige Wertsteigerung Ihrer vermieteten Immobilie. Die Steuerersparnis stellt nur das Sahnehäubchen dar.

2 Finanzierung klären und festlegen

Beim Immobilienkauf bieten sich vor allem zwei Chancen, besonders viel Geld zu sparen: Erstens ein möglichst niedriger Preis für Ihr Haus oder Ihre ETW und zweitens eine zinsgünstige Finanzierung. Wie viel hier gespart werden kann, erkennen die meisten erst auf den zweiten Blick; denn Finanzierungen sind wie Puzzle: es gibt viele verwirrende Einzelteile wie Darlehen verschiedener Geldgeber, Steuerbegünstigungen und Fördermittel. Für Ungeübte ist es nicht einfach, sie richtig zusammenzusetzen.

Tipp: Einen ersten Einblick erhalten Sie im Internet bei Baugeld-Discountern wie www.hypotheken-discount.de, www.dr-klein.de, www.interhyp.de oder www.finanzscout.de. Diese Internetanbieter von Baufinanzierungen glänzen nicht nur mit besonders günstigen Zinskonditionen, die bis zu einem halben Prozentpunkt unter den üblichen Zinssätzen liegen.

Die Baugeld-Discounter bieten Ihnen auch viele Zusatzinformationen zur Finanzierung wie Zinsrechner, Tilgungsrechner, Baugeld-Lexikon oder eine Rubrik »Häufig gestellte Fragen«. Zuweilen werden Sie schon regelrecht erschlagen von der Fülle der Informationen. Lassen Sie sich aber nicht durch die vielen Fachbegriffe verwirren und konzentrieren Sie sich auf das für Sie Wesentliche wie Zinskosten, Tilgungshöhe und Restschuld nach Ablauf der ersten Zinsfestschreibungsfrist.

Zu der Unübersichtlichkeit der Materie kommt vor allem noch der Druck durch verschiedene Geldgeber, die sich bestens auskennen und von denen jeder seine Interessen durchsetzen will. Wie können Sie als Laie in Finanzierungsfragen professionell vorgehen? Es ist gar nicht so schwer, wenn Sie sich an diese Prinzipien halten:

- Sie haben klare Finanzierungs-Zielsetzungen.
- Sie wissen, welche Steuerbegünstigungen und Förderungen für Sie in Frage kommen.
- Sie holen vor Entscheidungen unabhängigen Rat ein.
- Sie kennen den Markt.
- Sie gehen systematisch Schritt für Schritt vor.
- Sie verhandeln mit Initiative, Zähigkeit und Selbstbewusstsein.

Profis fangen nichts an, ohne das Ziel zu kennen. Beginnen also auch Sie damit, Ihre Finanzierungszielsetzung festzulegen. Beispiele dazu für Selbstnutzer:

- Gesamtaufwand für die Finanzierung möglichst niedrig halten – zum Beispiel durch höchstmögliches Eigenkapital und schnellere Rückzahlung der Darlehen
- Schwankungen des Zinssatzes nach oben begrenzen – zum Beispiel durch Zinsfestlegung für zehn Jahre oder mehr. Wichtig: Für viele Käufer ist es in einer Niedrigzinsphase (unter 5 Prozent effektiv) sehr empfehlenswert, die Zinsen für möglichst lange festzulegen. Die folgende Tabelle kann Ihnen bei der Einschätzung der Zinssituation helfen: Durch den gleich bleibenden Zinssatz steht mehr Geld zur Tilgung der Schulden zur Verfügung.

Erfahrung aus der Praxis: Je länger der Zins festgelegt ist, desto sicherer ist Ihre Finanzierung!

Die höchsten und niedrigsten Zinssätze 1980 – 2010		
Festlegungszeit	5 Jahre	10 Jahre
höchster Zinssatz	11 %	10 %
niedrigster Zinssatz	2,5 %	3,0 %

- monatliche Belastung niedrig halten – zum Beispiel durch lange laufende Finanzierung über 30 Jahre.

Beispiele für Kapitalanleger:
- mindesten sechs Prozent Mietrendite (Jahresnettokaltmiete in Prozent des Kaufpreises)
- überdurchschnittliche Wertsteigerung – eventuell auch bei geringerer Mietrendite
- alle Möglichkeiten bei hohem Steuersatz ausschöpfen.

Ob Ihre Ziele erreichbar sind, hängt entscheidend von Ihrer derzeitigen und künftigen Finanzkraft ab. Grobe Schätzungen und Hoffnungen reichen in dieser Phase nicht mehr, Sie müssen jetzt sorgfältig folgende Informationen zusammenstellen:
- Wie viel Eigenkapital können Sie selbst aufbringen (ARBEITSBLATT 2)?
- Welche Möglichkeiten gibt es für Sie, Kapital zu beschaffen (ARBEITSBLATT 2)?
- Welche steuerlichen Vorteile können Sie nutzen?

2.1 Steuerbegünstigungen und staatliche Fördermittel

Steuerliche Gesichtspunkte beeinflussen die Finanzierung erheblich. Welche Steuerbegünstigungen für Sie in Frage kommen, hängt davon ab, ob Sie das Haus oder die ETW ganz oder teilweise selbst nutzen wollen oder ob Sie eine Kapitalanlage daraus machen wollen.

Kapitalanleger dürfen sämtliche Objektkosten für die vermietete Immobilie über die gesamte Lebensdauer des Gebäudes abschreiben. Die Tabellen auf den Seiten 80 und 81 enthalten alle wesentlichen Vorteile, die der Fiskus Ihnen bietet. Weitere Informationen dazu finden Sie im Fachwortlexikon auf den Seiten 60/61 sowie in der CHECKLISTE 11. Einige Möglichkeiten, Ihre Steuerlast weiter zu senken, möchte ich Ihnen gleich zeigen.

Beim Disagio denken viele nur an die oft versprochenen hohen Steuereinsparungen. Dabei wird übersehen, dass ein Disagio den Kreditnehmer auch Geld kostet.

Ein hohes Disagio – möglich sind bis zu fünf Prozent des Darlehens-Nennwertes – lohnt sich für Selbstnutzer aus steuerlichen Gründen nicht mehr, da ein steuerlicher Abzug entfällt. Wollen Sie mit dem Disagio nur die laufenden Zinsen nach unten drücken, nehmen Sie eine deutlich höhere Restschuld nach Ablauf der Zinsbindung in Kauf und tappen damit in die »Disagio-Falle«.

Kapitalanleger profitieren vom Disagio nur, falls sie anfangs nach dem Kauf deutlich mehr Steuern zahlen sollten als in späteren Jahren. Auch hier sind die Kosten durch das Disagio sorgfältig mit den Steuervorteilen zu vergleichen.

Ein Arbeitszimmer im eigenen Haus lohnt sich für Arbeitnehmer aus steuerlichen Gründen ab dem Jahr 2007 nicht mehr. Achtung auch für Freiberufler und Gewerbetreibende: Ein Büro kann eventuell zum Betriebsvermögen gerechnet werden.

Bei einem späteren Verkauf wäre der Verkaufserlös dann anteilig zu versteuern. Fragen Sie dazu einen Steuerfachmann.

Für Selbstnutzer mit höherem zu versteuernden Einkommen kann es interessant sein, ein Zweifamilienhaus zu kaufen oder ein Objekt in ein Haus mit zwei ETW umzuwandeln (siehe auch Seite 74).

Unter Steuer-Gesichtspunkten sind nahe Verwandte ideale Mieter; denn Sie als Vermieter können alle Kosten steuerlich absetzen, wenn die vereinbarte Miete mehr als 75 Prozent der ortsüblichen Vergleichsmiete ausmacht. Fragen Sie Ihren Steuerberater nach weiteren Einzelheiten.

Wichtig: Auch *ohne* die Steuerbegünstigungen sollte Ihre Finanzierung für Sie tragbar sein. Benutzen Sie die Steuerersparnisse vielmehr, um Darlehen schneller zu tilgen oder um zusätzliche Kosten – die gibt es immer! – zu finanzieren. Wer sich dagegen zu hohe Belastungen zumutet, spürt das in den ersten Jahren durch die Steuerbegünstigungen nicht.

Haushalte mit knappem Budget haben außerdem noch die Chance, ihre Finanzierung mit staatlichen und kommunalen Zuschüssen und Hilfen aufzubessern. Die meisten Bundesländer helfen privaten Immobilienkäufern und Bauherren mit Zuschüssen und Darlehen:

1. Förderweg: traditionelle öffentliche Baudarlehen zu günstigen Zinskonditionen
2. Förderweg: nicht-öffentliche Mittel wie Aufwendungsdarlehen, die Zinsen und Tilgung verringern
3. Förderweg: Darlehen zum Bau von Mietwohnungen, zum Umbau und Ausbau in bestehenden Gebieten, im Gegensatz zu 1. und 2. Förderweg keine Beschränkungen und Vorgaben hinsichtlich Personenkreis, Einkommenshöhe, Miethöhe und Mietpreisbindung.

Auf diese Zuschüsse und Darlehen haben Sie auch als Berechtigter keinen Rechtsanspruch. Deshalb sollten Sie diese Fördermittel so früh wie möglich beantragen. Außerdem müssen Ihnen die Mittel schriftlich zugesagt sein, bevor Sie einen Kaufvertrag unterschreiben!

Weitere Vergünstigungen sind in bestimmten Fällen *Bürgschaften* zur Sicherung von nachrangigen Hypothekendarlehen sowie Lastenzuschüsse. Nachrangige Darlehen zu günstigen Zinskonditionen und bis zu 30 % der angemessenen Gesamtkosten (maximal 100.000 €) hält die Kreditanstalt für Wiederaufbau (KfW) bereit. Erkundigen Sie sich bei Geldinstituten, Landratsämtern oder Wohnungsämtern nach den Voraussetzungen für diese Vergünstigungen. Die Einkommensgrenzen liegen höher, als viele glauben.

Eine besondere staatliche Förderung bieten Wohn-Riester-Darlehen für Selbstnutzer. Sie können Ihre Riester-Sparbeiträge inkl. Zulagen und Steuerersparnisse direkt in die Tilgung fließen lassen.

2.2 Darlehen

Es geht für Sie und für den Kreditgeber um richtig viel Geld. Deshalb haben Sie es dort auch mit gewieften Gesprächspartnern zu tun. Hier wird freundlich aber hart verhandelt und wenig getan, um etwas Licht in den Konditionendschungel zu bringen!

Also, bereiten Sie sich umso besser vor. Befassen Sie sich als erstes mit dem Markt für Immobilienfinanzierungen. Welche Konditionen gibt es zur Zeit? Welche Hauptkreditgeber und Darlehensformen kommen für Sie in Frage:

- Bausparkassen *(Bauspardarlehen)*
- Geldinstitute wie Geschäftsbanken, Sparkassen, Volksbanken *(Hypotheken)*
- Hypothekenbanken *(Hypotheken)*
- Versicherungen *(Versicherungsdarlehen)*
- Die von diesen Gesellschaften gegebenen Darlehen unterscheiden sich bei Laufzeit und

Kosten erheblich. Die zahlreichen Besonderheiten sowie Vor- und Nachteile der drei wichtigsten Darlehensformen sind im Fachwortlexikon beschrieben. Wenn Sie noch tiefer in die Materie einsteigen wollen, finden Sie auf Seite 78 Hinweise auf weiterführende Literatur.

Übrigens: Beim Bausparen werden meistens nur die Vorteile wahrgenommen, die in bestimmten Fällen erheblichen Nachteile aber übersehen. Deshalb empfehle ich Ihnen, auch hier sehr kritisch die Finanzierungsalternativen verschiedener Geldgeber zu vergleichen. Auf keinen Fall sollten Sie sich zu einer so genannten Sofortfinanzierung (Kombination von Bausparvertrag und tilgungsfreiem Darlehen) überreden lassen, wenn die Gesamteffektivzinsen spürbar höher als zum Beispiel die für ein entsprechendes Hypothekendarlehen liegen.

Nutzen Sie aber vorhandene Bausparverträge, die bald zugeteilt werden. Durch eine Zwischenfinanzierung erhalten Sie ein tilgungsfreies Darlehen von der Bausparkasse, das dann mit der zugeteilten Bausparsumme getilgt wird. Tipp: Wenn Sie selbst keinen solchen Bausparvertrag haben, grasen Sie Ihre Verwandtschaft ab; Sie können Bausparverträge von Verwandten ohne finanzielle Nachteile übernehmen.

Übrigens: Hände weg von Kombinationen von Anlagen in Aktien-Investmentfonds oder Fondspolicen mit einer Baufinanzierung. Solche Angebote klingen auf den ersten Blick verlockend. Sie sind aber wegen des Kursrisikos und wegen der oft hohen Vertriebsprovisionen nicht zu empfehlen.

Welche Konditionen der Markt zur Zeit bietet, erfahren Sie aus Zeitschriften wie »Capital«, »Wirtschaftswoche« und »FINANZtest«. Dort werden häufig informative Zusammenstellungen und Vergleiche von Zinskonditionen veröffentlicht. Nutzen Sie auch brandaktuelle Vergleiche von Zinskonditionen im Internet! Geeignete Internetadressen sind: www.fmh.de, www.baugeldvergleich.de, www.focus.finanzen.de. Die entsprechenden Hefte der Zeitschrift »FINANZtest« können Sie entweder bei der nächstgelegenen Verbraucherberatung einsehen.

Die beste Marktübersicht und maßgeschneiderte Finanzierungsvorschläge bieten auf einfache Weise Computerprogramme von neutralen Finanzierungsberatern. Dort sind Konditionen vieler Anbieter aus der gesamten Bundesrepublik gespeichert. Außerdem ist das Angebot per Computer umfassender; denn es berücksichtigt alle wesentlichen Finanzierungsformen wie *Hypotheken* von Geldinstituten und *Versicherungen* sowie *Bauspardarlehen.*

Mit diesem Informationsstand sollten Sie jetzt Ihre Hausbank und zwei bis drei weitere Kreditgeber um schriftliche Angebote bitten. Rufen Sie die Kreditinstitute, Bausparkassen oder Versicherungen an, um einen ersten Kontakt herzustellen und zu vereinbaren, dass man Ihnen ein verbindliches schriftliches Finanzierungsangebot macht. Erst danach schreiben Sie Ihren Gesprächspartnern; denn mit Telefonat und schriftlicher Anfrage werden Sie eher qualifizierte vergleichbare Angebote erhalten als auf – sozusagen ins Blaue verschickte – Serienbriefe.

Damit die Angebote überhaupt vergleichbar sind, sollten Sie folgende Kriterien verbindlich vorgeben:

- Auszahlungsbetrag,
- Auszahlungszeitpunkt,
- Zinsfestlegungszeit,
- Darlehen ohne *Disagio* und mit *Disagio* (Prozentsatz vorgeben),
- Höhe der monatlichen Rate.

Verlangen Sie, dass der Kreditgeber Ihnen auf jeden Fall die Restschuld, die Gesamtbelastung und den *anfänglichen effektiven Jahreszins* für die zinsgebundene Zeit des Darlehens schriftlich gibt. Achten Sie auch darauf, wie hoch der Beleihungswert ist. Je höher dieser Wert ist, desto höher ist auch das zinsgünstige erststellige Darlehen. Kreditinstitute zögern oft, den Beleihungswert in € zu nennen und zu erläutern, wie dieser ermittelt wurde. Tipp: Legen Sie bei einem Renditeobjekt Unterlagen über die Mieten und die Hauskosten auf den Tisch. Nur so können Sie erreichen, dass der Beleihungswert höher angesetzt wird, wenn Ihre Zahlen günstiger sind als die von dem Kreditgeber geschätzten Zahlen.

Relativ einfach ist der Vergleich verschiedener Angebote mit dem anfänglichen effektiven Jahreszins für die Zeit der Zinsfestlegung. Voraussetzung ist jedoch, dass die Geldgeber vergleichbar sind, also nicht Angebote von Banken mit Versicherungen vergleichen. Außerdem müssen Höhe des ausgezahlten Darlehens, die Beleihungsgrenze und die Zinsfestlegungszeit zumindest in etwa übereinstimmen.

Etwas komplizierter ist der Vergleich von Darlehen mit Hilfe der Restschuld. Das ist die Summe, die Sie dem Geldgeber nach Ablauf der Zinsfestlegungszeit noch schulden. Das günstigste Angebot für Sie ist das mit der geringsten Restschuld. Zusätzlich zu den im vorigen Absatz genannten Kriterien müssen auch die Höhe der zu zahlenden Rate, der Zahlungszeitpunkt und der Auszahlungsbetrag gleich sein.

Überprüfen Sie die Angebote mit CHECKLISTE 3, und halten Sie darin alle wesentlichen Informationen fest. Jetzt wissen Sie, wie viel Sie für Ihr Haus oder Ihre ETW ausgeben können. Wenn dieser Betrag unter dem liegt, was Sie aufgrund Ihrer Vorstellungen und der Marktlage brauchen: Gehen Sie Möglichkeiten zur Kostensenkung mit CHECKLISTE 12 durch.

Es kann sich für Sie lohnen, eine Finanzierung ganz oder teilweise vom Verkäufer zu übernehmen. Sie sparen dabei die Notar-, *Grundbuch*- und möglicherweise auch die Gutachtergebühren. Voraussetzung für die Übernahme ist natürlich, dass der oder die Darlehensgeber der Übertragung zustimmen. Ob die Konditionen des Altdarlehens auch wirklich günstiger als ein neuer Kredit sind, können Sie am besten durch einen Vergleich der Restschulden beider Kredite feststellen.

Inzwischen wissen Sie, mit welchen Geldgebern ein persönliches Gespräch lohnt. Darauf sollten Sie sich gründlich vorbereiten, vor allem, wenn Sie – zum Beispiel bei wenig Eigenkapital – mehr Kredit als üblich brauchen. Entscheidend für den Erfolg ist, dass Sie den Geldgebern als »gutes Risiko« erscheinen. Lassen Sie sich nicht in die Rolle eines Bittstellers drängen. Beginnen Sie mit den Verhandlungen so früh wie möglich, denn Zeitdruck schwächt Ihre Verhandlungsposition! Außerdem geraten Sie so nicht unter Abschlussdruck der zahlreichen Interessenvertreter von der Bausparkasse, Bank oder Versicherung!

Übernehmen Sie für das Gespräch die Initiative. Präsentieren Sie sich dem Gesprächspartner. Sprechen Sie von sich aus die Fragen an, die für den Kreditgeber entscheidend sind:

- Einkommen (Höhe des Einkommens der letzten Jahre; Sicherheit des künftigen Einkommens, zum Beispiel Beamter auf Lebenszeit, zukunftsträchtige Branche, erfolgreiches Unternehmen, berufliche Entwicklung; weitere Einkommen in der Familie),
- Eigenkapital (Liste des Eigenkapitals; Sparrate in der Vergangenheit),
- Liste von Zahlungsverpflichtungen,
- Sicherheiten, die Sie bieten können,
- Persönlichkeitsfaktor (Kredite in der Vergangenheit; Referenz Ihrer Bank; Gründe für Arbeitsplatzwechsel in der Vergangenheit; Familienstand und ähnliches).

Wenn Sie wollen, fassen Sie diese Informationen kurz auf einem Blatt zusammen. Bringen Sie eine aktuelle Gehaltsbescheinigung mit. Ein Beamter verbessert seine Kreditwürdigkeit zum Beispiel mit einer Kopie der Ernennungsurkunde zum Beamten auf Lebenszeit. Fügen Sie auch die ausgefüllten ARBEITSBLÄTTER 1 und 2 bei.

Sollte der Gesprächspartner Ihre Lebenshaltungskosten wesentlich höher einschätzen als Sie: Überzeugen Sie ihn mit Ihrem Ausgabenplan, dass Sie einen höheren Kredit wert sind. Sie können noch ein Übriges tun und bei der Schufa (Schutzgemeinschaft für allgemeine Kreditsicherung) vor Ihrem Gespräch eine Selbstauskunft einholen. Wollten Sie nicht immer schon einmal wissen, ob etwas über Sie im Computer gespeichert ist? Die Bank fragt dort ebenfalls nach, bevor sie den Kredit gibt. (Adresse auf Seite 75).

Ich empfehle Ihnen, bei der Konditionenverhandlung Prioritäten zu setzen. Konzentrieren Sie sich auf Bereiche, wo es viel zu sparen gibt. Fangen Sie deshalb mit den Zins- und Auszahlungskonditionen an. Danach versuchen Sie, auch bei den Nebenkosten Zugeständnisse herauszuholen.

Prüfen Sie die Finanzierungsvorschläge sorgfältig mit CHECKLISTE 3. Vergleichen Sie Nominalzins, *anfänglichen effektiven Jahreszins* und den auszuzahlenden Betrag. Verbesserungen der Konditionen können Sie vielleicht mit folgenden Argumenten erreichen:

Sie legen ein günstigeres Wettbewerbsangebot eines für Sie in Frage kommenden Geldgebers im selben Ort oder der näheren Umgebung vor.

- Falls der Beleihungswert von der Bank Ihrer Ansicht nach zu niedrig angesetzt ist und deswegen die Finanzierung teurer ist: Lassen Sie sich das Wertgutachten zeigen, fragen Sie nach den Gründen für Abschläge. Falls man Ihnen das nicht sagen will oder noch kein Gutachten vorhanden ist: Bei Gebäuden aus zweiter Hand sollten Sie dann durch einen anerkannten Sachverständigen dann auf Ihre Kosten ein Gutachten anfertigen lassen. Dazu gibt es zwei Möglichkeiten: Fragen Sie beim Gutachterausschuss Ihrer Gemeinde nach einem Gutachter (deutlich günstiger als andere Gutachter!). Oder Sie lassen eine preiswerte Revisionsschätzung durch die Brandversicherung machen, wenn die vorliegende Schätzung nicht mehr aktuell ist. So haben Sie ein Gutachten für Verhandlungen über den für Sie günstigsten Beleihungswert und außerdem für einen möglichst hohen Anteil der Gebäudekosten beim Finanzamt. Bei Neubauten sind Gutachten meist überflüssig, weil die Bank die nötigen Zahlen leicht aus den Bau-Unterlagen errechnen kann.
- Argumentieren und beweisen Sie Ihre gute Bonität. Belegen Sie, dass Sie Zins und Tilgung gut aus Ihrem jetzigen regelmäßigen Einkommen finanzieren können (Faustregel von Geldgebern: bis zu 40 Prozent des Nettoeinkommens für Zins und Tilgung.)

Bestehen Sie darauf, dass man Ihnen die Restschuld, Gesamtbelastung und den *effektiven Jahreszins* schriftlich gibt. Es kommt vor, dass der Verhandlungspartner diesen Vergleich scheut und diese Daten angeblich nicht verfügbar hat.

Tipp: Lassen Sie sich alle Kosten aufschreiben, die nicht beim effektiven Jahreszins berücksichtigt wurden. Rechnen Sie diese Kosten zu dem Darlehen dazu, und lassen Sie sich den effektiven Jahreszins für dieses erhöhte Darlehen ausrechnen. Damit sind alle Darlehen vergleichbar – auch die von unterschiedlichen Kreditgebern wie Banken, Bausparkassen oder Versicherungen.

Verhandlungsspielraum haben die Kreditleute auch bei den zahlreichen Nebenkosten. Die nachfolgende Tabelle enthält einige Beispiele zusammen mit ein paar Argumenten. Damit sollten Sie versuchen, Nebenkosten möglichst zu vermeiden oder zumindest zu drücken.

Lassen Sie sich von Ihrem Gesprächspartner die Finanzierungsvorschläge entsprechend ARBEITSBLATT 5 und 6 detailliert ausrechnen. Entscheidend für den Vergleich ist die zinsgebundene Zeit. Die Zahlen für den Zeitraum danach bis zum Auslauf der Finanzierung dienen dagegen zur Optimierung der Finanzierung. Hier können Sie überprüfen, ob Sie statt mit einem Prozent besser mit zwei oder mehr Prozent tilgen sollten – eine Alternative übrigens, die von manchem kaufkräftigen Immobilienkäufer übersehen wird.

Achten Sie darauf, dass beim langfristigen Zahlungsplan (ARBEITSBLATT 6) nach Ablauf der Zinsfestlegung realistische Zinssätze zugrunde gelegt werden. Realistisch ist nicht der niedrigste Wert, sondern ein Durchschnittswert, der aus den letzten 10 bis 20 Jahren abgeleitet ist. Zur Orientierung: Der bislang niedrigste Zins für alle Hypothekenkredite betrug 3 Prozent und der höchste Zins 11 Prozent. Rechnen Sie am besten mit einem Durchschnittszins von 7 Prozent.

Wenn die Zinsen in Zukunft niedriger sein dürften als zum Zeitpunkt Ihrer Gespräche, schließen Sie einen Darlehensvertrag mit offenen Konditionen ab. Die endgültigen Konditionen werden dann festgelegt, wenn die Zinsen niedriger sind. Allerdings sollten Sie genau beobachten, wie sich der Zinsmarkt entwickelt.

Lassen Sie sich die Kreditzusagen für sämtliche Darlehen auf jeden Fall verbindlich und schriftlich geben. Bevor Sie die Verträge unterschreiben, sollten Sie sich noch einmal kritisch fragen, ob Sie die künftigen Belastungen auch wirklich tragen können und wollen. Was passiert, wenn Sie arbeitslos werden? Wie sind Sie abgesichert bei vorzeitiger Invalidität oder im Todesfall? Wie hoch sind die in einem solchen Fall zu erwartenden Rentenansprüche?

Falls die Bank für Ihre Finanzierung ein Gutachten erstellen lässt: Bestehen Sie darauf, dass Sie eine Kopie bekommen. Sie haben das Gutachten schließlich bezahlt, und irgendwann können Sie es vielleicht einmal gut gebrauchen.

Nebenkosten für Finanzierungen

Art der Nebenkosten	Begründung der Bank	Ihr Gegenargument
Wertschätzungsgebühr	0,2 bis 0,5 % der Darlehenssumme, weil Beleihungsgutachten erstellt werden muss	Sie brauchen kein Gutachten, weil Ihnen bei Gebäuden aus 2. Hand bereits ein Wertgutachten – zum Beispiel von der Brandversicherung – vorliegt. Schätzkosten dürfen nicht pauschal berechnet werden. Bei Neubauten ist die Wertschätzung einfacher, weil die Bank die nötigen Informationen wie zum Beispiel umbauter Raum aus den Bauunterlagen ohne großen Aufwand entnehmen kann.
Einwertungsgebühr	Gebühr für Annahme Ihres Gutachtens	So etwas gehört zum Standardservice einer guten Bank; die Bank hat keine Ausgaben oder Kosten.
Verwaltungskosten	laufende Darlehensverwaltung kostet Geld	Die Kosten sind durch Zinsmargen abgedeckt und fallen im Zweifelsfall unter Standardservice.
Zinsaufschlag bei Teilauszahlung	bis zu 1,5 Prozentpunkte mehr für Mehraufwand, der durch mehrere Auszahlungen entsteht	Diesen Kosten steht keine oder keine angemessene Leistung des Geldgebers gegenüber.
Nichtabnahmegebühr	Gebühr von pauschal bis zu 3 % der Darlehenssumme, wenn Darlehen nicht in Anspruch genommen wird	Fragen Sie, worauf diese Gebühr beruht (nach der Rechtsprechung des Bundesgerichtshofes darf dem Kunden nur der Schaden berechnet werden, der dem Geldgeber tatsächlich entstanden ist). Hinweis, dass Sie den Kreditvertrag bei unveränderter Gebühr so spät wie möglich unterschreiben (Risiko für Geldgeber, dass Sie dann doch noch bei der Konkurrenz abschließen!).
Bürgschaftsgebühren	Gebühr für zusätzliche selbstschuldnerische Bürgschaft	Beweisen Sie, dass Sie ein »gutes Risiko« für die Bank sind und dass andere Banken auch darauf verzichten.
Bereitstellungszinsen	0,1 bis 0,3 % pro Monat vom bewilligten, aber noch nicht in Anspruch genommenen Kreditbetrag	Hinweis auf unterschiedlichen Zahlungsbeginn bei Konkurrenten (von 3 Monaten bis zu einem Jahr).
Vorfälligkeitsentschädigung	Gebühr für entstandenen Zinsschaden der Bank, falls Darlehen vor Ende der Zinsbindungsfrist zurückgezahlt wird	Vereinbaren Sie, dass Sie zumindest im Falle einer Schenkung, Erbschaft oder eines Lottogewinns vorzeitig tilgen können, ohne dass eine Vorfälligkeitsentschädigung erhoben wird. Am besten vereinbaren Sie generell die Möglichkeit zur Sondertilgung bis zu 5 oder 10 Prozent der Darlehenssumme pro Jahr.

3 Haus oder ETW suchen

Verschaffen Sie sich anhand von Karten, Stadtplänen und Fahrplänen zuerst einmal eine Übersicht, wenn Sie in einer fremden Umgebung suchen. Es kann sich auch lohnen, Klima, Wetterkarten oder Tabellen und Literatur über Umweltbelastung in der Region zu studieren.

Noch wichtiger ist es, dass Sie den Markt für Häuser oder ETW in dem von Ihnen gewählten Einzugsgebiet so gut wie möglich kennen. Überwiegt die Nachfrage nach Häusern oder ETW, die Sie suchen? Welchen Anteil haben die Makler an den Verkäufen? Lesen Sie die Anzeigenseiten der Zeitungen, sprechen Sie mit Leuten, die sich auskennen. Fragen Sie nach entsprechenden Erfahrungen. Sprechen Sie mit Maklern. Rufen Sie die Architektenkammer, das Bauamt, das Katasteramt und die Gemeindeverwaltung an. Dort hat man meist einen guten Überblick, von dem Sie profitieren können. Bei der Gemeinde erfahren Sie auch Richtpreise für Grundstücke.

Jetzt können Sie realistischer einschätzen, ob Sie eine Chance haben, das Haus oder die ETW von Privat zu kaufen. Außerdem kann ein Verkäufer Sie nicht mehr so einfach unter Druck setzen. Und Sie werden schneller und sicherer entscheiden, wenn es soweit ist.

Planen Sie genug Zeit für die Suche ein. Vor allem, wenn Sie bald ein Haus oder eine ETW finden wollen, sollten Sie sich voll auf die Suche konzentrieren.

Ob Sie durch die Vermittlung eines Maklers oder von Privat kaufen werden, hängt vor allem davon ab, wie hoch der Anteil der Makler am Angebot Ihres Einzugsgebietes ist. Dazu kommt, ob Sie die nötige Zeit haben, selbst – zum Beispiel in einer entfernten Stadt – ein Angebot von Privat zu suchen.

Gute Makler können viel dazu beitragen, dass Sie schneller ans Ziel kommen, denn sie bieten wichtige Leistungen:

- Marktkenntnis,
- Vorauswahl,
- detaillierte Beschreibung der Objekte (Exposé),
- marktorientierte Verkaufspreise (Ein Makler kann für Sie Preise herunterhandeln, wenn Ihnen das nicht so liegt!),
- Beratung bei der Besichtigung,
- Klärung aller wichtigen Fragen vor Vertragsabschluss und Vorbereitung des Kaufvertrages,
- Beratung bei Finanzierung und Vermittlung der Kredite.

Leider kann in Deutschland jeder Makler werden. Das Einzige, was man dazu braucht, ist ein Gewerbeschein. Vorbildung und Fähigkeiten müssen nicht nachgewiesen werden. Deshalb sollten Sie im Umgang mit Maklern ein paar Regeln beachten und sich Ihren möglichen Geschäftspartner etwas näher ansehen, bevor Sie mit ihm zusammenarbeiten. Die zahllosen Streitigkeiten um Maklerprovisionen hängen meistens damit zusammen, dass die Vertragsverhältnisse von nicht professionell arbeitenden Maklern bewusst oder unbewusst unklar gelassen werden. Fazit: Wenn Sie mit Profis zusammenarbeiten, haben Sie auch weniger Ärger. CHECKLISTE 5 enthält die wesentlichen Punkte, auf die Sie bei der Zusammenarbeit mit Maklern achten müssen.

Generell gilt, dass ein Makler nur dann eine Provision beanspruchen kann, wenn folgende Voraussetzungen erfüllt sind:

1. Es muss ein gültiger Maklervertrag (mündlich oder schriftlich) bestehen.
2. Der Anspruch auf die Provision muss vom Makler eindeutig – zum Beispiel schriftlich – und vor Beginn seiner Tätigkeit dem Interessenten mitgeteilt werden. (Sonst kann der Interessent davon ausgehen, dass der Makler seine Provision vom Verkäufer erhält.)
3. Der Makler muss durch Nachweis oder Vermittlung seine Leistung erbracht haben, und zwar so, dass diese Maklertätigkeit die Hauptursache für den Kaufvertrag war.
4. Der Kaufvertrag muss abgeschlossen sein.
5. Der Makler muss die zum Kaufentschluss wesentlichen Fakten – zum Beispiel Wohnfläche, Baujahr – korrekt angeben.

Außerdem darf er seine Pflichten als neutraler Dritter zwischen Verkäufer und Kaufinteressenten nicht verletzen, weil er beispielsweise wirtschaftlich eng mit dem Verkäufer verbunden ist.

Wenn Sie Anzeigen und Exposés von Maklern und von Bauträgern lesen, sollten Sie kritisch bleiben und sich nicht von der Verkäuferbegeisterung anstecken lassen; denn Anzeigen und Exposés versprechen oft mehr, als es der Wirklichkeit entspricht. Lernen Sie, zwischen den Zeilen zu lesen. So sparen Sie Zeit für unnütze Besichtigungen. Außerdem erfahren Sie etwas über die Qualifikation und Zuverlässigkeit des Inserenten. Hier sind einige typische Beispiele für »Makler- und Bauträger-Prosa«:

Makler-Aussage	**Das steckt oft dahinter**
ohne Angabe des Baujahres (bei Objekten aus zweiter Hand)	älteres oder altes Haus
zentrale Lage	wahrscheinlich laut
exklusive Innenstadtlage	exklusiv ist ein beliebtes Füllwort, hier lag das Haus in der Nähe des Güterbahnhofs
Hinweis »ruhig« fehlt	liegt wahrscheinlich an der Hauptstraße oder einer Bahnlinie
Einfamilienhaus ohne Zusatz »freistehend«	kein Einzelhaus, sondern Reihenmittelhaus
ETW ohne Hinweis auf kleine Wohnanlage	wahrscheinlich Hochhaus
Frühstücksbalkon	liegt nach Osten, eher sehr klein
wenige Autominuten von der Innenstadt entfernt	vermutlich wenig attraktiver Ort und weiter entfernt als Sie denken
nur wenige 100 Meter bis zum Ortskern	wahrscheinlich eher 900 als 200 Meter
parkartiger Garten	kein Park, sondern normal angelegter Garten
keine Grundstücksgröße angegeben	wahrscheinlich Mini-Grundstück
fehlender Hinweis auf Zustand des Objektes	vermutlich vernachlässigt, renovierungsbedürftig
Luxus-Einfamilienhaus	vermutlich eher gehobene Ausstattung; Luxus-Ausstattung wird oft als »Traumhaus« bezeichnet.

4 35 Ideen und Tipps für die Suche

Die folgenden 35 Ideen und Tipps für die Suche nach einer für Sie geeigneten Immobilie (Haus oder Eigentumswohnungen) sind danach gegliedert, ob sie mit keinen, geringen oder hohen Kosten verbunden sind.

4.1 Keine oder nur geringe Kosten

1. Angebote in Zeitungen oder Zeitschriften verfolgen

Stellen Sie fest, in welchen nationalen, regionalen und lokalen Zeitungen oder Zeitschriften Häuser angeboten werden. An welchen Tagen? Abonnieren oder regelmäßig kaufen.

Fast alle größeren Tageszeitungen bieten Immobilien auch im Internet an. Beispiele: www.sueddeutsche.de (für München), www.nn-online.de (für Nürnberg), www.rundschau-online.de oder www.ksta.de (für Köln), www.rp-online.de (für Düsseldorf), www.abendblatt.de (für Hamburg) oder www.tagesspiegel.de und www.berliner-morgenpost.de (für Berlin).

Weitere Online-Immobilienangebote von Tageszeitungen finden Sie unter der Internetadresse www.d-immo.de.

2. Anzeige in der Zeitung aufgeben

Studieren Sie den Anzeigenteil genau, bevor Sie Ihre Anzeige formulieren. Sehen Sie sich vor allem die Kaufgesuche an: Was wird in den Anzeigen herausgestellt? Wie groß sind sie? Bei Anzeigen, die Ihnen besonders auffallen, sollten Sie telefonisch versuchen, bei den Inserenten etwas über das Ergebnis zu erfahren. Auch ein Gespräch mit Mitarbeitern in der Anzeigenabteilung der Zeitung lohnt sich, wenn diese eine gute Marktübersicht und Erfahrungen haben. Diese Vorarbeit empfehle ich Ihnen besonders, wenn die Nachfrage nach Häusern das Angebot übersteigt.

Beim Entwurf der Anzeige folgende Punkte beachten:

- Text-Basis sind die wesentlichen Kriterien laut CHECKLISTE 1 einschließlich Ihres Kaufpreislimits.
- Geben Sie Hinweise, die Interesse und Vertrauen erwecken. Beispiele: Beruf, Familie mit zwei Kindern und Hund, leitender Angestellter, kaufe gegen bar, Gartenliebhaber, eventuell wichtige Hobbys und Ähnliches. Versuchen Sie sich vorzustellen, wem Sie am liebsten Ihr Haus verkaufen würden und warum. Denken Sie daran, dass beim Verkäufer die

Sympathie für den Käufer oft eine große Rolle spielt – besonders dann, wenn der Verkäufer lange in seinem Haus gewohnt hat und es jetzt in gute Hände geben möchte.
- Versuchen Sie, Interesse und Sympathie bereits in der Überschrift zu erreichen. Beispiel: »Gartenliebhaber sucht Haus mit großem Garten«.
- Geben Sie möglichst Ihre Telefonnummer an: Telefonieren ist bequemer als schreiben!
- Wichtig: Aus dem Text muss klar hervorgehen, dass Sie Privatmann sind und kein Makler.

3. Spezialmagazine mit Immobilienangeboten besorgen

Bei gut sortierten Zeitschriftenhändlern finden Sie in Immobilien-Zeitschriften zahlreiche Angebote (zum Beispiel »Bellevue« oder für Norddeutschland »Immobilienmarkt«).

4. Immobilien im Internet

Nutzen Sie die Immobilienbörse im Internet. Besonders zahlreiche Kaufangebote finden Sie unter www.Immobilienscout24.de. Weitere Internetadressen sind: www.Immopool.de, www.Immonline.de, www.immowelt.de, www.Estate.de, www.ivd.net.

Tipp: Wenn Sie ein Haus oder eine ETW in einer bestimmten Umgebung suchen, geben Sie beispielsweise unter www.immobilienscout24.de unter »Kauf Haus« oder »Kauf Wohnung« die genaue Anschrift mit Daten (z. B. Spanne bei der Wohnfläche und beim Kaufpreis) ein. Um die Anzahl der angebotenen Häuser oder Wohnungen zu begrenzen, können Sie die Spanne bei Wohnfläche und Kaufpreis verkleinern oder den Umkreis, in dem Sie suchen. Umgekehrt vergrößern Sie einfach die Wohnflächen- und Kaufpreisspanne und/oder den Umkreis, wenn Sie mehr Angebote einsehen wollen.

Klicken Sie auch auf die Homepage des IVD (Immobilienverband Deutschland) unter www.ivd.net. Dort finden Sie die Immobilienangebote aller IVD-Mitglieder sowie ein Infoportal, das auch für Sie zugänglich ist. IVD steht für Immobilienverband Deutschland. Der IVD ist der Bundesverband der Immobilienmakler, Verwalter und Sachverständigen und aus dem Zusammenschluss von RDM und VDM hervorgegangen. Er bietet auf seiner Homepage auch einen jährlich erscheinenden Wohn-Preis-Spiegel für über 390 Städte gegen Entgelt an.

5. Freunde und Bekannte informieren

Listen Sie Namen und Telefonnummern aller Freunde und Bekannten auf, die für Sie die Augen und Ohren offen halten können. Informieren Sie diesen Kreis über Ihre Kaufwünsche. Haken Sie nach einiger Zeit einmal nach.

6. Bausparkassen und Banken anrufen

Fragen Sie in den entsprechenden Abteilungen der Banken, Sparkassen und Bausparkassen, die selbst noch keine Makler-Firma im eigenen Haus haben. Legen Sie eine Liste an mit den Namen der für Finanzierung und Immobilien zuständigen Mitarbeiterinnen und Mitarbeiter, und fragen Sie später noch einmal nach.

7. Gemeindeverwaltung ansprechen

Bei der Gemeindeverwaltung, beim Bauamt oder beim Liegenschaftsamt können Sie neben Informationen über Preise für Grundstücke und die Marktsituation vielleicht auch Auskunft bekommen, wer wann und wo baut.

8. Haus- und Grundeigentümer-Verein fragen

Erkundigen Sie sich, wie Sie mit verkaufsinteressierten Hausbesitzern in Kontakt kommen können. Falls möglich, im lokalen Vereinsblatt inserieren.

9. Bauträger anrufen

Hier bekommen Sie – vielleicht früher als andere – Informationen zu neuen Projekten. Im Branchen-Telefonbuch unter »Baubetreuer«, »Bauträger«, »Bauunternehmer« suchen.

10. »Vor Ort« erkundigen

Fahren Sie die Stadtteile ab, in denen Sie gerne wohnen möchten. Achten Sie auf leer stehende Häuser. Sprechen Sie mit Verwaltern und Hausmeistern von ETW-Anlagen. Eventuell bekommen Sie auch im Dorfgasthaus einen heißen Tipp.

11. Anzeige in Geschäften aushängen

Originelle Ideen sind oft erfolgreich – wie das folgende Beispiel zeigt:

> Gwinda (1), Merlin (3), Gisela (30) und Wolfgang (28) suchen ein Bauernhaus, einen Resthof, einen Bauernhof oder eben ein großes Haus.
>
> Wir brauchen viel Platz (innen und außen), da wir noch Pflegekinder aufnehmen wollen. Prima wären für uns auch ein oder mehrere Nebengebäude (Ställe). Und wir kleinen und großen Menschen wollen nicht an einer befahrenen Straße wohnen. Dafür krempeln wir dann auch die Ärmel hoch, wenn's was zu reparieren gibt. Ja, und kosten darf unser »Traumhaus« bis 100.000 €.
>
> Also, wer hilft uns weiter? Wer verkauft uns ein Haus?

Der Aushang dieses mit Kinderzeichnungen gestalteten Handzettels in Geschäften der Umgebung brachte Angebote. Der entscheidende Tipp für das später gekaufte Haus kam aber vom Aushang im eigenen Auto.

12. Mit dem Briefträger sprechen

Fragen Sie beim Postamt, welcher Briefträger für das Gebiet ständig ist, in dem Sie ein Haus oder eine ETW suchen. Vielleicht kennt er Objekte, die zum Verkauf anstehen. Bitten Sie ihn, für Sie die Augen offen zu halten. So erfahren Sie vielleicht als erster, wenn etwas zum Verkauf kommt.

Einer meiner Bekannten hat so innerhalb von 14 Tagen ein Haus gefunden – ohne Maklerprovision –, obwohl in der Stadt die Nachfrage nach Häusern ein Vielfaches größer war als das Angebot!

13. Der Tipp vom Strom- und Gasmann

Wie Postboten erfahren die Ableser von Strom, Wasser und Gas oft frühzeitig, dass ein Objekt verkauft werden soll.

14. Das gemeinsame Hobby nutzen

Die Ansprache von Hausbesitzern mit dem gleichen Hobby sichert Ihnen einen doppelten Vorsprung vor möglichen Mitbewerbern; Sie haben so die Erfolg versprechendere Kontaktchance, und Ihnen gehört im Zweifelsfall die Sympathie des Verkäufers. Nutzen Sie Vereinskontakte und Hinweise oder Anzeigen in lokalen Mitteilungen und Vereinsblättern.

14. Berufliche Kontakte nutzen

Hier gilt dasselbe wie beim Hobby – nur, dass die Zahl der Kontakte größer ist. Info-Möglichkeiten: Aushang in der Firma, Hinweis im lokalen Mitteilungsblatt Ihrer Branche, Brief an Berufskollegen, Ansprache von Kunden, Lieferanten.

15. Mehrfamilienhaus-Besitzer ansprechen

Eine sehr interessante Möglichkeit, an normalerweise unerschwingliche attraktive Objekte heranzukommen, ist der gemeinsame Kauf eines Mehrfamilienhauses oder einer Villa durch mehrere Parteien. Dazu müssen Sie natürlich geeignete Mitkäufer finden. Mit diesen können Sie dann zum Beispiel eine Gesellschaft bürgerlichen Rechts gründen, die als Hauskäufer auftritt. Außerdem sind hiermit Steuereinsparungen möglich. Fragen Sie Ihren Steuerberater. Die abgebildete Anzeige ist Beispiel dafür, wie Sie Partner für den Kauf suchen können. Diese Anzeige wurde zuerst erfolglos in einer lokalen Zeitung eingesetzt. Erst die Insertion in der Zeitung »DIE ZEIT« war mit 24 Anfragen erfolgreich. Dieses Beispiel zeigt auch, dass – vor allem bei einem attraktiven Standort – überregionale »Zielgruppenmedien« sehr interessant sein können.

Suche Partner z. Kauf einer reizvollen
Jugendstilvilla
München-Solin (Denkmalschutz),
ca. 800 m² Nutzfl. zur Umwandlung in
Eigentumswohnungen für Selbstnutzung.
Tel. nach 18.00 Uhr Tel.

16. Hausbesitzer wegen Dachboden-Ausbau kontaktieren

Wohnen über den Dächern ist »in«; denn hier kann man sich mit Geschick und Geschmack eine attraktive Wohnung ausbauen. Auch bekommen Sie heute leichter als früher eine Baugenehmigung. Und eine Dachwohnung ist möglicherweise die letzte Chance zu eigenen vier Wänden in Gegenden, in denen es sonst nichts mehr zu kaufen gibt.

17. Besitzer von bislang gewerblich genutzten Räumen und Gebäuden finden

Dies ist eine weitere Möglichkeit, ausgetretene Pfade, Gedrängel und hohe Preise zu vermeiden und eine ungewöhnliche Wohnung zu finden. Achten Sie auf entsprechende Angebote wie Werkstatt- oder Büroräume und auf leer stehende Objekte, die sich zum Umbau eignen (Achtung: Gebäude unbedingt durch einen Fachmann auf asbesthaltiges Material prüfen lassen. Siehe auch Kapitel 6). Fragen Sie bei der Industrie- und Handelskammer und der Handwerkskammer nach, wo Gewerbebetriebe aufgegeben werden.

18. Erbbau-Geber ermitteln

Sprechen Sie alle in Frage kommenden Stellen an (Universitäten, Kirchengemeinden und ähnliche). Erkundigen Sie sich dort, ob Objekte zum Verkauf stehen.

19. Eigentümer von Grundstücken oder Häusern ansprechen

Wenn Sie bei Ihren Erkundigungsfahrten Grundstücke oder Häuser entdeckt haben, die interessant sind: Gehen Sie zum Katasteramt und stellen Sie die Flurnummer dieser Grundstücke fest. Eventuell können Sie dort oder beim Grundbuchamt mit dieser Nummer auch die Namen der Eigentümer erhalten. (Klappt nicht immer, manche Ämter geben ohne berechtigtes Interesse keine Namen heraus.)

20. Interessenten für Verkauf auf Rentenbasis finden

Möchten Sie Ihre Rente aufbessern?

Junge Familie mit Kindern (gesichertes Einkommen), sucht Haus im Raum München und Oberbayern gegen Leibrente zu kaufen.

Zuschriften unter ZS245 J593 an SZ

Wenn das grundsätzlich für Sie interessant ist, sollten Sie entsprechende Anzeigen in der Tageszeitung unter »Kaufgesuche« aufgeben. Ein Beispiel aus der »Süddeutschen Zeitung« zeigt, wie Sie das machen können. Ich würde statt der Chiffrenummer unbedingt – zumindest zusätzlich – eine Telefonnummer angeben, weil viele Leute lieber telefonieren als schreiben. Ich empfehle Ihnen, es auch einmal in der Rubrik »Verschiedenes« zu versuchen; denn hier stöbern viele Leser, einer kennt dann jemanden, der auf Rentenbasis verkaufen will.

21. Verkäufer von Baudenkmälern ausfindig machen

In einigen Bundesländern werden für Liebhaber eigenwilliger Immobilien ausgefallene Objekte zum Kauf angeboten, unter anderem alte Häuser, Mühlen, Bauernhöfe, Burgen und Herrschaftshäuser. Der Zustand reicht von baufällig bis zum liebevoll restaurierten Schmuckstück. Informationen erhalten Sie bei der Gemeindeverwaltung und vom Landesamt für Denkmalspflege des jeweiligen Bundeslandes. Einige Landesämter geben Kataloge mit Angeboten heraus.

22. Die Bahn nach verkäuflichen Häusern fragen

Ausgefallene Angebote bietet auch die Deutsche Bahn. Wenn Sie Interesse an einem ausgedienten Bahnhof oder Bahnwärterhaus haben, rufen Sie die für Ihren Bereich zuständige Bahndirektion, Abteilung Liegenschaften, an.

23. Verkäufliche Forsthäuser finden

Für Liebhaber ruhiger, naturnaher Häuser lohnt eine Anfrage bei der zuständigen Forstverwaltung.

24. Aushang am Schwarzen Brett machen

Größere Firmen und Behörden im Einzugsgebiet anschreiben mit der Bitte, Ihren Brief am Schwarzen Brett anzubringen oder an Kaufinteressierte weiterzuleiten.

25. Architekten anschreiben

Die Anschriften finden Sie im Branchentelefonbuch. Architekten erfahren oft als Erste, wenn ein Haus gebaut oder verkauft werden soll. Gestalten Sie den Inhalt des Briefes entsprechend Ihren Wünschen nach CHECKLISTE 1. Deuten Sie an, dass Sie sich für einen Tipp revanchieren werden.

26. Sachverständige und Immobilienschätzer fragen

Rufen Sie Sachverständige an, die Immobilien schätzen. (Namen im Branchentelefonbuch oder über die Industrie- und Handelskammer)

Fragen Sie, ob man bereit ist, Ihnen Namen von Verkaufsinteressenten zu nennen. Wenn nicht: Vielleicht ist der Gesprächspartner ja einverstanden, Ihren Brief an einen Verkaufswilligen weiterzugeben.

27. Zwangsversteigerungen nutzen

Vorgesehene Zwangsversteigerungen werden beim Amtsgericht ausgehängt. Weitere Informationsquellen: Amtsblatt, Internet (www.immobilienscout24.de oder www.zvg.nrw.de für Nordrhein-Westfalen), »Amtliche Bekanntmachungen« in der Tageszeitung und »Der Versteigerungskalender«. Um mitsteigern zu können, brauchen Sie natürlich einen sehr guten Informationsstand und eine abgesicherte Finanzierung. Preisgünstige Käufe sind hier zwar möglich, aber Sie müssen aufpassen! CHECKLISTE 2 hilft bei der Vorbereitung.

4.2. Höhere Kosten bei der Suche:

28. Makler anschreiben

Adressen finden Sie im Branchentelefonbuch oder in Zeitungsanzeigen. Bitten Sie um Zusendung von Angeboten und Exposés. Führen Sie in dem Schreiben die unbedingt erforderlichen Kriterien laut CHECKLISTE 1 auf.

29. Informationszentren Immobilien (IZI) besuchen

In größeren Städten gibt es IZI, die als Kundendienst von Banken, Bausparkassen und Maklern betrieben werden. Sie bieten einen guten Überblick über das örtliche Angebot.

30. Immobilienmessen besuchen

In vielen Großstädten und Ballungsräumen finden einmal jährlich Ausstellungen statt, bei denen auch Makler Immobilien anbieten. Erkundigen Sie sich, wann und wo bei Ihnen in der Nähe eine solche Veranstaltung geplant ist.

31. An Immobilienauktionen teilnehmen

»Freiwillige« Versteigerungen von Häusern, ETW und Grundstücken sind im Kommen. Ein Besuch lohnt sich auf jeden Fall; denn so sammeln Sie Versteigerungserfahrung und verbessern Ihre Marktkenntnisse.

Die Hauptvorteile für den Käufer bei seriösen Veranstaltern sind: Die Immobilien sind durch Sachverständige geprüft. Sie haben Zeit, das Sie interessierende Objekt vorher gründlich zu überprüfen. Sie sollten sich vorher aber eine Bieterstrategie überlegen, damit Sie im Eifer des Gefechts nicht über den Marktpreis steigern. Auktionatoren in Berlin verlangen zum Beispiel sechs Prozent Courtage.

Adressen einiger Auktionatoren finden Sie auf Seite 75. Fragen Sie bei Ihrer Bank, ob es in Ihrer Gegend bereits Immobilien-Auktionatoren gibt.

32. Informationen mit der Post verschicken

Die Infopost ist die preisgünstigste Versandmöglichkeit mit der Post. Damit können Sie Postkarten und Briefe für den gesamten Ort oder in größeren Orten auch für einzelne Stadtteile oder Zustellbezirke verschicken lassen. Die Infopost-Sendung geht zwar an alle Haushalte, sie hat aber den Vorteil, dass eine große Zahl von Hausbesitzern ebenfalls direkt angesprochen wird. Selbst wenn nur einige wenige, die jetzt oder in naher Zukunft verkaufen wollen, die Sendung beachten: Mit dieser Ansprache sind Sie dann anderen Interessenten eine wichtige Nasenlänge voraus.

Bei größeren Mengen empfehle ich Ihnen, Postkarten zu verschicken, weil diese am preisgünstigsten zu drucken und zu verschicken sind. Wegen weiterer Einzelheiten dazu rufen Sie am besten den Geschäftskunden-Berater beim Postamt an. Bei der Gestaltung des Briefes ähnlich vorgehen wie bei der Anzeige (siehe Seiten 23 und 25).

33. Briefe an Hausbesitzeradressen

Für eine gezielte Ansprache der Besitzer von Ein- und Zweifamilienhäusern oder Mehrfamilienhäusern können Sie für zahlreiche Städte Hausbesitzeradressen kaufen. Gegen geringen Aufpreis werden die Adressen Ihren Wünschen entsprechend auch nur für bestimmte Stadtteile oder einzelne Straßen geliefert. Die Kosten betragen mindestens 100 € pro 1.000 Adressen.

Für weitere Auskünfte wenden Sie sich an Adressenverlage. Nutzen Sie für den Versand den günstigen »Infopost«-Tarif. Weitere Einzelheiten dazu bei der Post erfragen – bei größeren Postämtern am besten beim Geschäftskundenberater.

5. Mai 2010

Kennen Sie ein schönes Haus in Mainz-Hechtsheim?

Guten Tag! Eigentlich sind Sie direkt zu beneiden, dass Sie im Neubaugebiet von Mainz-Hechtsheim wohnen. Wir, eine junge Familie mit einer kleinen Tochter, die gerade laufen gelernt hat, würden auch gern in Hechtsheim wohnen. Darum suchen wir dort ein Haus mit Garten – bislang vergeblich. Vielleicht kennen Sie jemanden, der ein Haus in Hechtsheim verkaufen möchte; jetzt oder in naher Zukunft oder auch nur vielleicht. Dann stellen Sie doch bitte den Kontakt zwischen ihm und uns her. Wenn wir durch Ihre Hilfe zu einem Haus kommen, revanchieren wir uns gern mit 500 € für Ihren Tipp.

Wir freuen uns, von Ihnen zu hören!

34. Briefe / Handzettel verteilen

Für die gezielte Verteilung in bestimmten Gebieten oder Straßen sind Briefe oder Handzettel ein geeignetes und preiswertes Mittel.

Hier ein Erfolgsbeispiel: Der links abgedruckte Brief wurde jeweils persönlich unterschrieben und im Briefumschlag in ungefähr 150 Briefkästen in Frage kommender Häuser verteilt. Ergebnis: Vier konkrete Angebote, eines davon führte zum Kauf zu einem günstigen Preis!

Ihren Brief oder Handzettel können Sie auch in die Briefkästen stecken lassen: Adressen von Verteilungs-Unternehmen finden Sie im Branchentelefonbuch unter »Prospektverteilung«.

35. größere Suchanzeige in überregionaler Zeitung oder Fachzeitschrift

Wenn Sie gezielt auf der Suche nach einem Objekt in einer bestimmten Region sind, können Sie auch in einer überregionalen Zeitung (z. B. Welt am Sonntag, Süddeutsche Zeitung, Frankfurter Allgemeine Zeitung) eine etwas größere und teurere Suchanzeige aufgeben. Möglicherweise kommt für eine Suchanzeige auch eine größere Fachzeitschrift in Frage (z. B. Ärzte-Zeitung oder – für Beamte – das monatlich erscheinende dbb magazin).

5 Angebote beurteilen und auswählen

Arbeiten Sie zuerst die CHECKLISTEN 6 bis 10 durch, ehe Sie zur ersten Haus- oder ETW-Besichtigung losfahren. Anfangs sollten Sie auch einige Objekte ansehen, die vielleicht doch nicht in Frage kommen. Auf diese Weise sammeln Sie Erfahrungen und entwickeln eine Art Instinkt. Halten Sie die wesentlichen Ergebnisse bei der Vorauswahl in der CHECKLISTE 6 und im ARBEITSBLATT 4 fest.

Alle Fahrten im Zusammenhang mit der Suche, der Finanzierung und dem Kauf gleich auf ARBEITSBLATT 3 für Ihre Steuererklärung notieren. Sammeln Sie entsprechende Belege wie Anzeigen, Kopien von Angeboten und Ähnliches. Kapitalanleger können mindestens die Fahrtkosten zu dem später gekauften Objekt und sonstige Spesen in ihrer Steuererklärung geltend machen. In CHECKLISTE 11 sind für Kapitalanleger die jeweils steuerlich absetzbaren Kosten aufgelistet.

Nach diesen Erfahrungen sollten Sie künftig sämtliche Angebote, die Sie erhalten, erst einmal mit Ihren Anforderungen nach CHECKLISTE 1 und ARBEITSBLATT 4 vergleichen. Telefonisch geht das am einfachsten. Nur wenn Übereinstimmung besteht, besichtigen Sie das Objekt und prüfen es mit den entsprechenden Checklisten. Auf diese Weise sparen Sie kostbare Zeit und viele Kilometer.

Beherzigen Sie die Erfahrung von Immobilienexperten – die drei wichtigsten Kriterien für den Wert eines Objektes sind: erstens die Lage, zweitens die Lage und drittens die Lage! Sie können fast alles am Haus ändern, nur die Lage nicht. Wie wohl Sie sich später in Ihren vier Wänden fühlen, ob und wie sehr Ihr Haus im Wert steigt: Der Standort gibt den Ausschlag. Aber: Nicht immer ist die beste Lage auch die beste Investition. Erfahrene Kapitalanleger erzielen meistens die höchsten Wertsteigerungen an Standorten, die Zukunft haben und zurzeit noch unterbewertet sind.

Und noch etwas sollten Sie bedenken: Während unsere Vorfahren bei der Wahl eines Bauplatzes sehr wählerisch waren, werden heute Häuser überallhin gebaut, wo es die Baugesetze gerade noch erlauben. Deshalb finden Sie Häuser an sonnenarmen Nordhängen, auf windigen Hügeln oder sogar in Überschwemmungsgebieten! Abgesehen davon, dass das Wohnen hier wenig Spaß macht, Sie werden sich auch über die Heizungskosten wundern; denn ein Haus mit wenig Sonne oder viel Wind braucht deutlich mehr Energie als ein vergleichbares Haus in optimaler Lage!

Wenn Sie glauben, dass Sie sich ein Objekt in guter Stadtlage nicht leisten können, und deshalb überlegen, in das preiswertere Umland auszuweichen, machen Sie am besten einmal folgende Rechnung: Vergleichen Sie einen stadtfernen Standort mit einer Wohnung in der Stadt. Tragen Sie auf einer Liste die Entfernungen für Hin- und Rückfahrt zum Arbeitsplatz, zum Einkaufen, zum Arzt, zum Kino, Theater und Ähnliches ein. Multiplizieren Sie diese Kilometer mit der Zahl der Tage, an denen Sie im Jahr dorthin fahren würden. Die zusammengezählten Kilometer nehmen Sie dann mal mit den Gesamtkosten Ihres Autos pro Kilometer. Dazu rechnen Sie noch eventuelle Mehrkosten für Fahrten in öffentlichen Verkehrsmitteln und die Kosten für einen dann vielleicht notwendigen Zweitwagen. Ergebnis: Mehrere tausend Euro zusätzliche Kosten für den Standort außerhalb der Stadt. Beim stadtnahen Wohnen könnten Sie sich mit diesem Betrag zum Beispiel 15.000 bis 50.000 € höher verschulden und damit einen Teil des höheren Kaufpreises in der Stadt finanzieren.

Konzentrieren Sie sich deshalb zuerst darauf, den für Sie besten Standort zu finden. CHECKLISTE 7 enthält die dazu wichtigsten Fragen. Dann suchen Sie gezielt in dieser Gegend. Eine erste Vorauswahl treffen Sie am besten mit Hilfe von CHECKLISTE 6. Wenn ein Haus oder eine ETW für Sie in Frage kommt, sollten Sie das Objekt gründlich mit den ausführlichen CHECKLISTEN 7–10 prüfen. Halten Sie am Schluss der Besichtigung fest, welche Informationen und Unterlagen Sie noch brauchen.

Lassen Sie sich Kopien der Baupläne geben. Falls der Verkäufer keine Pläne mehr hat, können Sie mit seiner Genehmigung vielleicht noch Kopien aus der Bauakte beim Bauamt bekommen. Prüfen Sie anhand der Pläne den Grundriss (CHECKLISTE 10).

Probewohnen auf dem Wohnungsgrundriss macht der ganzen Familie Spaß: Am Ende des Buches finden Sie vorgedruckte Möbelschablonen zum Ausschneiden, von denen Sie sich am besten eine Kopie machen. Wenn Sie die verschiedenen Möglichkeiten dann durchspielen, erkennen Sie am besten, ob der Grundriss Ihren Anforderungen entspricht. Verlassen Sie sich bei Bauträgerangeboten nicht auf die eingezeichneten Möbelsymbole; denn unseriöse Anbieter könnten die Räume mit zu kleinen Möbelsymbolen optisch vergrößern!

Lassen Sie sich vom Verkäufer auch Vollmachten ausstellen, mit denen Sie Unterlagen beim Grundbuch und beim Katasteramt einsehen können. Tipp: Im Grundbuch sehen Sie auch, wie viele Vorbesitzer das Haus oder die ETW hatte. Das kann in seltenen Fällen – ähnlich wie bei einem Auto – ein Hinweis auf mögliche Probleme mit dem Objekt sein. Achten Sie auch darauf, in welcher Höhe Hypotheken und Grundschulden auf den Verkäufer eingetragen sind. Wenn diese im Verhältnis zum Kaufpreis sehr hoch sind, kann das ein Grund dafür sein, dass der Eigentümer verkaufen muss.

Ob der geforderte Kaufpreis marktgerecht ist, geben folgende Erfahrungen und Kennzahlen wieder:

- Beim Kauf von Privat sind die Preisvorstellungen meist überhöht. Nach einer Marktstudie in Norddeutschland betrug der Unterschied zwischen dem zuerst geforderten und dem bezahlten Preis zwischen neun und 21 Prozent! Das gilt oft auch, wenn die Objekte als »Notverkauf« oder »Gelegenheit« angeboten werden.
- Beim Hinweis »Verhandlungsbasis« ist der Verkäufer wahrscheinlich bereit ist, im Preis herunterzugehen.
- Der Preis pro Quadratmeter *Grundstück*, Quadratmeter Wohnfläche, Kubikmeter *umbauter Raum*. Diese Preise hängen davon ab, ob das Objekt einfachen, mittleren oder guten Wohnwert hat. In dem vom IVD herausgegebenen Preisspiegel finden Sie entsprechende Erläuterungen (Adresse Seite 76). Durchschnittswerte für diese Kennzahlen in Ihrem Ort erfahren Sie bei Maklern, Architekten und den Gemeindebehörden.
- Der Brandversicherungswert ermöglicht eine grobe Schätzung des heutigen Wertes des Gebäudes. Errechnung siehe CHECKLISTE 7.
- Für nach 1948 gebaute Häuser gibt es Richtpreise in den Kaufpreissammlungen der Gemeinde.
- Bei ETW oder Mietobjekten: Kaufpreis geteilt durch die tatsächliche oder angenommene Jahresmiete (kalt) = Zahl der Jahresmieten. Bei Maklern oder beim Grundeigentümerverein erfragen.

Kalkulieren oder schätzen Sie die Betriebskosten »Ihres« Hauses oder »Ihrer« ETW, und halten Sie die Kosten in ARBEITSBLATT 7 fest. Tragen Sie die Betriebskosten in den Finanzierungsplan (ARBEITSBLATT 5) ein.

Haus oder ETW aus zweiter Hand

Wenn der Besitzer bei der Besichtigung dabei ist: Nehmen Sie Rücksicht auf seine Gefühle. Kritisieren Sie nicht, loben Sie das Haus. Zeigen Sie, wenn Ihnen etwas daran gefällt. Sie verbessern so Ihre Position bei eventuellen späteren Verhandlungen. Außerdem wird man Ihnen bereitwilliger alles zeigen, Sie erfahren mehr. Haken Sie nicht jeden Punkt der Checkliste ab, setzen Sie Schwerpunkte. Halten Sie sich zurück mit Ideen für mögliche Umbauten. All das können Sie bei Interesse später in Ruhe nachholen.

Versuchen Sie, bei aller Begeisterung für ein schönes Haus einen kühlen Kopf zu behalten. Lassen Sie sich nicht von aufwändigen Ausstattungen und Einrichtungen beeindrucken. Im umgekehrten Fall: Bei verwahrlosten Objekten sollten Sie Ihrer Fantasie freien Spielraum lassen; so finden Sie am besten heraus, ob und wie Sie daraus etwas machen können.

Nehmen wir an, Sie haben das Haus oder die ETW gefunden, die Ihren Vorstellungen entspricht. Auch wenn Sie das Objekt sorgfältig geprüft haben, sollten Sie vor dem Kauf unbedingt einen Baufachmann hinzuziehen. Als Bau-Laie sind Sie bei der Beurteilung der Bausubstanz, des Schall- und Wärmeschutzes und vieler wichtiger technischer Details einfach überfordert! Sie sollten eventuell vorhandene Mängel vor dem Kauf herausfinden; denn bei Objekten aus zweiter Hand haftet der Verkäufer nicht für verborgene Mängel.

Wenn Sie durch einen vereidigten Sachverständigen ein Verkehrswert-Gutachten erstellen lassen, hat das zwei Vorteile: Sie können damit besser beurteilen, ob der geforderte Preis gerechtfertigt ist – und vielleicht mit dem Gutachten eine Preisminderung erreichen. Außerdem können Sie das Gutachten Kreditinstituten als Basis für die Ermittlung der Beleihungsgrenze zur Verfügung stellen. Wählen Sie möglichst einen Sachverständigen, der sich in der Gegend auskennt. Er ist mit den Vor- und Nachteilen von Immobilien in der Gemeinde besser vertraut als ein Ortsfremder.

Da Sachverständige bei Privataufträgen frei kalkulieren können, sollten Sie vor dem Auftrag Vergleichsangebote einholen. In Ihrer Anfrage legen Sie fest, was und wie geprüft werden soll. Beispiele: Art des Objektes; Installationen und Versorgungseinrichtungen miteingeschlossen; Besteigen des Daches; Liste mit Kostenschätzung für Modernisierung, aufgeteilt nach »sofort erforderlich« und »in naher Zukunft, zum Beispiel in drei bis fünf Jahren erforderlich«. Tragen Sie die entsprechenden Angaben in das ARBEITSBLATT 9 ein. Die Kosten für ein Gutachten liegen bei ungefähr vier bis acht Promille des Verkehrswertes.

Bei größeren aufwändigen Veränderungen sollte ein Architekt alle Kosten ermitteln. Lassen Sie durch den Architekten auch prüfen, ob die geplanten Änderungen möglich und erlaubt sind (Bauordnungsamt). Rechnen Sie bei den Modernisierungskosten zehn Prozent als Reserve, da der Zustand eines Hauses selbst von Experten nicht hundertprozentig festgestellt werden kann. Bei der Restaurierung alter Bausubstanz sollten Sie auf jeden Fall noch höhere Reserven einplanen: Die Praxis hat gezeigt, dass die endgültigen Gesamtkosten sogar 50 bis 100 Prozent über dem ersten Kostenvoranschlag liegen können!

Aufpassen müssen Sie, wenn das Objekt vermietet ist. Wenn Sie die Wohnung selbst nutzen oder an jemand anderen vermieten wollen, sollten Sie alles versuchen, dass der Verkäufer Ihnen die Wohnung unvermietet übergibt. Wenn das nicht möglich ist, empfehle ich Ihnen dringend, vor dem Kauf durch einen Anwalt prüfen lassen, ob und welche Möglichkeiten Sie für eine Kündigung haben.

Wenn das Objekt danach immer noch interessant für Sie ist, dann muss der Verkäufer deutlich im Preis heruntergehen. Mit diesem gesparten Geld könnten Sie dann versuchen, den oder die Mieter durch eine Abstandszahlung zu einem früheren Auszug zu motivieren. Erkundigen Sie sich beim Haus- und Grundeigentümerverein und bei einem Anwalt, welche Beträge sinnvoll und üblich sind.

Die wichtigsten Informationen finden Kaufinteressenten von vermieteten Objekten im Fachwortlexikon und dem Stichwort »Mietvertrag« auf den Seiten 68/69.

Neues Haus oder neue ETW

Lassen Sie sich die genehmigten Baupläne vorlegen, Maklerprospekte reichen nicht! Verlangen Sie eine möglichst detaillierte Baubeschreibung. Darin sollte zum Beispiel das verwendete Material genau spezifiziert sein: Angabe der DIN-Normen, Details zur Wärmedämmung, Beschreibung der Ausstattung und ähnliches.

Lassen Sie sich für teure Ausstattungen wie Kacheln, Sanitärkeramik, Fußbodenbeläge vom Verkäufer die Beträge nennen, die Sie bei Änderungen angerechnet bekämen. So können Sie im Vergleich mehrerer Objekte etwas leichter die Ausstattungen bewerten. Zusätzliche Kosten für Sonderwünsche sollten Sie sich vom Bauträger schriftlich geben lassen.

Entscheidend ist jedoch die Bausubstanz. Wenn Sie nicht selbst vom Fach sind, ziehen Sie am besten einen Sachverständigen hinzu. Wenn das Objekt, das Sie kaufen wollen, noch nicht gebaut ist: Fragen Sie den Bauträger, ob es dieses Haus schon irgendwo in der näheren Umgebung gibt. Dann könnten Sie es sich ansehen und von den Bewohnern erfahren, ob sie mit dem Haus zufrieden sind.

Wenn das Haus oder die ETW noch nicht fertig gestellt ist, sollten Sie sich vor Vertragsabschluss über Zuverlässigkeit und Bonität des Verkäufers erkundigen. Wie lange gibt es die Firma schon? Wie groß ist sie? Wie beurteilen frühere Kunden die Leistungen? Lassen Sie sich Referenzen geben. Erkundigen Sie sich bei Ihrer Bank, bei der Industrie- und Handelskammer, bei Architekten oder Bausachverständigen. Auskunfteien geben schriftliche Auskünfte zum Beispiel zu Firmengröße, Umsatz, Besitzer und ähnlichem. Bitten Sie Ihre Bank, diese Auskunft für Sie einzuholen; Banken bekommen diese Informationen von den Auskunfteien zu besonders günstigen Preisen.

6 Gesundheitsrisiken vermeiden

»Gift-Alarm in der guten Stube« (stern), »Die Zeitbombe unterm Keller« (DM) – hinter diesen Pressemeldungen stecken besonders spektakuläre Fälle, in denen Hauskäufer für die Umweltsünden der früheren Besitzer büßen mussten.

Leider können sich solche folgenschweren Fehlkäufe jederzeit wiederholen; denn Experten schätzen, dass es durchaus noch 100.000 Grundstücke mit Altlasten in den alten und den neuen Bundesländern gibt. Das ist zwar kein Grund zur Panik. Wer aber das Pech hat, ein chemisch verseuchtes *Grundstück* zu kaufen, den kann das zumindest finanziell ruinieren. Sie sollten also auf jeden Fall aufpassen und *Grundstück* und Gebäude sorgfältig auf mögliche gesundheitliche Risiken prüfen.

Gab es früher auf dem *Grundstück* eine Müllkippe? Oder stand hier vor Jahrzehnten einmal eine Fabrik? Forschen Sie intensiv nach solchen Risiken. CHECKLISTE 7 gibt dazu einige Anhaltspunkte. Gerade weil Altlasten zum Albtraum werden können: Lassen Sie die Finger weg von Grundstücken, die verdächtig sind und bei denen entsprechende Fragen nicht eindeutig geklärt werden können!

Die Gesundheit im Haus ist ebenso wichtig. Selbst wenn hier aus berechtigter Sorge auch häufig dramatisiert wird, und Sie bisher diese Fragen nicht so wichtig fanden: Nehmen Sie sich Zeit, prüfen Sie das Sie interessierende Gebäude auf die wesentlichen baubiologischen Risiken.

Grundsätzlich gilt, dass Käufer von zu bauenden Häusern und ETW sich in diesem Punkt weniger Sorgen machen müssen als Interessenten an älteren Gebäuden; denn gestiegenes Umweltbewusstsein und Initiativen geschädigter Hauseigentümer haben dazu geführt, dass heute schon viel gesundheitsfreundlicher gebaut wird als in früheren Jahren. Vor allem aber können Sie als Käufer versuchen, zusätzliche Wünsche und Ihre persönlichen baubiologischen Vorstellungen beim Bauträger durchzusetzen.

Bestehen Sie darauf, dass zumindest die Standards der Qualitätsgemeinschaft Deutscher Fertigbau (siehe www.bdf-ev.de mit kostenloser Infobroschüre zum Download) in den Kaufvertrag aufgenommen werden. In diesen Standards haben sich die Hersteller von Fertighäusern verpflichtet, folgende Anforderungen zu berücksichtigen: kein Asbest; keine Holzschutzmittel mit PCP und Lindan; keine Harnstoff-Formaldehyd-Ortschäume; nur Spanplatten und sonstige Holzwerkstoffe, deren Formaldehyd-Abgabe bis zu maximal 0,1 ppm an der Raumluft ausmacht. Stellen Sie bei Ihren Verhandlungen mit dem Bauträger heraus, dass es sich hier um seit 1989 gültige Standards handelt, die von den führenden Fertighausherstellern eingehalten werden.

Wenn diese Anforderungen Ihnen noch nicht genügen, sollten Sie versuchen, weitere Verbesserungen durchzusetzen. Beispiele: Verzicht auf Holzwerkstoffe, die Formaldehyd enthalten, Farben auf natürlicher Basis, keine giftigen Holzschutzmittel.

Etwas schwieriger – aber dafür umso wichtiger – wird es für Käufer von Häusern aus zweiter Hand. Mancher Bauherr oder eifriger Modernisierer hat, ohne es zu ahnen, früher baubiologisch schwer gesündigt. Sehen Sie also zu, dass Sie auf keinen Fall eine solche »baubiologische Niete« ziehen! Erschwerend kommt hinzu, dass Sie normalerweise nur geringe Chancen für Schadenersatz durch den Vorbesitzer haben.

Sehr kritisch sollten Sie alle Gebäude ansehen, die – vor allem vor 1986 – mit viel Holz gebaut wurden. Das sind vor allem Fertighäuser, Fachwerkbauten und Gebäude mit viel Holzwerkstoffen in Innenräumen.

Zumindest die wesentlichen baubiologischen Risiken müssen Sie kennen. Deshalb habe ich hier einige Kern-Informationen zusammengestellt. In den CHECKLISTEN 7, 8 und 13 finden Sie auch die entsprechenden Prüfpunkte. Weitere Fragen beantworten die Institute auf Seite 76.

Asbest

Asbest ist in Deutschland inzwischen verboten. Das Material wurde früher im Bau vor allem verwendet als:

Asbestzement
- in Platten für Fassaden und Dächer (bis 1991),
- in Unterböden wie zum Beispiel Asbestpappe bei PVC-Böden und Vinyl-Asbestplatten (bis 1989 im Handel),
- in Lüftungsrohren
- in Behältern für Pflanzen

Asbestplatten
- in vielen elektrischen Nachtspeicheröfen (zwischen 1960–1986) und Durchlauferhitzern,
- zur Wärmedämmung und zum Brandschutz,
- als asbesthaltiges Dichtungsmaterial

Spritzasbest
- als Putz und Dämmstoffe (bis 1979); Spritzasbest wurde im Wohnungsbau nur selten verwendet.

Asbestfasern verursachen Krebs. Es reicht schon, wenn nur wenige Fasern eingeatmet werden. Am gefährlichsten ist Spritzasbest; denn dieses Material enthält sehr viele Asbestfasern. Vor allem aber entsteht Asbeststaub, weil Spritzasbest ein sehr locker gebundenes Material ist.

Asbestzement dagegen enthält nur relativ wenig Asbestfasern, die außerdem fest im Zement gebunden sind. Deswegen entwickelt sich hier nur dann Asbeststaub, wenn das Material bearbeitet wird oder wenn es – zum Beispiel durch starke Verwitterung – beginnt, sich langsam aufzulösen. Durch Messungen hat man festgestellt, dass durch stark verwitterte Asbestzementplatten die Luft in der direkten Umgebung deutlich mehr Asbestfasern enthielt. Produkte aus Asbestzement sind bei Wohngebäuden häufig verwendet worden. Asbest wurde in diesen Produkten seit Anfang der achtziger Jahre zunehmend durch andere Stoffe ersetzt und wird seit Ende 1991 für Produkte im Hochbau nicht mehr verwendet. Aber vor allem bei älteren Gebäuden gibt es noch häufig asbestzementhaltige Fassaden- und Dachplatten.

Leider ist es für Sie gar nicht so einfach festzustellen, ob Baumaterial Asbest enthält. Der Nachweis von Asbestfasern in der Luft ist schwierig und sehr aufwändig. Versuchen Sie deshalb, anhand von alten Rechnungen oder mit Hilfe von Baufachleuten herauszubekommen, ob es sich um asbesthaltiges Material handelt. Beim örtlichen Gesundheitsamt, Umweltamt, der Baubehörde oder der Handwerkskammer kann man Ihnen entsprechende Fachleute nennen.

Grundsätzlich gelten folgende Empfehlungen:

Unbeschichtete, nicht gestrichene Asbestzementplatten sollten durch asbestfreies Material ersetzt werden – vor allem, wenn sie schon verwittert sind. In bestimmten Fällen kann das asbesthaltige Material auch mit einem neuen Belag überdeckt werden. Das nutzt allerdings nur etwas, solange die nähere Nachbarschaft »asbestfrei« ist. Wenn aber zum Beispiel alle Dächer einer Reihenhaussiedlung mit asbesthaltigem Material gedeckt sind, dann müssen Sie entscheiden: Entweder Sie verzichten auf den Kauf, oder Sie akzeptieren ein mögliches, wenn wahrscheinlich auch geringes Risiko. Verlangen Sie dann einen Preisnachlass vom Verkäufer des Hauses; denn eine spätere Entsorgung der Asbestzementplatten und möglicherweise mit Asbestfasern verseuchtes Dämm-Material bei einem Austausch wird teuer. Erkundigen Sie sich bei der Gemeinde- oder Stadtverwaltung, welche Kosten zur Zeit für die Entsorgung von derartigem Sondermüll entstehen. Beispielsweise kostet der Abbau und die Entsorgung von 100 Quadratmeter Asbestzementplatten (Dachabdeckung eines Reihenhauses) ungefähr 2.000 €.

Gestrichene Platten nur dann gründlich neu streichen lassen, wenn dieses ohne vorherige Bearbeitung noch möglich ist. Bitte beachten Sie: Es ist nicht mehr erlaubt, Asbestmaterial zu bearbeiten (reinigen mit Hochdruck, abschleifen, abbürsten). Im Zweifelsfall ist ein fachgerechter Austausch des asbesthaltigen Materials die beste Lösung. Beschichtete Platten – zum Beispiel durch Kunststoffanstrich – sind unbedenklich, solange die Beschichtung noch in Ordnung ist.

Asbesthaltige Bodenbeläge sind ein Risiko, weil hier durch Beschädigungen oder Verschleiß Asbestfasern freigesetzt werden können. Eine einfache und trotzdem sichere Möglichkeit ist, den Boden liegen zu lassen und mit einem neuen staubdichten Belag lückenfrei abzudecken. Wenn das nicht möglich ist, bleibt Ihnen nichts anderes übrig, als den Belag durch eine Spezialfirma entsorgen zu lassen.

Ein weiteres Risiko können ältere elektrische Nachtspeicheröfen sein. In vielen Modellen der Jahre 1960–1986 ist Asbest verwendet worden. Die Zeitschriften »Öko Test« und »test« und das Katalyse-Institut haben Listen veröffentlicht, in denen die Geräte mit Asbest mit Namen und Baujahr genannt sind. Da diese Geräte ohnehin inzwischen veraltet sind, lohnt es sich nicht mehr, die Asbestteile aus den Geräten entfernen zu lassen. Wenn in der Wohnung, die Sie kaufen wollen, solche alten Geräte Asbest enthalten: Lassen Sie sich von einem Fachbetrieb ein Angebot machen für die Entsorgung aller Öfen. Der Kaufpreis wird dann mindestens um diesen Betrag gekürzt.

Tipp: Das Finanzamt muss sich an den Kosten für eine Asbestsanierung beteiligen: Haus- und ETW-Besitzer können Sanierungs- und entsprechende Gutachterkosten als außergewöhnliche Belastung von der Steuer absetzen. Bedingung dafür ist, dass durch ärztliche und technische Gutachten eine Gefährdung der Gesundheit nachgewiesen wird (Verfügung der Oberfinanzdirektion München S 2284-33/6St41).

Holzschutzmittel

Vor allem eine Gruppe betroffener Verbraucher hat erreicht, dass Holzschutzmitteln heute wesentlich kritischer verwendet werden als noch vor Jahren. Dennoch muss man immer noch aufpassen; denn auch die Ersatzstoffe für Lindan und PCP, zum Beispiel Permethrin, sind keineswegs gesundheitsverträglich.

Bis zum Ende der achtziger Jahre wurden nichts ahnend auch Hölzer im Haus mit der »chemischen Keule« Holzschutzmittel behandelt. Die Folgen: Giftige Wirkstoffe wie PCP (Pentachlorphenol) und Lindan verdampfen noch jahrzehntelang. Dadurch gelangen Schadstoffe auch in Putz, Möbel, Vorhänge und Bodenbeläge.

Schon geringe Mengen können die Gesundheit und das Wohlbefinden erheblich beeinträchtigen. Die Beschwerden reichen von Kopfschmerzen über Schleimhautreizungen bis zu Leber- und Nierenschäden. PCP – einer der besonders giftigen Wirkstoffe – ist zwar seit 1989 in der Bundesrepublik verboten. Aber die PCP-Sünden früherer Jahrzehnte können noch lange Gesundheitsschäden verursachen.

Wenn Sie also ein Haus oder eine ETW aus den Jahren vor 1990 interessiert, sollten Sie zu Ihrer Sicherheit auf folgendes achten:

Kaufen Sie kein Fertighaus, Fachwerkhaus oder Gebäude mit viel Holzausbau ohne vorherige genaue Prüfung. Spezialinstitute analysieren Holzproben und den pro Raum gesammelten Hausstaub. Die Kosten sind im Verhältnis zum Risiko mit ungefähr 100–200 € pro Untersuchung gering; denn mit Holzschutzmitteldämpfen verseuchte Gebäude sind – wenn überhaupt – nur mit großem Aufwand zu sanieren!

Bei Umbauten und Ausbauten sollten Sie den Handwerkern vorschreiben, dass nur tragende Hölzer behandelt werden – idealerweise mit gesundheitlich unbedenklichen Mitteln wie Boraxsalzen oder amtlich zugelassenen Holzschutzmitteln (Prüfzeichen des Instituts für Bautechnik). Für den Innenausbau sollten nur so genannte Holzveredelungsmittel mit RAL-Gütezeichen und dem Blauen Engel verwendet werden.

Formaldehyd

Formaldehyd wurde unter anderem für folgende Materialien beim Bau verwendet: Holzspanplatten und sonstige Holzwerkstoffplatten (bedeutendste Quelle für Formaldehyd-Dämpfe), UF-Ortschaum, Klebstoffe, Farben, Mineralfaser-Dämmstoffe, Parkettversiegelungen. Zwar haben heute die meisten Produkte im Vergleich zu früher deutlich weniger oder gar kein Formaldehyd mehr. Trotzdem sollten Sie beim Kauf von Material und Möbeln aufpassen und sich im Zweifelsfall vom Händler bescheinigen lassen, dass das Produkt formaldehydfrei ist.

Der allzu sorglose Umgang mit Formaldehyd in der Vergangenheit kann für Sie auch heute noch zum Problem werden, wenn Sie ein Objekt aus zweiter Hand kaufen. Der größte Teil des Formaldehyd verdampft zwar in den ersten Jahren. Der Rest wird aber vermutlich noch über Jahrzehnte abgegeben. Kritisch ist hier die aus verschiedenen Materialien stammende Gesamtmenge in der Raumluft. Bei sehr viel formaldehydhaltigem Holz reicht deshalb auch häufiges Lüften nicht mehr aus. Durch Einatmen kann es dann zu Reizungen der Augen und der oberen Atemwege kommen. Atem- und Kreislaufbeschwerden, Schlafstörungen und ganz besonders Allergien können die Folge sein.

Seit 1981 müssen Spanplatten gekennzeichnet werden. Die geringste Formaldehydmenge haben Platten der Klasse E 1, E 2 und E 3 enthalten mehr Formaldehyd. Seit 1981 sind Handwerker verpflichtet, nur noch E 1-Platten zu verarbeiten. Für Hobbyrenovierer galt das allerdings nicht, sie konnten E 2- und E 3-Platten weiterhin einsetzen. Seit Oktober 1986 sind nach der Gefahrstoffverordnung auch E2-und E3-Platten nicht mehr zulässig und deshalb vermutlich im Handel nicht mehr angeboten worden.

Holzwerkstoffe der Klasse E1 entsprechen dem vom Bundesgesundheitsamt festgelegten Grenzwert von 0,1 ppm Anteil Formaldehyd an der Raumluft. Dieser Wert ist aber nur eine nicht bindende Empfehlung. Außerdem wird er von Fachleuten als noch zu hoch angesehen, zum Beispiel für Personen, die zu Allergien neigen. Auch bei Kindern, Kranken und älteren Menschen müssten die Formaldehydkonzentrationen wesentlich niedriger sein.

Versuchen Sie festzustellen, ob verdächtige Werkstoffe verbaut wurden. Bei Fertighäusern und Häusern mit viel Holzinnenausbau aus der Zeit vor 1986 sollten Sie unbedingt die Raumluft analysieren. Mit dem Bio-Check F Formaldehyd-Testgerät der Firma Dräger (ca. 20 €, in Apotheken) können auch Laien schnell und einfach feststellen, ob es ein Problem gibt. Danach wissen Sie, ob eine Untersuchung durch Fachleute notwendig ist. Adressen dafür nennen die Institute auf Seite 76.

Beim Renovieren sollten Sie statt formaldehydgebundener Platten zementgebundene oder magnesitgebundene Platten kaufen. Isocyanatgebundene Platten sind keine gesundheitliche Alternative zu Formaldehyd; denn Isocyanate sind reizend und können beim Einatmen allergische Reaktionen und asthmatische Zustände hervorrufen.

Elektro-Smog

Hauskäufer interessiert hier hauptsächlich, ob elektromagnetische Felder in der Nähe von Hochspannungsleitungen oder Sendern ein Gesundheitsrisiko sind oder nicht. Die Forschungsergebnisse sind bislang widersprüchlich, so dass die Frage nicht eindeutig mit »ja« oder »nein« beantwortet werden kann.

In dieser Situation geht für Sie als Hauskäufer die Sicherheit vor. Deshalb kaufen Sie am besten kein Haus oder keine ETW unter oder neben Hochspannungsleitungen.

Radon

Das natürliche Gas Radon ist ein Zerfallprodukt von Radium. Es ist überall – allerdings in stark unterschiedlicher Konzentration – im Boden zu finden. Radon selbst ist ungefährlich. Spaltprodukte aus dem Radon wie Blei, Wismut oder Polonium können jedoch die Gesundheit gefährden. Sie lagern sich an Staubpartikel in der Luft an, werden eingeatmet und können so die Bildung von Lungenkrebs begünstigen.

Ein Gesundheitsrisiko durch Radon ist jedoch nur in relativ wenigen Fällen gegeben. Trotzdem sollten Sie überprüfen, ob das Sie interessierende Objekt in einem Gebiet mit erhöhter Radonbestrahlung liegt. Das sind vor allem Gegenden mit stark radiumhaltigen Gestein wie Erz, Uran, Granit, die zum Beispiel in fast allen Mittelgebirgen in West- und vor allem Ostdeutschland zu finden sind. Erkundigen Sie sich bei der Gemeinde und beim zuständigen Gesundheitsamt. Wenn Sie eine zu hohe Radonbelastung in einem Sie interessierenden Haus vermuten, sollten Sie einen Radon-Test machen lassen (siehe www.radontest.de).

Perchlorethylen (PER)

Zahlreiche Wohnungen in der direkten Umgebung von chemischen Reinigungen sind mit PER verseucht. Gesundheitsschäden wie Augen- und Schleimhautreizungen, Kopfschmerzen,

Magen- und Kreislaufbeschwerden wurden in solchen Fällen festgestellt. Also, nicht nur nach chemischen Reinigungen bei der Besichtigung einer Wohnung Ausschau halten, sondern auch herumfragen, ob es eine solche Reinigung dort früher einmal gegeben hat!

Hier noch einige Tipps für alle, die auch beim Renovieren größere Risiken für die Gesundheit vermeiden wollen:

- Beim Einkauf von Holz grundsätzlich schriftlich bestätigen lassen, dass keine giftigen Holzschutzmittel enthalten sind. (In Holz aus dem Ausland könnte sogar noch das giftige PCP enthalten sein!)
- Verzichten Sie auf Holzimprägnierung und Holzschutz in Innenräumen.
- Möglichst Naturlacke und -farben verwenden. Bei Chemiefarben Produkte wählen, die mit dem »Blauen Engel« gekennzeichnet sind. (Nur geringe Mengen organischer Lösungsmittel, keine Schwermetalle und kennzeichnungspflichtigen Stoffe)
- Statt Kombinationsprodukten – zum Beispiel Farbe für innen und außen – grundsätzlich nur Farben speziell für den jeweiligen Zweck kaufen; denn diese Farbe enthält im Zweifelsfall weniger »Chemie«.
- Wasserlösliche Kunstharzlacke enthalten nur bis zu zehn Prozent organische Lösungsmittel, herkömmliche Lacke dagegen bis zu 50 Prozent.
- Es gibt ein breites Angebot von »Naturfarben« aus natürlichen Stoffen.

Vorsicht bei der Verarbeitung von Glas- und Mineralwolle: Ein Mundschutz schützt vor Einatmen von schädlichen Fasern. Nach der Verlegung gut abdichten. Eine natürliche – allerdings teurere – Alternative ist Kork zur Wärmedämmung. Ebenfalls empfehlenswert bei größerem Bedarf sind die preiswerte Zellulose, Perlite-Dünnstoffkörnung oder Holzfaserplatten.

7 Preis aushandeln und Kaufvertrag abschließen

Der Kauf eines Hauses oder einer ETW ist etwas völlig anderes als sonstige Käufe. Einmal geht es wahrscheinlich um die größte Investition in Ihrem Leben. Vor allem aber ist es schwierig, den richtigen Preis festzustellen: Vergleiche sind kompliziert, weil jedes Haus, jede ETW anders ist, und weil die Besichtigungen meist zeitlich und räumlich auseinander liegen.

Deshalb ist es so wichtig, dass Sie systematisch die Marktsituation und die Angebote prüfen und die wesentlichen Informationen festhalten. Dann gehen Sie mit mehr Sicherheit in die Preisverhandlungen. Ihre Chancen können Sie noch weiter verbessern, wenn Sie die folgenden Erfahrungen beachten:

- Finden Sie heraus, welchen Preisspielraum der Verkäufer hat. Fragen Sie ihn – besser auch noch die Nachbarn –, was er für das Haus oder die ETW bezahlt hat.
- Selbst wenn Sie bereit sind, sogar einen höheren als den geforderten Preis zu zahlen: Geben Sie das Ihrem Gesprächspartner niemals zu erkennen!
- Einigen Sie sich jetzt mit dem Verkäufer, welche zum Haus oder zur ETW gehörenden Gegenstände im Kaufpreis enthalten sind, oder wie viel Sie dafür zusätzlich zahlen. Argumentieren Sie damit, dass die Rechtslage eindeutig ist: Die festen Bestandteile einer Immobilie sind im Kaufpreis der Wohnung enthalten. Dazu rechnet man zum Beispiel auf Maß eingebaute Einbauküchen und Möbel, auf dem Boden verklebter Teppichboden, eingebaute Duschkabinen oder der fest eingebaute Sandkasten im Garten. Alle Gegenstände, die nicht fest mit der Immobilie verbunden sind oder leicht demontiert werden können wie Lampen, Jalousien oder ein transportables kleines Gartenhaus, kann der Verkäufer mitnehmen oder Ihnen gegen einen entsprechenden Preis überlassen. Lassen Sie diese Vereinbarungen in den Kaufvertrag aufnehmen.
- Versuchen Sie herauszufinden, wie stark oder schwach die Verhandlungsposition des Verkäufers ist: Braucht er dringend Geld, weil er zum Beispiel schon ein anderes Haus gekauft hat? Ist er schon an einen anderen Ort umgezogen? Ist das Objekt schon lange am Markt? Gibt es außer Ihnen noch ernsthafte Interessenten?
- Geben Sie dem Verkäufer das Gefühl, dass Sie der richtige Partner für ihn sind: Schaffen Sie Sympathie, so dass er am liebsten »sein« Haus oder »seine« ETW in Ihre guten Hände gibt. Geben Sie ihm auch die Sicherheit, dass Sie sofort und ohne Probleme den Kaufpreis zahlen können.
- Wenn ein Makler eingeschaltet ist: Stellen Sie fest, wie seine Interessen liegen. Vielleicht kann er für Sie eine Preisreduzierung erreichen!
- Wenn das Gespräch einen toten Punkt erreicht hat, dann sollten Sie davon ablenken. Möglichkeiten: anderes Thema anschneiden, zum Beispiel ein Hobby des Verkäufers. Oder Sie bitten um eine Tasse Kaffee.
- Auf den Einwand des Verkäufers, dass für ähnliche Objekte höhere Preise erzielt wurden,

wie folgt eingehen: Fragen Sie nach Einzelheiten dieser Objekte wie zum Beispiel Größe, Lage, Bausubstanz. So erhalten Sie Anhaltspunkte, um gezielt argumentieren zu können. (Es gibt keine individuellere Ware als eine Immobilie!) Oder Sie merken, dass der Verkäufer eigentlich gar keine ähnlichen Objekte genau kennt. Und damit ist der Ball dann sozusagen wieder in seinem Feld!
- Wenn der Verkäufer mit dem Preis überhaupt nicht oder nur geringfügig heruntergehen will: Vielleicht kommen Sie Ihrer Preisvorstellung näher, wenn er mit der kostenlosen Überlassung von Einbauten, Pflanzen im Garten oder vollem Öltank einverstanden ist.
- Wenn der Verkäufer zögert: Rechnen Sie vor, wie viel Geld er jeden Monat an Zinsen verliert, solange er nicht verkauft (bei 200.000 € und fünf Prozent Zinsen sind das zum Beispiel fast 840 € pro Monat). Machen Sie klar, dass Sie das Haus oder die ETW zu einem bestimmten Preis kaufen wollen, aber setzen Sie dem Verkäufer eine Frist.

Es ist nicht erlaubt, den Kaufpreis im Vertrag zu vermindern und sich die Differenz bar auszahlen zu lassen. Der notarielle Vertrag ist dann ungültig, und Sie haben eine Menge Unannehmlichkeiten, wenn die Sache herauskommt (zum Beispiel Anzeige wegen Steuerhinterziehung).

Sprechen Sie auf jeden Fall mit Freunden, bevor Sie sich zum Kauf entscheiden. Werden Sie sich darüber klar, ob Sie das Haus oder die ETW wirklich mögen und warum. Können Sie auch mit den Nachteilen des Hauses leben? Und können Sie sich das Haus wirklich leisten?

Vor Abschluss des Kaufvertrages ist es unbedingt erforderlich, dass Sie alle wichtigen Daten und Informationen »Ihres« Hauses oder »Ihrer« ETW kennen und eventuell schriftlich haben. CHECKLISTE 13 ist die wichtigste Checkliste im Leitfaden. Prüfen Sie damit das Haus oder die ETW, bevor Sie den Kaufvertrag abschließen!

Studieren Sie rechtzeitig und in aller Ruhe eine Vorabkopie des kompletten Kaufvertrages. Notieren Sie alle Fragen und die Punkte, die Ihnen nicht klar sind.

Informieren Sie den Notar, wie der Kaufpreis im Vertrag nach Grundstück- und Gebäudeanteil aufgeteilt wird. Damit stellen Sie am einfachsten sicher, dass es bei vermieteten Häusern oder Wohnungen später bei der Frage der Abschreibung keine grundlegenden Diskussionen mit dem Finanzamt mehr gibt.

Dabei liegt es in Ihrem Interesse, den Anteil für den – nicht abschreibungsfähigen – Grund und Boden so niedrig wie vertretbar und den Gebäudeanteil möglichst hoch festzulegen. Am besten orientieren Sie sich dabei für beides an den *Verkehrswerten*. Das Finanzamt ermittelt die Anteile aus dem Verhältnis der Verkehrswerte. Beispiel: Grund und Boden 150.000 €, Gebäude 300.000 €; an der Summe von 450.000 € hat das Gebäude einen Anteil von 67 %.

Verkehrswerte finden Sie in dem Gutachten der Bank oder dem Gutachten, das Sie selbst in Auftrag gegeben haben. Falls Sie kein Gutachten haben sollten, besorgen Sie sich Werte von vergleichbaren Objekten. Bei manchen ETW fällt das leichter, weil Sie entsprechende Anteile einer ähnlichen ETW in der Anlage zugrunde legen können. Tipp: Falls das Finanzamt Ihre Zahlen nicht akzeptiert und zum Beispiel nach der für Sie wahrscheinlich ungünstigeren Restwertmethode (Kaufpreis abzüglich Preis für Grund und Boden) rechnet, sollten Sie das nicht akzeptieren. Die Restwertmethode ist laut Bundesfinanzhof nicht zulässig. Fragen Sie unbedingt einen Steuerfachmann, denn hier geht es um viel Geld für Sie!

Wichtig: Von dem Notar, der später den Vertrag beurkunden wird, sollten Sie nicht zu viel für sich erwarten. Der Notar prüft, ob der Vertrag rechtlich zulässig ist. Aber er sieht sich beispielsweise nicht die Bebauungspläne an oder mögliche Baulasten, die die Nutzung eines Grundstücks beschränken. Er wird wahrscheinlich auch nichts dazu sagen, ob die Vertragsregelungen wirtschaftlich oder steuerlich für Sie günstig oder ungünstig sind; denn dazu ist er nicht gesetzlich verpflichtet.

Diese Beratung können Sie nur von einem Anwalt oder Notar erwarten, der – im Gegensatz zu dem beurkundenden Notar – ausschließlich von Ihnen dazu beauftragt wird und damit

Ihre Interessen vertritt. Mein Tipp: Klären Sie juristische Fragen, bei denen es noch nicht um eine Auseinandersetzung mit einem Gegner geht, erst mit einem Notar – statt mit einem Rechtsanwalt; denn der Notar kann Sie genauso kompetent beraten, sein Honorar ist auf Grund der Notarkostenordnung aber deutlich niedriger als ein Honorar nach der Anwaltsgebührenordnung.

Fragen Sie aber auch den Notar vor dem Auftrag nach den Gebühren, weil er in der Kostenordnung noch Ermessensspielraum hat.

Den umfassendsten Schutz genießen Sie als Käufer, wenn der Kaufvertrag dem AGB-Gesetz (Gesetz für die allgemeinen Geschäftsbedingungen) unterliegt. Das trifft für alle Verträge zu, die nicht individuell zwischen den Partnern ausgehandelt werden, sondern aus Standardformulierungen bestehen, die auch für andere Verträge verwendet wurden. Das ist bei notariellen Verträgen zum Immobilienkauf vom Bauträger immer der Fall. Der beurkundende Notar muss darauf achten, dass die AGB-Vorschriften eingehalten werden.

Nur notariell beurkundete Verträge sind rechtswirksam. Zahlen Sie deshalb auf keinen Fall vor Vertragsabschluss und Ihrer Sicherung als Käufer auch nur einen Cent! Zahlen Sie die Maklerprovision nur, wenn Makler und Verkäufer nicht identisch oder wirtschaftlich eng verflochten sind. Zahlen Sie erst, wenn Sie und der Verkäufer nicht mehr vom Kaufvertrag zurücktreten können (Rücktrittsklausel beachten) und der Kaufvertrag rechtswirksam ist.

Neues Haus/ETW

Unseriöse Bauträger versuchen manchmal, mit dem so genannten verdeckten Bauherren- oder Generalübernehmer-Modell zusätzliche Risiken auf den Käufer abzuwälzen: Durch getrennte Verträge für den Kauf von Grund und Boden und für das Gebäude werden Sie als Käufer in solchen Fällen nur teilweise von der Makler- und Bauträgerverordnung geschützt. Wenn Sie solche Verträge überhaupt akzeptieren wollen, dann lassen Sie diese unbedingt von einem Ihnen bekannten Notar prüfen und zu Ihrer Sicherheit ergänzen!

Geben Sie dem Bauträger nur Vollmachten für die Erledigung von Behörden-Angelegenheiten, nicht für finanzielle Transaktionen! Achten Sie darauf, dass Sie Zahlungen für Ihr Haus oder Ihre ETW nur gegen entsprechende Sicherheiten durch den Bauträger oder dessen Bank leisten.

Wenn Sie eine ETW gekauft haben, die noch im Bau ist: Stellen Sie fest, ob sich die Käufer bereits organisiert haben. Wenn nicht, sollten Sie zusammen mit den anderen Käufern eine vorläufige Eigentümergemeinschaft gründen.

Hauptzweck: Den Baufortschritt des Gemeinschaftseigentums zu überwachen – am besten mit Hilfe eines von den Käufern beauftragten Sachverständigen. Jeder ist meist so sehr auf seine Wohnung fixiert, dass das Gemeinschaftseigentum manchmal vernachlässigt wird. Hier sind spätere Bauschäden jedoch am teuersten!

Preise für ETW und Einfamilienhäuser im Durchschnitt					
Stadt	**ETW Bestand**	**ETW Neubau**	**Reihenhaus Bestand**	**Reihenhaus Neubau**	**Einfamilienhaus**
Aachen	1.500	2.000	210.000	250.000	375.000
Augsburg	1.450	2.400	215.000	275.000	380.000
Berlin	1.700	2.600	219.000	255.000	340.000
Bielefeld	1.180	1.850	172.000	200.000	265.000
Bonn	1.600	2.300	225.000	230.000	340.000
Braunschweig	1.050	1.800	145.000	180.000	220.000
Bremen	1.200	2.100	150.000	175.000	260.000
Bremerhaven	780	1.800	105.000	135.000	150.000
Darmstadt	1.900	2.550	270.000	300.000	380.000
Dortmund	1.230	2.000	190.000	220.000	360.000
Dresden	1.630	1.900	150.000	170.000	235.000
Duisburg	1.200	1.900	170.000	210.000	275.000
Düsseldorf	1.950	2.800	230.000	300.000	500.000
Erfurt	1.100	1.900	125.000	170.000	210.000
Essen	1.340	2.200	222.000	235.000	380.000
Frankfurt (Main)	2.500	2.800	294.000	345.000	520.000
Freiburg (Breisgau)	1.900	2.900	280.000	305.000	460.000
Göttingen	1.250	1.700	170.000	205.000	280.000
Hamburg	1.820	2.900	195.000	235.000	385.000
Hannover	1.400	2.100	162.000	200.000	260.000
Heidelberg	2.150	2.950	270.000	335.000	520.000
Kaiserslautern	1.050	1.700	170.000	180.000	220.000
Karlsruhe	1.600	2.350	240.000	290.000	410.000
Kassel	900	1.500	140.000	180.000	220.000
Kiel	1.250	2.100	150.000	175.000	235.000
Koblenz	1.300	1.750	180.000	220.000	250.000
Köln	2.000	2.500	248.000	280.000	390.000
Leipzig	1.100	1.800	135.000	160.000	210.000
Lübeck	1.300	2.000	150.000	165.000	225.000
Magdeburg	750	1.300	105.000	120.000	165.000
Mainz	1.500	2.050	240.000	255.000	410.000
Mannheim	1.500	2.150	245.000	270.000	400.000
München	2.700	3.750	350.000	410.000	690.000
Münster	1.800	2.500	210.000	225.000	395.000
Nürnberg	1.450	2.400	215.000	260.000	390.000
Oldenburg	1.100	1.880	120.000	150.000	185.000
Osnabrück	1.250	1.650	155.000	190.000	240.000
Potsdam	1.570	1.900	140.000	195.000	270.000
Regensburg	1.850	2.550	230.000	265.000	330.000
Rostock	1.200	1.700	125.000	150.000	175.000
Saarbrücken (Stadt)	1.200	1.900	180.000	200.000	250.000
Schwerin	1.170	1.550	125.000	135.000	180.000
Stuttgart	2.050	3.050	300.000	385.000	565.000
Wiesbaden	1.900	2.250	275.000	290.000	495.000
Würzburg	1.650	2.400	215.000	250.000	365.000

Die genannten Preise sind in Euro; bei ETW pro Quadratmeter Wohnfläche ohne Nebenkosten; Durchschnittskaufpreis aus 2008 bei mittlerer Wohnlage. Folgende Eckdaten wurden zugrunde gelegt: ETW: 3 Zimmer, ca. 65–80 qm Wohnfläche, Standardausstattung; Reihenhaus: Mittelhaus, ca. 100–120 qm Wohnfläche, Standardausstattung; Einfamilienhaus: 150–200 qm Wohnfläche, max. 20 Jahre alt

Quelle: RIWIS – BulwienGesa AG, Daten werden jährlich aktualisiert

8 Innenausstattung planen

Nach den vielen Besichtigungen, Überlegungen und Gesprächen haben Sie sicher eine Menge Ideen, wie Sie Ihr künftiges Heim gestalten wollen.

Planen Sie die Innenausstattung gründlich und so früh wie möglich. Sammeln Sie Fotos von Inneneinrichtungen, Möbeln, die Ihnen gefallen. Besorgen Sie sich Muster von Kacheln, Teppichböden, Tapeten, Paneelen, die in Ihr Konzept passen. So können Sie die einzelnen Farb- und Ausstattungselemente optimal und sicher kombinieren. Passt zum Beispiel der vorgesehene Farbton des Teppichbodens zu Ihren Möbeln und Teppichen? Welche Holztöne der Innenausstattung wie Türen, Fenster, Deckenverkleidung und welche Wanddekoration in welcher Farbe können Sie zusammen verwenden?

Die Zahl der möglichen Kombinationen ist groß. Die Entscheidung für eine Innenausstattung, die Ihnen auch noch nach Jahren gefällt, ist nicht leicht. Vor allem, wenn Sie von der weißen Durchschnitts-Ausstattung abweichen wollen, sollten Sie rechtzeitig wissen, was Sie wollen.

Wenn Sie Wände und/oder Decken getönt oder farbig haben wollen, lassen Sie sich unbedingt mehrere große Testfarbflächen zur Auswahl anlegen. Warten Sie mit der Beurteilung, bis die Farben trocken sind. Nur so und bei normalem Tageslicht haben Sie die beste Vergleichsmöglichkeit. Nehmen Sie auch Muster des Teppichbodens, der Fliesen und der Deckenverkleidung mit, damit alles gut zusammenpasst. Notieren Sie die Farbbezeichnung und Nummer, dann haben Sie es später beim Renovieren leichter.

Bestellen Sie Spiegel, Einbauschränke erst, wenn die Räume verputzt oder gekachelt sind. Wenn Sie eine neue Einbauküche bekommen, sollte jetzt noch einmal von dem Lieferanten nachgemessen werden, ob alles passt. Kaufen Sie übrigens ein oder zwei Quadratmeter Kacheln zusätzlich als Reserve, damit Sie nach ein paar Jahren bei Reparaturen keine Ersatzprobleme haben.

Auch ohne aufwändige Umbauten oder Modernisierung lohnt es sich, einen Innenarchitekten hinzuzuziehen. Das gilt besonders dann, wenn Sie wenig Zeit für diese Überlegungen und Besorgungen aufbringen können – und natürlich auch für alle, die sich überfordert fühlen. Namen von Innenarchitekten erfahren Sie im Branchen-Telefonbuch oder bei der Architektenkammer. Führen Sie mit mehreren Architekten jeweils ein unverbindliches Orientierungsgespräch. Sie sollten sich sympathisch sein und die gleiche Wellenlänge haben. Der Innenarchitekt wird Ihnen Referenzen für einige seiner Arbeiten geben. Ansehen lohnt sich.

Klären Sie, ob Sie auch stufenweise mit ihm arbeiten können und was jede Stufe kostet. Die Kosten für die Arbeit von Innenarchitekten werden meist überschätzt. Bei einer Abrechnung auf Stundenbasis stehen Sie sich meist günstiger als bei pauschaler Zahlung. Wenn Sie Material und Einrichtungsgegenstände vom Innenarchitekten einkaufen lassen wollen: Viele

Architekten geben die Provisionen beim Einkauf an den Auftraggeber weiter. Das vermindert dann die Planungskosten.

Wenn Sie ein noch nicht fertiges oder stark zu modernisierendes Objekt kaufen wollen, ist jetzt noch Zeit, kostengünstig einige Vorkehrungen gegen Einbruch zu treffen. Sorgen Sie dafür, dass die Türen, Fenster und Rollläden gleich den heute nötigen Schutz gegen Einbruch bieten. Später wird das teuer, weil Sie dann Bauteile auswechseln müssen. Überlegen Sie, welche Anforderungen Sie zum Einbruchschutz haben. Sprechen Sie mit den Spezialisten bei der Polizei. Das kostet nichts und nutzt Ihnen viel. Es gibt zum Beispiel bei den Landeskriminalämtern sehr informative Ausstellungen und Demonstrationsbeispiele für richtigen Schutz. Hinweise auf Literatur finden Sie auf Seite 76.

9 Mit Handwerkern richtig zusammenarbeiten

Für aufwändigere Umbau- und Modernisierungsarbeiten suchen Sie sich am besten einen Architekten, der über entsprechende Erfahrungen verfügt und zuverlässige Handwerker.

Jetzt fragen Sie sich natürlich, ob Sie sich die ordnungsgemäße Beauftragung von Handwerkern nicht sparen können? Warum nicht freiwillige Helfer und Handwerker anheuern, die nach Feierabend und am Wochenende gegen Bares bei Ihnen arbeiten? Wenn Sie so ein paar Euro sparen wollten, sollten Sie vorher auch die zahlreichen Nachteile kennen, die solche Schwarzarbeit für Sie haben kann:

1. es droht Bußgeld wegen des Verstoßes gegen das Gesetz zur Bekämpfung der Schwarzarbeit,
2. Anklage wegen Steuerhinterziehung oder Betrug,
3. keine Gewährleistung und keine Möglichkeit, Schadenersatz geltend zu machen,
4. keine Möglichkeit, eventuell Steuervorteile für die Kosten zu nutzen.

Nicht als Schwarzarbeit zählen alle unentgeltlichen Arbeiten, die nur eine Gefälligkeit sind. Mithilfe von Angehörigen und Nachbarn gehört auch dazu. Ansonsten ist es vor allem bei größeren Arbeiten sehr ratsam, das Bauvorhaben bei der Bauberufsgenossenschaft anzumelden. Fragen Sie beim Versicherungsamt Ihrer Gemeinde- oder Stadtverwaltung nach der Adresse der örtlich zuständigen Bauberufsgenossenschaft.

Sie werden in jedem Fall auch Handwerker brauchen. Hier sind einige Erfahrungen und Tipps von Haus- und ETW-Käufern.

Fragen Sie Hausbesitzer, Architekten, welche Handwerker zuverlässig sind. Handwerker, die für Sie schon gearbeitet haben, sind eine weitere gute Informationsquelle: Der Elektroinstallateur weiß vielleicht, wer der beste Heizungsbauer ist!

Fragen Sie schriftlich bei mehreren Handwerkern an. Beschreiben Sie detailliert die notwendigen Arbeiten mit Angabe der Maße und Endtermine. Als Basis bei Bauaufträgen hat sich die *VOB* durchgesetzt, aber versuchen Sie, statt zwei Jahren eine *Gewährleistung* von fünf Jahren nach BGB zu bekommen. Übrigens: Nach einem Urteil des BGH gilt eine Gewährleistungsfrist von fünf Jahren, solange nicht ausdrücklich vereinbart ist, dass *VOB* als Ganzes Vertragsgrundlage ist und im Vertrag eines Bauträgers zum Beispiel steht, dass die Erstellung des Gebäudes auf der Grundlage der VOB erfolgt.

Tipp: Einfacher und vollständiger wird Ihre Ausschreibung, wenn Sie weiteren Anfragen das detaillierte Angebot des ersten Anbieters zugrunde legen; schreiben Sie dieses Angebot ab – natürlich ohne Preise – und schicken Sie Fotokopien davon an andere Handwerker. Weisen Sie darauf hin, dass das Angebot für Sie kostenlos ist.

Eine weitere Möglichkeit, den günstigsten Preis besonders bei Handwerkerleistungen herauszufinden, bieten so genannte Preisagenturen. Diese neuen Dienstleister suchen in Ihrer

Stadt oder Region Anbieter, die die Ihnen angebotenen Produkte oder Dienstleistungen teilweise erheblich preiswerter anbieten.

Sie bezahlen nur bei Erfolg, das heißt ungefähr 20 bis 40 Prozent der Differenz zwischen Ihrem niedrigsten Angebot und dem günstigeren Angebot der Preisagentur. Die Adresse der größten Preisagentur (PA Preisagentur Aachen) finden Sie auf Seite 76. Da es sich hier um eine junge aufstrebende Branche handelt, sollten Sie bei der Verbraucherberatung oder im Branchen-Telefonbuch nachsehen, ob es inzwischen auch in Ihrer Nähe Preisagenturen gibt.

Die schriftlichen Angebote der Handwerker sollten Sie genau vergleichen. Stimmt jedes Leistungsverzeichnis mit Ihrer Anfrage überein? Sind sie detailliert genug bei Materialangaben, Arbeitsschritten, Terminen? Welche Garantien für korrekte Abwicklung werden gegeben? Ist der Preis ein Festpreis, dann ist er verbindlich: Nachforderungen sind nicht gerechtfertigt. Nicht alle Handwerker sind allerdings bereit, ein solches verbindliches Angebot abzugeben. Werden Fahrzeiten berechnet? Enthält der Preis die Mehrwertsteuer? Fehler sind menschlich, deshalb jedes Angebot nachrechnen.

Holen Sie vor größeren Aufträgen Referenzen über den Handwerker ein. Sprechen Sie mit früheren Auftraggebern, sehen Sie sich an, welche Qualität Ihr möglicher künftiger Partner bietet. Das ist besonders wichtig, bevor Sie ein supergünstiges Angebot annehmen wollen. Bei umfangreichen Arbeiten sollten Sie sich auch die Unbedenklichkeits-Bescheinigung der zuständigen Berufsgenossenschaft zeigen lassen; denn Sie haften als Auftraggeber für nicht gezahlte Beiträge, wenn die Firma pleite geht und vorher keine Beiträge gezahlt hat! Vereinbaren Sie in Ihrem Auftrag, dass auch von Ihrem Vertragspartner beauftragte Subunternehmer Mitglieder in der Berufsgenossenschaft sein müssen.

Aufträge sollten Sie grundsätzlich nur schriftlich erteilen. Beziehen Sie sich auf das Angebot. Wenn kein schriftliches Angebot vorliegt, sollte der Auftrag folgende Angaben enthalten: Genaue Beschreibung der Arbeiten, einschließlich Bauzeichnungen, Arbeitszeit, *Gewährleistung* nach BGB oder bei Arbeiten mit geringerem Risiko nach *VOB*, exakte Abmessungen, Bestellnummern oder Artikelnummern, Termine für Fertigstellung oder Lieferung, Festpreis, eventuell Zahlungsplan, drei Prozent Skonto, Hinweis, dass der Unternehmer verpflichtet ist, Kostenänderungen während der Arbeit vor Ausführung zu melden.

Wenn der Handwerker den vereinbarten Termin nicht einhält, müssen Sie ihn umgehend schriftlich in Verzug setzen. Legen Sie einen neuen Termin fest. Schreiben Sie auch, dass Sie möglicherweise Verzugsschaden nach den Paragrafen 286 und 326 BGB geltend machen werden.

Nach *VOB* ist eine so genannte stillschweigende Abnahme möglich. Der Handwerker informiert Sie schriftlich, dass er Ihren Auftrag ausgeführt hat. Jetzt müssen Sie die Arbeit prüfen und innerhalb von zwölf Tagen schriftlich – Einschreiben mit Rückschein – mitteilen, ob Sie Mängel festgestellt haben und was geschehen soll. Wenn Sie nichts unternehmen oder diese Frist verpassen, gilt die Leistung als angenommen.

Zahlen Sie für Ihre Sonderwünsche erst, wenn Sie die Arbeit genau geprüft und abgenommen haben. Messen Sie nach, prüfen Sie zum Beispiel, ob Keramikkacheln in Farbe und Muster identisch, und ob alle Kacheln unbeschädigt sind. Falls Sie Reklamationen haben und diese nicht behoben werden: Behalten Sie den dreifachen Betrag des Aufwandes zurück, der für die Durchführung der noch ausstehenden Arbeiten oder für die Behebung der vorhandenen Mängel durch den Handwerker erforderlich ist (BGH-Urteil).

Wenn die Aufträge ordnungsgemäß durchgeführt sind, sollten Sie innerhalb von acht Tagen nach Rechnungseingang mit Skontoabzug zahlen.

Geben Sie Kopien des gesamten Schriftwechsels an Ihre Partner (Bauträger, Architekten). Wird Ihr Haus oder Ihre ETW noch gebaut, dann sollten Sie den Bau regelmäßig beobachten. Halten Sie Kontakt mit dem Bauleiter, Polier und Vorarbeiter. Geben Sie mal einen Kasten

Bier aus; dann mauert man sicher noch lieber für Sie – und wahrscheinlich sogar etwas sorgfältiger.

Prüfen Sie den Baufortschritt anhand der Baubeschreibung. Messen Sie die Räume aus. Achten Sie darauf, ob die Wasserleitungen in den Wänden der Wohn-, Schlaf- und Arbeitsräume ausreichend gegen Geräusche gedämmt sind. Prüfen Sie die Elektroinstallationen auf Vollständigkeit (Schalter, Steckdosen) und ob sie an der richtigen Stelle angebracht sind. Sind Ihre Sonderwünsche richtig ausgeführt worden (zum Beispiel zusätzliche Steckdosen, Leer-Rohre für Lautsprecher-Zuleitungen, zusätzlicher Telefon- oder Fernsehanschluss)?

Wenn Sie ganz sichergehen wollen: Machen Sie mit einem Fachmann Baubegehungen nach der Rohbaufertigstellung und jeweils nach Beendigung der Arbeiten an der Heizungs-, Sanitär- und Elektroinstallation und nach Abschluss der Estricharbeiten. Sie müssen den Bauträger darüber vorher informieren.

Fotografieren Sie sämtliche Wasser- und Stromleitungen, bevor die Wände verputzt werden. Vermerken Sie auf einem Schild, in welchem Raum, in welcher Wand die Leitungen liegen. Fotografieren Sie einen Zollstock als Maßstab mit. Dann wissen Sie später, an welcher Stelle Sie ohne Risiko Löcher bohren können.

10 Modernisieren und Energiesparen

Beim Kauf älterer Häuser und Wohnungen ist oft eine grundlegende **Modernisierung** von Haus oder Wohnung vonnöten. Dabei handelt es sich meist um folgende Maßnahmen:

- Änderung des Wohnungszuschnitts (z. B. Zusammenlegung von kleinen Zimmern zu einem größeren Raum oder umgekehrt)
- modernes Bad mit neuen Sanitärobjekten
- neuer Fußbodenbelag (z. B. Parkett oder Laminat statt Teppichboden)
- neuer Außenanstrich des Hauses
- Neuanlage von Terrasse und Garten bei Häusern
- altersgerechter Umbau von Haus oder Wohnung
- energetische Sanierung (z. B. neue Fenster, neue Heizanlage, Dämmung von Außenwand, Kellerdecke und Dachgeschoss, Flachdachsanierung, Solaranlage auf dem Dach).

Bei vermieteten Häusern und Wohnungen können Sie die Miete erhöhen bis zu 11 Prozent der entstandenen Modernisierungskosten. Außerdem können Sie Steuerersparnisse erzielen, indem Sie die Kosten für größere Instandhaltungsmaßnahmen auf 2 bis 5 Jahre verteilen. Über laufende Mieterhöhungen und Steuerersparnisse holen Sie die entstandenen Kosten im Laufe von spätestens 10 Jahren wieder rein.

Wenn Sie Ihre eigenen vier Wände modernisieren, steigt der Wohnkomfort. Sofern Sie gleichzeitig Energie sparen, sinken die laufenden Bewirtschaftungskosten. Der Staat hilft mit zinsgünstigen Krediten, energieeffizient zu sanieren.

Die energetische **Komplettsanierung eines Einfamilienhauses** beispielsweise aus den 70er-Jahren (Außenwand, Fenster, Steildach, Kellerdecke, Heizanlage, Solarthermie) kostet laut Institut für Wohnen und Umwelt (IWU) 133 € pro Quadratmeter Wohnfläche, bei 150 Quadratmetern also 20.000 €. Nach der Sanierung können Sie laut IWU gut 10 € pro Quadratmeter Wohnfläche pro Jahr an Kosten einsparen. Nach 13 Jahren hätten sich die einmaligen Kosten somit amortisiert, sofern man keine Kostensteigerungen ansetzt.

Über attraktive **KfW-Förderprogramme** (KfW = Kreditanstalt für Wirtschaft) beteiligt sich Vater Staat finanziell an Energiesparmaßnahmen in Form von Zuschüssen oder zinsgünstigen Krediten. Für Einzelmaßnahmen (z. B. Dachsanierung und -dämmung, Fassadensanierung und -dämmung, Kellerdämmung, Einbau neuer Fenster, neue Heizungsanlage) gibt es einen Zuschuss von 5 % der förderfähigen Investitionskosten (maximal 2.500 €) sowie zinsverbilligte Darlehen im Rahmen des Programms »Wohnraum modernisieren«. Beim energieeffizienten Bauen wird ebenfalls ein zinsgünstiger Kredit bis zu 50.000 € gewährt, bei der energieeffizienten Sanierung zum sogenannten KfW-Effizienzhaus sogar bis zu 75.000 € (Stand: August 2010). Näheres mit den jeweils aktuellen Konditionen erfahren Sie über www.kfw-foerderbank.de und das KfW-Infotelefon 0180/33 55 77.

Wichtig: Jeder, der Ihnen ab 1.1.2009 sein Haus oder seine Eigentumswohnung verkauft, muss Ihnen als Käufer einen **Energieausweis** (auch Energiepass genannt) für sein Wohngebäude vorlegen. Bei Nichtwohngebäuden ist dies ab 1.7.2009 Pflicht.

Besitzt das Haus oder die ETW hohe energetische Werte, die der Verkäufer durch Vorlage des Energieausweises nachweist, ist dies natürlich positiv für Sie als Käufer. Details finden Sie auch im Buch »Wegweiser Gebäudeenergieausweis«, das ebenfalls im Godesberger Taschenbuch-Verlag zum Preis von 14,80 € erhältlich ist.

Achten Sie auf den wichtigen Unterschied zwischen einem verbrauchsorientierten und einem bedarfsorientierten Energieausweis (auch kurz »Verbrauchsausweis« und »Bedarfsausweis« genannt). Der **Verbrauchsausweis** schlüsselt nur den tatsächlichen Verbrauch der Haus- bzw. Wohnungsnutzer auf und hängt somit entscheidend auch von den Gewohnheiten der bisherigen Bewohner ab. Dabei wird lediglich errechnet, wie hoch der durchschnittliche Verbrauch in Energie in den letzten drei Jahren war. Auf Grund dieses Verbrauchs wird dann anhand einer Skala mit Grün-, Gelb- und Rotmarkierung, die an einen Ampelcheck erinnert, die Einteilung in geringen, mittleren oder hohen Energieverbrauch vorgenommen.

Bei niedrigem Energieverbrauch durch die bisherigen Bewohner kann der Verkäufer also Punkte sammeln. Außerdem kostet ihn der Verbrauchsausweis nur bis zu 100 €. Ein Gutachter, der sein Haus oder seine Wohnung besucht und genau unter die Lupe nimmt, ist für die Erteilung des Verbrauchsausweises nicht erforderlich. Daher sollten Sie den Wert eines Verbrauchsausweises nicht überschätzen.

Der **Bedarfsausweis** setzt jedoch den Besuch eines Gutachters im Haus oder der ETW des Verkäufers voraus. Dieser Gutacher ermittelt den Energiebedarf auf Basis der verwendeten Baumaterialien, des Hauszustands und der Größe von Haus oder Wohnung. Der tatsächliche Verbrauch spielt für den Bedarfsausweis keine Rolle. Dieser Ausweis, der den Verkäufer bis zu 300 € kostet, ist für Sie als Käufer letztlich sehr viel sinnvoller ist als ein bloßer Verbrauchsausweis.

Die Deutsche Energie-Agentur (Dena) listet in ihrer Datenbank qualifizierte Aussteller von Energieausweisen auf und verteilt auch Bedarfsausweise mit Gütesiegel, teilweise auch mit TÜV-Zertifikat.

11 Haus oder ETW abnehmen

Die Abnahme eines neugebauten Hauses oder einer ETW mit dem Bauträger hat vor allem für Sie als Käufer einschneidende Bedeutung: Mit der Abnahme wird der Kaufpreis fällig. Außerdem ändert sich die rechtliche Lage.

Vor der Abnahme muss der Bauträger sämtliche Mängel beseitigen. Der Verkäufer muss Ihnen nachweisen, dass Haus oder ETW mängelfrei sind. Nach der Abnahme ist es umgekehrt: Jetzt haben Sie die Beweispflicht, dass die Mängel zum Zeitpunkt des Kaufes vorhanden waren. Das ist natürlich schwieriger. Dieses Problem vermeiden Sie durch eine sorgfältige Abnahme und ein detailliertes Mängelprotokoll. Wie eine Mängelbeseitigung abläuft, können Sie aus dem Schaubild rechts ersehen.

Planen Sie den Abnahme- und den Einzugstermin möglichst so, dass dazwischen genügend Zeit für die Beseitigung von Mängeln vorhanden ist. Dadurch haben Sie bei größeren Mängeln auch die Möglichkeit, die Abnahme zu verweigern. Ein weiterer großer Vorteil: Der Bau trocknet besser aus.

Wenn bereits Häuser oder Wohnungen von demselben Bauträger vor Ihrem abgenommen wurden: Sprechen Sie mit diesen Hauseigentümern über deren Erfahrungen bei der Abnahme. Notieren Sie die entsprechenden Fragen als Ergänzung zu CHECKLISTE 15 für die Hausabnahme.

Wichtig: Gehen Sie vor der Innen- und Außenabnahme durch das Haus und um das Haus – auch auf das Dach und in den Keller! Notieren Sie sämtliche Mängel, die Ihnen auffallen. Wenn Sie nicht viel vom Bau verstehen, sollten Sie auch hier einen Fachmann hinzuziehen. Mindestens sollte aber ein unbeteiligter Dritter, wie zum Beispiel ein kritischer Freund, mit dabei sein; denn ein Außenstehender ist objektiver, kritischer und weist wahrscheinlich auch nachdrücklicher auf Mängel hin. Vor allem haben Sie so auch einen Zeugen im Fall von späteren Auseinandersetzungen. Gemeinschaftseigentum in Wohnanlagen sollte unbedingt von einem Sachverständigen abgenommen werden.

Wenn Sie Ihr Haus oder Ihre ETW ohne sachverständige Hilfe abnehmen wollen, gehen Sie am besten anhand von CHECKLISTE 15 systematisch vor. Lassen Sie sich Zeit und nicht drängen. Nehmen Sie sich Raum für Raum vor. Lassen Sie alle Mängel in einem Protokoll festhalten. Vereinbaren Sie einen Termin für die Nachbesserungen der Mängel. Unterschreiben Sie das Übergabeprotokoll erst, nachdem Sie es gründlich durchgelesen haben. Das Protokoll sollte sich nur auf offene Mängel beziehen. Verborgene Mängel dürfen auf keinen Fall durch das Protokoll – sozusagen durch die Hintertür – ausgeschlossen werden!

Treten bei gekauften Häusern oder ETW aus zweiter Hand später Mängel auf, gilt Kaufvertragsrecht. Bei unerheblichen Mängeln haben Sie keine Ansprüche an den Verkäufer. Bei erheblichen Mängeln, die den Wert oder die Benutzbarkeit beeinträchtigen, haben Sie innerhalb eines Jahres Ansprüche wie auf der vorigen Seite beschrieben.

Kauf von Bauträger: Ablauf der Abnahme und der Mängelbeseitigung

neues Haus oder neue ETW ist fertig

Abnahme

Folgen: Der Käufer bestätigt durch die Abnahme, dass das Objekt dem Kaufvertrag entspricht – versteckte Mängel ausgenommen. Die Gewährleistungsfrist für eventuelle Mängel beginnt zu laufen: fünf Jahre bei Werkvertrag (Architekt, Bauträger, eventuell auch beim Kauf neu errichteter Objekte); zwei Jahre nach *VOB;* ein Jahr beim Kauf von Objekten aus 2. Hand (Kaufvertrag).

Verweigerung der Abnahme

Gründe: Die Mängel sind zu groß, das Haus ist nicht bezugsfertig

Folge: Der Verkäufer muss die Mängel beseitigen.

Danach erfolgt eine erneute Abnahme.

offene Mängel im Abnahmeprotokoll festhalten

Folge: Die Gewährleistungsfrist für diese Mängel bleibt erhalten.

Empfehlung: Bei schweren Mängeln oder Streitigkeiten vereidigten Sachverständigen hinzuziehen; eventuell *Beweissicherungsverfahren.*

Nachbesserung verlangen

Termin festlegen; mitteilen, dass Sie die Leistung nach Ablauf der Frist ablehnen werden.

Folge: Sie haben ein Zurückbehaltungsrecht bis zum Dreifachen der geschätzten Kosten für die Mängelbeseitigung.

Vorgehen: Setzen Sie per Einschreiben bis zu zwei Mal einen Termin fest. Drohen Sie an, dass Mängel sonst selbst behoben und die Kosten dafür in Rechnung gestellt werden.

Die Nachbesserung ist erfolgt

Bestätigen Sie mit Ihrer Unterschrift nur nach Abschluss der Arbeiten und einer genauen Prüfung.

Folge: Die Gewährleistungsfrist beginnt zu laufen.

Die Nachbesserung erfolgt nicht, der Termin ist abgelaufen

Der Käufer lässt die Mängel beheben.

Vorgehen: Der Käufer verlangt Kostenersatz vom Verkäufer. Falls Nachbesserung nicht möglich oder wegen zu hoher Kosten nicht empfehlenswert ist:

Vorgehen: Käufer mindert Kaufpreis oder tritt vom Vertrag zurück. (eventuell Schadenersatz verlangen)

12 Umzug

Alle mit dem Umzug verbundenen Fragen und Probleme rechtzeitig klären (CHECKLISTE 16). Bei der Entscheidung, ob Sie selbst den Umzug machen oder einen Möbelspediteur damit beauftragen, ist abzuwägen: Haben Sie genügend Helfer? Sind Sie bereit, beim Selbstumzug Risiken wie Beschädigung der Möbel oder sogar Unfälle vom gequetschten Finger bis zum Autounfall zu übernehmen? Sparen Sie beim Selbstumzug wirklich viel Geld? Faustregel: Je größer der Haushalt, je weiter die Entfernung, desto mehr lohnt es, einen Möbelspediteur zu beauftragen.

Lassen Sie sich von mehreren Möbelspediteuren schriftliche Angebote machen. Achten Sie auf die folgenden wesentlichen Punkte, wenn Sie die Angebote vergleichen: Höhe der Kosten pro Kilometer Transport und Gesamtzahl der Kilometer; Unterschiede bei den geschätzten Möbelwagenmetern; Wie hoch sind die Löhne für Packer, Träger und Fahrer? Preise für Umzugkartons; Wann und wie müssen Sie zahlen? Wird ein Scheck akzeptiert?

Möbelspediteure haften für Schäden, die sie zu vertreten haben, mit bis zu 2.000 € pro Möbelwagenmeter (entspricht fünf Kubikmeter). Voraussetzung dafür ist aber, dass zum Beispiel Geschirr vom Personal des Spediteurs verpackt wurde. Eine zusätzliche Versicherung lohnt sich deshalb nur, wenn der Wert Ihres Hausrats erheblich über dieser ohnehin versicherten Summe liegt. Sollten Sie mit einem AMÖ-Möbelspediteur Differenzen nicht klären können, dann hilft die Ausgleichsstelle der Arbeitsgemeinschaft Möbeltransport (Adresse Seite 77).

Sie haben gute Chancen, die Umzugskosten weiter zu senken, wenn Sie den Umzug in die Zeit legen, in der der Spediteur weniger zu tun hat (zum Beispiel Monatsmitte). Weisen Sie auch daraufhin, wenn Sie selbst und nicht Ihre Firma oder Dienststelle den Umzug bezahlen. Entschließen Sie sich jetzt, endlich einmal all die Dinge in Ihrem Haushalt auszusortieren, von denen Sie sich ohnehin schon lange trennen wollten. Sperrmüll wird meist kostenlos abgeholt, Verkauf auf dem Flohmarkt macht Spaß und bringt sogar ein paar Euro. Und der Umzug kostet Sie weniger.

Wann können Sie damit rechnen, dass das Finanzamt Ihren Umzug mitfinanziert? Beim Umzug in einen anderen Ort spielt das Finanzamt mit, wenn der Umzug berufliche Gründe hat (ein neuer Arbeitgeber, Wechsel des Arbeitsplatzes beim gleichen Arbeitgeber). Beim Umzug am selben Ort nimmt das Finanzamt erst einmal private Gründe an – vor allem, wenn Sie in ein eigenes Haus oder eigene ETW ziehen. Aber auch hier haben Sie Chancen für eine Erstattung, wenn Sie durch die neue Wohnung pro Tag insgesamt eine Stunde Fahrzeit sparen und außerdem weniger Kilometer fahren müssen. Im Übrigen hat der Bundesfinanzhof jedoch entschieden: Bei einem beruflich veranlassten Umzug ist es grundsätzlich unerheblich, ob der Steuerpflichtige in eine Mietwohnung oder ein Eigenheim zieht (Aktenzeichen VIR 106/85).

In einigen Fällen haben verschiedene Finanzgerichte Umzugskosten auch als außergewöhnliche Belastung anerkannt, wenn der Umzug aus gesundheitlichen Gründen notwendig war. Was und in welchem Umfang Sie dann schließlich bei Ihrer Steuererklärung berücksichtigen können, klären Sie am besten mit einen Steuerfachmann. Ich drücke Ihnen die Daumen, dass Sie zu denen gehören, die von den Umzugskosten vom Finanzamt einen Teil zurückbekommen.

13 Zusätzliche Tipps für Kapitalanleger

Betongold nannte man früher in Immobilien angelegtes Geld. Während die Meinungen über den weiteren Wertzuwachs bei dem echten Gold geteilt sind, sind sich die Experten beim Betongold einig: Immobilien in der Bundesrepublik werden langfristig im Wert steigen. Es gibt zu wenig Wohnungen – vor allem in Ballungsgebieten. Diese Lücke wird künftig noch größer durch mehr Haushalte (Singles, Senioren) und durch Zuwanderer.

Zuerst sollten Sie sich auch hier klar werden über die Ziele, die Sie erreichen wollen:

- Einmalige Geldanlage
- Geldverdienen mit Immobilien
- Existenz aufbauen durch Immobilienbesitz.

Entsprechend wird dann Ihre Strategie aussehen. Wer mit Immobilien Geld verdienen will, sollte das Objekt ganz bewusst vermieten und nicht selbst nutzen; denn sonst verlieren Sie Steuervorteile und vor allem die erforderliche Flexibilität, das Objekt jederzeit verkaufen zu können.

Als Anfänger werden Sie mit kleineren Objekten starten. Gerade weil Sie in diesem Fall keine oder wenig Erfahrung im Immobilienkauf haben, sollten Sie gut überlegt vorgehen. Als Kapitalanleger sind Sie häufig stärkerem Druck von drängenden Verkäufern ausgesetzt als ein Kaufinteressent für ein Eigenheim! Mit Riesen-Steuerersparnissen soll der Kapitalanleger geködert werden. Auf der anderen Seite sind die Preise für diese Angebote fast immer deutlich höher als ihr derzeitiger Marktwert! Behalten Sie einen kühlen Kopf und richten Sie sich nach der Erfahrung von alten Hasen im Geschäft: Steuervorteile sind kein Grund, eine Immobilie zu kaufen, sondern nur willkommene Mittel für eine höhere Rentabilität! Ein Argumentations-Schwerpunkt sind immer die zu erwartenden imposanten Wertsteigerungen des Objekts. Begründet wird das dann mit hohen Wertsteigerungen in der Vergangenheit – wobei sich der clevere Verkäufer natürlich die für ihn günstigste Periode heraussucht; denn die Preise von Immobilien schwanken im Laufe der Jahre erheblich.

Die Markteinbrüche Mitte der achtziger und neunziger Jahre des letzten Jahrhunderts können sich auch in Zukunft wiederholen. Auf lange Sicht sollten Sie aber mit einer Wertsteigerung von ein bis zwei Prozent pro Jahr rechnen können.

Fazit: Eine relativ sichere Basis für die Wertentwicklung ist der langfristige Trend der Vergangenheit, zum Beispiel der letzten 25 Jahre. Beachten Sie bitte auch, dass beim Kauf vom Bauträger und vor allem bei Bauherrenobjekten die Preise häufig zu hoch sind. Deshalb führt die Rechnung mit einer angenommenen Wertsteigerung zu viel zu hohen erhofften Verkaufspreisen!

Prüfen Sie die Angebote mit CHECKLISTE 4. Holen Sie außerdem Expertenrat ein, und lassen Sie Steuersparangebote unbedingt durch Ihren Steuerberater überprüfen. Auch hier ist es wichtig, gerade für die Zukunft sorgfaltig zu überlegen; denn unser tüchtiger Steuerspar-Verkäufer wird sich auf die ersten Jahre mit den höchsten Steuervorteilen konzentrieren. Wie wird sich Ihr zu versteuerndes Einkommen und Ihr Grenzsteuersatz in zehn und 15 Jahren entwickeln? Wie hoch werden die laufenden Mieterträge und Kosten für das Objekt in diesen Jahren sein?

Den Standort sollten Sie sich ebenfalls gründlich ansehen, damit Sie in der Wertentwicklung besser als der Durchschnitt abschneiden. Eine Erfahrung aus der Praxis: Objekte mit erstklassiger oder »Nobel«-Lage sind unter Renditegesichtspunkten meistens nicht interessant. Mittlere Wohnlagen bringen fast immer die besseren Renditen. Und eine Spitzenrendite können Sie erzielen, wenn Sie sich in einer Gegend sehr günstig einkaufen, die später »in« wird. Mehr als über Steuerersparnis lohnt es sich also, über den richtigen Standort und das für Sie beste Objekt nachzudenken!

Wenn Sie nicht an Ihrem Wohnort kaufen wollen, sollten Sie in folgender Reihenfolge systematisch suchen: Zuerst die Region und Stadt, dann die für Sie attraktivsten Stadtteile und erst zum Schluss das richtige Objekt. Anhaltspunkte für erzielbare Renditen geben Listen in der Zeitschrift Finanztest (siehe Seite 59) und in sonstigen Wirtschaftszeitschriften wie Wirtschaftswoche und Capital.

Als erstes muss der so genannte Makrostandort, der Einzugsbereich, stimmen: Zukunftsorientierte Industriestruktur, Dienstleistungsunternehmen, niedrige Arbeitslosigkeit, großes Mieterpotenzial. Die größten Chancen bestehen für Sie dort, wo sich der Trend gerade zu drehen beginnt. Experten sind sich einig, dass bislang im Trend zurückgebliebene Städte künftig bessere Renditen ermöglichen als derzeitige Spitzenregionen.

Den Mikro-Standort sollten Sie ebenfalls genau analysieren. Beispiele: Welche Ortsteile werden saniert? Welche Stadtviertel sind mehr und mehr »in«? Welcher Vorort wird demnächst verkehrsmäßig besser erschlossen?

Außer dem Studium der Unterlagen beim Bauplanungsamt lohnt sich Fußarbeit vor Ort ganz besonders: Gehen Sie häufiger durch die Viertel und die Straßen, die Sie interessieren. Sprechen Sie mit Mietern, dem Wirt an der Ecke, dem Zeitungsverkäufer. Sie werden sich wundern, wie viel Sie auf diese Weise erfahren können. Nutzen Sie jede Möglichkeit, Häuser und Wohnungen zu besichtigen. Halten Sie alle Informationen schriftlich fest – zum Beispiel mit CHECKLISTE 7 und 8 und ARBEITSBLATT 4. Sammeln Sie diese Fakten, so haben Sie den nötigen Informationsvorsprung und können bei Bedarf sicherer und schneller entscheiden.

Tipps für die Beurteilung und Auswahl:

- Setzen Sie auf eine attraktive laufende Mietrendite von mindestens fünf Prozent.
- Besser ein zweitklassiges Objekt mit Verbesserungsmöglichkeiten an einem erstklassigen Standort als umgekehrt.
- Verhandeln Sie erst dann, wenn Sie für das Gespräch fit sind. Das gilt vor allem bei Verhandlungen bei mit allen Wassern gewaschenen Anbietern von Steuersparmodellen!

»Der Segen liegt im Einkauf« heißt ein alter Kaufmannsspruch. Für Kapitalanleger bedeutet das: Statt Neubauten besser preiswerte Gebrauchtobjekte kaufen, die modernisiert werden können. Das sollten Sie aber erst tun, wenn Sie die nötige Erfahrung mit Modernisierungen haben. Zumindest aber sollten Sie sich von erstklassigen Fachleuten beraten lassen und sehr zuverlässige Handwerker kennen.

Als Kapitalanleger mit klaren Renditewünschen wird Sie vor allem interessieren, ob sich nun die Investition in dieses Objekt für Sie lohnt oder ob eine Investition am Kapitalmarkt lukrativer für Sie wäre. Sie müssen auch die Finanzierung in einigen Punkten anders gestalten als ein Käufer, der selbst einziehen will: Setzen Sie möglichst wenig Eigenkapital ein. Um damit bei der Bank durchzukommen, müssen Sie sehr gut für die Gespräche mit Fakten (Ihr Kapitalanlage-Ziel, Angaben zum Objekt und ähnliches) und geschätzten Entwicklungen (Miete, Ihr Einkommen) präpariert sein.

Eine Vergleichsmöglichkeit bei Mehrfamilienhäusern für die Mietrendite (brutto, ohne nicht umlagefähige Bewirtschaftungskosten) ist das Preis-/Mietverhältnis oder auch Vielfaches der Jahresmiete genannt: Gesamtkaufpreis geteilt durch Nettojahreskaltmiete. Diese Kennziffer zeigt, wie viele Jahresmieten Sie für den Kauf investieren müssen. Die Rendite ist umso höher, je niedriger die Zahl ist. Einige Beispiele für große Städte sind der nachfolgenden Tabelle zu entnehmen.

Wenn der Preis für das Sie interessierende Objekt deutlich über oder unter dieser Kennziffer liegt, kann das an Folgendem liegen: Wenn Ihr Ort nicht in der Tabelle (rechts) aufgeführt ist, stimmt dann die von Ihnen gewählte Vergleichsstadt? Wenn Ihr Ort in der Tabelle steht, weicht der Stadtteil, in dem »Ihr« Objekt liegt, in der Qualität stark vom Durchschnitt ab? Ist das Objekt atypisch, zum Beispiel extrem heruntergekommen oder eine Luxus-Villa? (Die Tabelle erfasst keine Objekte, die extrem vom Durchschnitt abweichen.

Hier noch einige Erfahrungen von Immobilien-Profis für die Leser, die häufiger Immobilien als Kapitalanlage kaufen oder ihre Existenz darauf aufbauen wollen:

Auch hier gilt eine der wichtigsten Regeln für den Erfolg: Spezialisieren Sie sich! So erwerben Sie am schnellsten Erfahrungen und das notwendige »Bauchgefühl«, mit denen Sie sicherer entscheiden können. Modernisierungsobjekte sind genau das Richtige für einen Handwerker, der Geld anlegen will. Oder Sie spezialisieren sich auf eine Mieter-Zielgruppe, deren Wünsche und Wohnvorstellungen Sie besonders gut kennen. Auch eine lokale oder regionale Beschränkung kann zur Stärke werden; die Chance, zum Beispiel einen Geheimtipp zu bekommen, ist so viel größer.

Mehr noch als Eigenheimkäufer müssen Sie darauf achten, antizyklisch zu kaufen. Die erste Voraussetzung für eine gute Rendite ist, dann zu kaufen, wenn die Preise – noch – günstig sind und die Finanzierungskosten stimmen. Das ist einfacher gesagt als getan. Sie schaffen das nur mit dem besten Informationsstand – und natürlich auch mit einer Portion Glück.

Preise, Mieten und Mietrenditen im Durchschnitt

Stadt	Gebrauchtimmobilie			Neubau und Erstbezug		
	Kaufpreis	Kaltmiete	Mietrendite	Kaufpreis	Kaltmiete	Mietrendite
Aachen	1.500	6,70	5,36	2.000	7,60	4,56
Augsburg	1.450	6,10	5,05	2.400	7,00	3,50
Berlin	1.700	6,30	4,45	2.600	7,80	3,60
Bielefeld	1.180	5,60	5,69	1.850	6,50	4,22
Bonn	1.600	7,80	5,85	2.300	8,70	4,54
Braunschweig	1.050	5,00	5,71	1.800	7,00	4,67
Bremen	1.200	7,00	7,00	2.100	8,00	4,57
Bremerhaven	780	4,80	7,38	1.800	6,25	4,17
Darmstadt	1.900	7,80	4,93	2.550	9,00	4,24
Dortmund	1.230	5,00	4,88	2.000	6,50	3,90
Dresden	1.630	5,60	4,12	1.900	5,95	3,76
Duisburg	1.200	5,00	5,00	1.900	7,00	4,42
Düsseldorf	1.950	7,50	4,62	2.800	8,90	3,81
Erfurt	1.100	5,60	6,11	1.900	6,10	3,85
Essen	1.340	5,50	4,93	2.200	7,50	4,09
Frankfurt (Main)	2.500	8,70	4,18	2.800	10,00	4,29
Freiburg (Breisgau)	1.900	7,70	4,86	2.900	8,80	3,64
Göttingen	1.250	6,20	5,95	1.700	7,00	4,94
Hamburg	1.820	8,40	5,54	2.900	10,00	4,14
Hannover	1.400	5,80	4,97	2.100	7,50	4,29
Heidelberg	2.150	9,00	5,02	2.950	11,00	4,47
Kaiserslautern	1.050	4,80	5,49	1.700	6,50	4,59
Karlsruhe	1.600	7,00	5,25	2.350	8,30	4,24
Kassel	900	4,50	6,00	1.500	5,70	4,56
Kiel	1.250	6,50	6,24	2.100	7,50	4,29
Koblenz	1.300	5,50	5,08	1.750	6,00	4,11
Köln	2.000	8,00	4,80	2.500	9,80	4,70
Leipzig	1.100	5,00	5,45	1.800	6,00	4,00
Lübeck	1.300	6,10	5,63	2.000	7,75	4,65
Magdeburg	750	4,70	7,52	1.300	5,10	4,71
Mainz	1.500	8,00	6,40	2.050	8,80	5,15
Mannheim	1.500	6,10	4,88	2.150	7,70	4,30
München	2.700	10,30	4,58	3.750	12,00	3,84
Münster	1.800	6,80	4,53	2.500	8,30	3,98
Nürnberg	1.450	6,80	5,63	2.400	7,40	3,70
Oldenburg	1.100	5,50	6,00	1.880	6,75	4,31
Osnabrück	1.250	5,00	4,80	1.650	6,00	4,36
Potsdam	1.570	6,00	4,59	1.900	7,60	4,80
Regensburg	1.850	7,00	4,54	2.550	8,10	3,81
Rostock	1.200	6,20	6,20	1.700	6,50	4,59
Saarbrücken	1.200	5,00	5,00	1.900	6,00	3,79
Schwerin	1.170	5,50	5,64	1.550	6,00	4,65
Stuttgart	2.050	8,30	4,86	3.050	9,70	3,82
Wiesbaden	1.900	8,00	5,05	2.250	9,00	4,80
Würzburg	1.650	6,50	4,73	2.400	7,50	3,75

Die genannten Preise sind in Euro pro Quadratmeter Wohnfläche ohne Nebenkosten; Renditen in Prozent. Zugrunde gelegte Eckdaten: 65–80 qm große Wohnung in mittlerer Wohnlage. Erhobene Daten zeigen die durchschnittlichen Kauf- und Mietpreise im Jahr 2008. Bitte beachten: Verwaltungs- und Instandhaltungskosten müssen noch aus den Mieten herausgerechnet werden. Neben den Angaben von Kaufpreis und Kaltmieten in 45 Städten werden auch die Mietrenditen in Prozent ausgewiesen; dies ist die jährliche Nettokaltmiete in Prozent des Kaufpreises.

Quelle: RIWIS – BulwienGesa AG, Daten werden jährlich aktualisiert

14 Fachwortlexikon

Abschreibung auch »Absetzung für Abnutzung = AfA« genannt; Gebäude und ETW werden mit der Zeit abgenutzt und verlieren an Wert. Durch AfA wird diese Wertminderung des Gebäudes oder Gebäudeanteils steuerlich auf einen bestimmten Zeitraum verteilt.

Die Abschreibungssätze bei vermieteten Wohnimmobilien sind gleichmäßig 2% pro Jahr über 50 Jahre für nach dem 31.12.1924 gebaute Gebäude bzw. 2,5% über 40 Jahre bei vor dem 1.1.1925 erstellten Gebäuden.

Bei vermieteten Neubauwohnungen mit Bauantrag/Kaufvertrag nach dem 31.12.2003 und vor dem 1.1.2006 gelten folgende Abschreibungssätze: je 4% im 1.–10. Jahr, je 2,5% im 11.–18. Jahr und je 1,25% im 19.–50. Jahr. Die Abschreibungssätze beziehen sich immer nur auf die anteiligen Gebäudekosten, also nicht auf die Grundstückskosten. Bei vermieteten Eigentumswohnungen wird der Gebäudekostenanteil meist pauschal mit 80 bis 85% der gesamten Anschaffungskosten angesetzt. Je höher der Gebäudekostenanteil, desto höher fällt auch die Abschreibung aus. Weitere Einzelheiten dazu enthält die Übersicht auf der Seite 109.

Alleinauftrag Der Kunde beauftragt einen einzigen Makler, den Abschluss eines Kaufvertrages zu vermitteln oder ein Objekt nachzuweisen. Der Vertrag kann mündlich, durch entsprechendes Verhalten des Kunden (Beispiele: Anfragen und Annahme von Exposés) oder schriftlich zustande kommen. Im Gegensatz zum *gewöhnlichen Maklerauftrag* ist der Makler verpflichtet, aktiv für den Kunden tätig zu werden. Der Kunde verpflichtet sich zur Exklusivität, das heißt, während der Vertragszeit darf er keinen anderen Makler beauftragen. Käufer von Häusern oder ETW schließen anstelle von Alleinaufträgen fast immer *gewöhnliche Maklerverträge* ab.

Anderkonto wird durch den Notar eingerichtet und geführt. Wenn Sie auf ein Anderkonto zahlen, bekommt der Verkäufer sein Geld erst, wenn alle Vertragsbedingungen erfüllt sind.

Anfänglicher effektiver Jahreszins ist der *Effektivzins* pro Jahr für die Zeit der Zinsfestschreibung des Kredits.

Annuitätendarlehen werden mit gleich bleibenden Raten für Tilgung und Zinsen zurückgezahlt. Durch die *Tilgung* verringert sich die Darlehenssumme. Deshalb sinken die Aufwendungen für die Zinsen. Da die Annuität aber gleich hoch bleibt, werden die ersparten Zinsen für die schnellere Tilgung verwendet.

Anschaffungskosten sind alle Aufwendungen für den Erwerb eines fertigen Grundstücks. Sie setzen sich zusammen aus Anschaffungskosten für Boden sowie für das Gebäude. Nur die Kosten für das Gebäude können bei vermieteten Immobilien abgeschrieben werden. CHECKLISTE 11 enthält die anrechenbaren Kosten.

Auflassung Käufer und Verkäufer einigen sich über den Eigentumsübergang. Einigung und Eintragung im Grundbuch führen zum Eigentumserwerb. Der Notar muss die Auflassung beurkunden.

Auflassungsvormerkung sperrt das *Grundstück* für andere Interessenten und Grundpfandrechtsgläubiger des Verkäufers. Sie schützt den Käufer, bis die Eintragung des Eigentums im *Grundbuch* erfolgt ist. Sie wird nur ins *Grundbuch* eingetragen, wenn die Beteiligten am Kaufvertrag sie bewilligen und beantragen.

Aufteilungsplan ist ein Bauplan mit Grundrissen des Gebäudes bei ETW. *Sonder- und Gemeinschaftseigentum* sind jeweils grafisch gekennzeichnet. Die Baubehörde hat den Aufteilungsplan durch Stempel genehmigt. Achtung: Der Aufteilungsplan muss nicht dem heutigen baulichen Zustand entsprechen.

Bauspardarlehen werden von Bausparkassen auf zuteilungsreife Bausparverträge gegeben. Die Höhe des Darlehens entspricht meist dem Unterschied zwischen angespartem Guthaben und der Vertragssumme. Voraussetzungen für die Zuteilung: Je nach Bausparkasse und Vertragsart müssen 40 bis 50 Prozent der Vertragssumme angespart oder auf einmal eingezahlt sein. Eine bestimmte Bewertungszahl ist zu erreichen. (Wird von der Bausparkasse festgelegt.) Der Vertrag muss mindestens 18 Monate bestehen.

Ob sich der Abschluss eines Bausparvertrages lohnt, hängt vor allem von den Einkommensverhältnissen des Kaufinteressenten und dem aktuellen Zinsniveau ab.

Bebauungsplan legt fest, wie ein *Grundstück* bebaut werden darf. Er wird aus dem *Flächennutzungsplan* entwickelt und ist bindend für alle Beteiligten. Im Bebauungsplan sind zum Beispiel festgelegt: die bebaubaren Grundstücksflächen und Verkehrsflächen, Art der baulichen Nutzung; häufige Abkürzungen in Bebauungsplan: GFZ = *Geschossflächenzahl,* GRZ = *Grundflächenzahl,* MI = Mischgebiet mit Wohnhäusern und emissionsarmen Gewerbebetrieben, WA = allgemeines Wohngebiet mit Betrieben, Läden und Lokalen, WR = reines Wohngebiet, Z = Zahl der erlaubten Vollgeschosse (in römischen Ziffern). Der Bebauungsplan wird von der Gemeinde für ein Baugebiet erstellt. Er muss von der Aufsichtsbehörde genehmigt und von der Gemeinde unterschrieben sein. Sonst darf nicht gebaut werden.

Beleihungsgrenze gibt an, wie viel Prozent von dem *Beleihungswert* durch die Bank oder Versicherung finanziert werden können. Die Beleihungsgrenze ist je nach Kreditgeber und Ort unterschiedlich hoch: Bausparkassen, Sparkassen und Banken bis 80 Prozent (60 bis 70 Prozent der *Anschaffungskosten*), Hypothekenbanken 60 Prozent und Versicherungen bis 45 Prozent (40 Prozent der Anschaffungskosten). Im Falle einer öffentlich-rechtlichen Bürgschaft kann sie auch höher als 80 Prozent sein.

Beleihungswert ist der von Finanzierungsinstituten angenommene langfristige Wert eines Objektes. Der Beleihungswert entspricht bei einem guten Objekt in mittlerer Preisklasse ungefähr 80 bis 90 Prozent des *Verkehrswertes* (Marktpreises). Bei aufwändigen Objekten ist er niedriger. Kosten für den Erwerb, zum Beispiel Gutachter-, Notar-, Maklerhonorare und Kreditnebenkosten gehören nicht dazu.

Bereitstellungszinsen werden von Geldgebern ab einem festgelegten Zeitpunkt – zum Beispiel ab drittem Monat nach Zusage – bis zur Zahlung des Darlehens berechnet. Bei Ratenauszahlung fallen sie nur für den nicht ausgezahlten Rest des Darlehens an.

Brandversicherungswert ist der Wert des Gebäudes nach den Baupreisen von 1914. Empfehlenswert – vor allem bei neueren Häusern – ist eine Versicherung zum gleitenden Neuwert. Zur Anpassung an heutige Preise gibt es einen Indexfaktor, der von Zeit zu Zeit steigt. Den aktuellen Faktor erfahren Sie bei der Brandversicherung. Brandversicherungswert mal Faktor abzüglich altersbedingter Abschreibungen ergibt ungefähr den heutigen Wert des Gebäudes. Errechnung CHECKLISTE 7.

Bruchteilseigentum nennt man die Beteiligung mehrerer Eigentümer an einem Grundstück nach Anteilen. Wird Wohnungseigentum gebildet, so wird das Bruchteilseigentum mit dem *Sondereigentum* an einer Wohnung verbunden. Dieses wird in einem gesonderten

Grundbuch, dem Wohnungsgrundbuch, geführt. Damit wird die Wohnung wie ein Grundstück belastet, zum Beispiel mit Grundschulden.

Statt als Bruchteilseigentum sollte eine Wohnung grundsätzlich als ETW erworben werden, weil Bruchteilseigentum nur schwierig zu finanzieren und zu verkaufen ist.

Bürgschaft ist das Versprechen einer Bank oder einer Person, für eine fremde Schuld einzustehen. Eine **Vertragserfüllungs-Bürgschaft** sichert Ihre Ansprüche gegen einen Bauträger im Konkursfall. **Eine Gewährleistungs-Bürgschaft** durch den Bauträger macht die Zurückhaltung eines Sicherungsbetrages für auftretende Mängel überflüssig. Sie erhalten im Garantiefall das Geld von der Bank. Alle Bürgschaften sollten selbstschuldnerische Bürgschaften sein. Nur dann erhalten Sie Ihr Geld sofort – unabhängig von Rechtsstreitigkeiten zwischen dem Bauträger und Ihnen. Die Bank berechnet Bürgschafts- oder Avalprovisionen (ungefähr ein Prozent).

Denkmalschutz Gebäude mit historischem oder kunstgeschichtlichem Wert können von der Behörde für Denkmalschutz ganz oder teilweise unter Denkmalschutz gestellt werden.

Vorteile:

- Zuschüsse und Darlehen von Ländern und Gemeinden
- Steuerliche Erleichterungen wie Befreiung von der *Grundsteuer* (unter bestimmten Bedingungen), erhöhte Abschreibungen von Sanierungskosten über 12 Jahre bei vermieteten Immobilien, und zwar je 9 % im 1.–8. Jahr und je 7 % im 9.–12. Jahr.
- Abschreibungen von Erhaltungsaufwendungen über zwei bis fünf Jahre und weitere Vergünstigungen,
- geringerer Einheitswert,
- geringere Erbschaftsteuer, falls die Kosten die Einnahmen übersteigen.

Nachteile:

- Änderungen am Gebäude sind genehmigungspflichtig.
- Größere Umbauten und äußere Veränderungen sind meist nicht erlaubt.

Die Unterhaltskosten können später sehr hoch werden, ohne dass Sie dann noch Steuervorteile haben.

Dienstbarkeit Ist ein im *Grundbuch* eingetragenes Recht eines Dritten an dem Grundstück. Man unterscheidet im Einzelnen: Grunddienstbarkeiten (räumen dem Eigentümer des berechtigten Grundstücks Rechte am »dienenden« Grundstück ein wie zum Beispiel Wegerecht oder Leitungsrechte) oder beschränkt persönliche Dienstbarkeit (räumt einer bestimmten Person Nutzungsrechte an einem Grundstück ein, wie zum Beispiel Wohnrecht).

Disagio – auch *Damnum* genannt – ist eine vorgezogene Zinszahlung. Die Disagiosumme ergibt sich aus dem Unterschied zwischen dem Nennwert des zurückzuzahlenden Darlehens und dem Auszahlungsbetrag. Bis zu 5 Prozent des Darlehennennwertes werden vom Finanzamt bei vermieteten Objekten als Steuerabzug akzeptiert. Das bedeutet: Bei einem Darlehen von 100.000 € und einem Disagio von 5 % erhalten Sie nur 95.000 € ausgezahlt.

Das Disagio von 5.000 € muss anders finanziert werden, zum Beispiel durch mehr Eigenkapital. Meistens wird jedoch die Darlehenssumme erhöht, beispielsweise durch eine Erhöhung des Darlehens oder durch ein zusätzliches Darlehen wie eine 1b-Hypothek. Bei selbstgenutzten Eigenheimen lohnt sich ein Disagio aus steuerlichen Gründen nicht mehr, da ein steuerlicher Abzug nicht mehr möglich ist.

Ob ein Disagio bei vermieteten Objekten sinnvoll ist, hängt ab vom Vergleich der höheren Finanzierungskosten mit den Steuervorteilen. Ein Disagio sollte nur vereinbart werden für ein Darlehen mit festgelegter Laufzeit und festem Zinssatz. Es lohnt sich nur, wenn schneller getilgt wird (die Monatsrate ist genauso hoch wie bei einem Darlehen ohne Disagio, die gesparten Nominalzinsen werden zusätzlich zu einer Sondertilgung genutzt.)

Vorteile:
- Das Disagio kann sofort vom zu versteuernden Einkommen abgezogen werden. Bei vermieteten Objekten gilt es als Werbungskosten.
- Die Zinszahlungen während der Laufzeit des Disagios sind niedriger.

Nachteile:
- Höhere Restschuld am Ende der Laufzeit als bei einem Darlehen ohne Disagio (bei gleichhohem Tilgungssatz),
- Das Disagio muss zusätzlich finanziert werden, zum Beispiel über eine höhere Darlehenssumme
- Für Kapitalanleger lohnt sich Disagio nur, wenn beim Kauf die Steuerbelastung deutlich höher ist als in späteren Jahren.

Effektivzins gibt an, wie ein Kredit nach Anrechnung verschiedener Posten wie zum Beispiel *Disagio* verzinst wird. Der effektive Jahreszins umfasst Nominalzinssatz, Auszahlungskurs, Bearbeitungsgebühr, Provisionen, Zins- und Tilgungsberechnungsweise und Tilgungssatz.

Nicht berücksichtigt sind Kontogebühren, Kosten für Wertgutachten, *Bereitstellungszinsen* und Teilauszahlungszuschlag.

Mit dem effektiven Jahreszins können Sie deshalb Angebote nur vergleichen, wenn Sie alle anderen Kosten kennen. Der »anfängliche effektive Jahreszins« bezieht sich nur auf die Zeit der Zinsfestschreibung des Kredits.

Einliegerwohnung (ELW) ist eine zusätzliche Wohnung in einem erweiterten Einfamilienhaus. Wichtige Kriterien für die Anerkennung sind: In der Wohnung muss ein selbstständiger Haushalt geführt werden können; Größe mindestens 23 Quadratmeter; baulich von der Hauptwohnung abgeschlossen; eigener Eingang; eigene Versorgungsanschlüsse für Strom und Wasser.

Vorteile:
- Bei einer ELW in einem vom Vermieter bewohnten Haus mit nicht mehr als zwei Wohnungen hat der Vermieter günstigere Möglichkeiten, dem Mieter zu kündigen.
- Steuervorteil: Anteilige Berücksichtigung von *AfA* und Werbungskosten für die *ELW*, da diese von den Mieteinnahmen abgezogen werden können.
- Alle Steuervorteile (zum Beispiel steuersparende Finanzierung) können optimal dann genutzt werden, wenn das Haus per Teilungserklärung in zwei ETW geteilt wird (siehe *Zweifamilienhaus*).

Nachteile:
- nicht lohnend für die, die wenig Steuern zahlen müssen,
- Steuerersparnis nur dann, wenn die Einkünfte aus der ELW negativ sind (Werbungskosten höher als die Miete),

Erbbaurecht Ein Grundstück wird auf Zeit so belastet, dass der Berechtigte auf dem Grundstück ein Gebäude errichten darf. Dafür zahlt der Berechtigte ein Entgelt, den Erbbauzins. Dieses Recht ist veräußerlich, vererblich und belastbar wie ein Grundstück. Das Erbbaurecht endet mit Ablauf der im Erbbaurechtsvertrag vereinbarten Zeit. Bei Beendigung des Erbbaurechts muss der Grundstückseigentümer dem Erbbauberechtigten eine Entschädigung für das Gebäude zahlen.

Vorteile für den Erbbauberechtigten:
- Weniger Kapitalbedarf,
- Der Erbbauzins (Erfahrungswert vier Prozent vom Grundstückswert) ist immer günstiger als der vergleichbare Zins zur Vollfinanzierung des Bodenpreises.

Nachteile für den Erbbauberechtigten:
- Erbbauzinszahlungen für bis zu 99 Jahre; Der Erbbauzins kann den Lebenshaltungskosten angepasst werden (Wertsicherungsklausel).

- Die gesamten Erbbauzinszahlungen können höher sein als die Aufwendungen für einen Kauf des Objektes.
- geringere Beleihungsgrenzen für Darlehen (ungefähr 70 bis 80 Prozent des *Verkehrswertes* des Gebäudes),
- Vorkaufsrecht und Belastungszustimmung des Grundstückseigentümers, falls im Vertrag vereinbart; Grundbucheintragungen und Vertrag genau prüfen!
- Die Verkaufschancen sind umso geringer, je kürzer die Restlaufzeit ist.

Erschließungskosten Kosten für den Anschluss eines *Grundstücks* an Kanalisation, Energie- und Wasserversorgung. Die Erschließungskosten enthalten auch anteilige Kosten des Straßenbaus und öffentlicher Kinderspielplätze.

Ertragswert ergibt sich aus der erwarteten Rendite für das Objekt. Er besteht aus dem Bodenwert und dem kapitalisierten Reinertrag des Gebäudes. Der Ertragswert ist der kapitalisierte nachhaltig erzielbare Reinertrag einer Immobilie. Mit dem Ertragswert werden Mietobjekte und gewerblich genutzte Objekte, aber auch vermietete ETW bewertet.

Fertigstellung Ein Gebäude gilt als fertiggestellt, wenn es bezugsfertig ist. Wesentliche Kriterien: Heizung, Strom, Wasser, sanitäre Einrichtungen sind vorhanden. Außenwände können noch unverputzt und Innenwände noch ohne Tapeten sein. Das Finanzamt prüft eventuell Handwerker-Rechnungen oder beim Kauf vom Bauträger das Übernahmeprotokoll. Dieses Protokoll unterschreiben Sie nach Abnahme des fertiggestellten Gebäudes. Achten Sie darauf, dass Sie darin alle Mängel vermerken und nehmen Sie zu Ihrer Sicherheit bei Abnahme gegenüber dem Bauträger einen befreundeten Architekten oder sonstigen Baufachmann mit.

Der Zeitpunkt der Fertigstellung ist wichtig in folgenden Fällen:

- Degressive AfA ist nur möglich im Jahr der Fertigstellung – also nur bei Neubau.
- Einheitswert und damit Grundsteuerpflicht gelten ab dem nächsten 1. Januar nach dem Fertigstellungsjahr.

Flächennutzungsplan stellt die für eine Bebauung vorgesehenen Flächen nach der Art ihrer Nutzung dar (Wohngebiet, Gewerbegebiet usw). Der Flächennutzungsplan ist nicht verbindlich für die Bebauung. Er kann jederzeit geändert werden. Nach dem Flächennutzungsplan wird der *Bebauungsplan* aufgestellt.

Freigabeversprechen auch Pfandfreigabe-Erklärung genannt. Dieses ist erforderlich, wenn auf dem *Grundstück* eine Globalbelastung eingetragen ist. Mit dem Freigabeversprechen verpflichtet sich die Bank, das Grundstück oder den von Ihnen erworbenen Teil von der Belastung freizustellen. Voraussetzung: Sie haben den entsprechenden Preis laut Kaufvertrag an die Bank gezahlt.

Gemeinschaftseigentum Zum Gemeinschaftseigentum bei ETW gehört das Gebäude, das sind alle tragenden Bauteile, Versorgungsleitungen bis zu den Wohnungen, Heizungsanlage, Fahrstuhl, Treppenhaus, Fassade und Fenster; außerdem alle Gemeinschaftsanlagen wie Sauna, Schwimmbad, Gemeinschaftsräume, Außenanlagen und das *Grundstück*. Ebenso alle Räume, an denen kein *Sondereigentum* oder Sondernutzungsrecht bestellt wurde. Instandhaltungsrücklage sowie Heizölvorräte gehören ebenfalls dazu.

Gemeinschaftsordnung auch Miteigentumsordnung oder Statut genannt, ist sozusagen die Verfassung einer Wohnungseigentümergemeinschaft. Sie regelt das Zusammenleben und die Nutzung des gemeinschaftlichen Eigentums. Sie ist bindend für alle Wohnungseigentümer. Die Gemeinschaftsordnung kann durch einstimmige Beschlüsse der Wohnungseigentümer oder auch durch Gerichtsurteil geändert werden. Sie wird beim Grundbuchamt hinterlegt.

Geschossflächenzahl (GFZ) zeigt das Verhältnis aller Geschossflächen zur Fläche des Grundstücks. Beispiel: GFZ 0,6 bedeutet, dass auf einem 1000 Quadratmeter großen Grundstück bis zu 600 Quadratmeter Geschossfläche gebaut werden dürfen. Die Geschossflächenzahl ist im *Bebauungsplan* festgelegt.

Gewährleistung gesetzlich oder vertraglich vereinbarte Verpflichtung zur Nachbesserung von Schäden, Beseitigung von Mängeln und ähnlichem. Gewährleistungsansprüche laufen nach Bürgerlichem Gesetzbuch (BGB) bei *Werkvertrag* bis zu fünf Jahre, bei Kauf ein Jahr, nach der Verdingungsordnung für Bauleistungen (VOB) bis zu zwei Jahre.

Die Verjährung wird unterbrochen durch die Anerkennung des Gewährleistungsanspruchs, durch *Beweissicherungsverfahren* oder durch gerichtliche Klage. Bei VOB unterbricht auch die schriftliche Mängelrüge. Nach Unterbrechung durch Mängelrüge oder nach Mängelbeseitigung läuft die Gewährleistung bei VOB erneut zwei Jahre – nach BGB nicht. Wenn nicht ausdrücklich VOB vereinbart, gilt BGB.

Gewöhnlicher Maklerauftrag Der Kunde beauftragt einen oder mehrere Makler, den Abschluss eines Kaufvertrages zu vermitteln oder ein Objekt nachzuweisen. Der Vertrag kann mündlich, durch entsprechendes Verhalten des Kunden oder schriftlich zustande kommen. Im Gegensatz zum Alleinauftrag ist der Makler nicht verpflichtet, für den Kunden aktiv zu werden.

Vorteile für den Käufer:

- Er ist nicht an einen Makler gebunden.
- Er kann selbst ohne Mitwirkung eines Maklers kaufen.

Nachteile für den Käufer:

- Der oder die Makler werden sich möglicherweise weniger Mühe geben, ein geeignetes Objekt zu finden.

Der Makler kann eine Provision nur beanspruchen, wenn

1. ein gültiger Vertrag besteht mit eindeutiger Provisionsabsprache,
2. der Makler für den Kunden so tätig geworden ist, dass diese Leistung für den Kaufvertrag die Ursache ist und
3. ein gültiger Kaufvertrag abgeschlossen ist.

Die Provision kann frei vereinbart werden. Üblich sind zwischen drei bis sechs Prozent vom Verkaufspreis plus Mehrwertsteuer, zahlbar nur nach dem Kauf der Immobilie. Von der Marktsituation und den örtlichen Gepflogenheiten hängt es ab, ob der Verkäufer oder der Käufer ganz oder jeweils zur Hälfte die Provision zahlen.

Grundbuch Öffentliches Register der Eigentumsverhältnisse von Grundstücken sowie vorhandener Belastungen und Beschränkungen. Jedes Grundstück wird im Grundbuch beim zuständigen Amtsgericht (Grundbuchamt) eingetragen (im Bereich des Oberlandesgerichts Stuttgart beim Bezirksnotar). Das Grundbuch besteht aus:

- Bestandsverzeichnis: Es enthält Informationen zu dem *Grundstück* wie Größe, Flurnummer und Flurstücknummer, Adresse des Grundstücks und dessen Nutzung. Diese Informationen sind nicht verbindlich.
- Abteilung I (Eigentümerverzeichnis): zeigt, wem das Grundstück zu welchen Teilen gehört, einschließlich deren Geburtsdatum, Beruf und Adresse.
- Abteilung II (Lastenverzeichnis): enthält alle Beschränkungen und Lasten, die auf dem *Grundstück* liegen, zum Beispiel Wegerecht, Leitungsrecht für das Elektrizitätswerk, Auflassungsvormerkungen, Zwangsversteigerungsvermerke.
- Abteilung III: enthält alle *Hypotheken, Grundschulden* und Rentenschulden.

Umschreibungen oder Änderungen im Grundbuch erfolgen durch einen Löschungsvermerk und durch rotes Unterstreichen. Die Kosten für die Löschungen werden meistens vom Verkäufer übernommen. Zu jedem Grundbuch gibt es auch eine Grundbuchakte. In ihr sind alle Verträge und Verfügungen abgelegt.

Achtung: Einschränkungen und Rechte Dritter sind manchmal nicht im Grundbuch, sondern im Baulastenverzeichnis beim Bauamt verzeichnet.

Grunderwerbsteuer ist eine Art Umsatzsteuer für *Grundstücke*. Steuersatz: 3,5 Prozent des Preises für unbebautes oder bebautes Grundstück (Boden sowie Gebäude abzüglich von zum Haus gehörenden Einrichtungsgegenständen). Schuldner der Grunderwerbsteuer sind Käufer und/oder Verkäufer, gezahlt wird sie aber fast immer vom Käufer. Erst nach der Zahlung stellt das Finanzamt die steuerliche Unbedenklichkeitsbescheinigung aus, die eine Voraussetzung für die Eintragung im *Grundbuch* ist. Grunderwerbsteuerfrei sind:

- Grundstückserwerb bei Vermögensauseinandersetzungen nach Ehescheidung,
- Grundstückserwerb durch Personen, die mit dem Verkäufer in gerader Linie verwandt sind, auch deren Ehegatten und Stiefkinder,
- Grundstückserwerb durch den Ehegatten des Verkäufers,
- Grundstückserwerb in Fällen, in denen der Steuerberechnungswert unter 2.500 € liegt.

Grundflächenzahl (GRZ) legt im *Bebauungsplan* fest, wie dicht ein Gebiet bebaut werden darf. Beispiel: GRZ 0,3 bedeutet, dass auf einem 1000 Quadratmeter großen *Grundstück* Gebäude bis zu 300 Quadratmeter Grundfläche gebaut werden dürfen.

Grundpfandrecht ist eine Sammelbezeichnung für *Hypotheken, Grundschulden* und Rentenschulden.

Grundschuld sichert wie eine *Hypothek* ein Darlehen ab. Im Unterschied zur Hypothek ist die Grundschuld nicht zweckgebunden: Wenn das Darlehen ganz oder teilweise zurückgezahlt ist, kann die Grundschuld auch als Sicherheit für sonstige Kredite, zum Beispiel zum Autokauf, verwendet werden. Sie wird in das *Grundbuch* eingetragen (Buchgrundschuld). Wird über die Grundschuld ein Brief ausgestellt, nennt man sie Briefgrundschuld.

Grundsteuer Steuer auf unbebaute und bebaute Grundstücke. Die Höhe der Grundsteuer hängt ab vom Einheitswert, der Steuermesszahl und dem Hebesatz. Der Einheitswert wird durch das Finanzamt ermittelt. Die Gemeinde setzt die Grundsteuer fest und erhebt sie.

Grundstück Aus rechtlicher Sicht besteht ein Grundstück aus dem unbebauten Grund und Boden und den mit dem Grundstück fest verbundenen Sachen, vor allem Gebäuden. Dazu gehören auch Bäume, Sträucher, Wald und alle fest mit dem Gebäude verbundenen Sachen (Beispiele: Sanitäreinrichtungen, Heizungsanlagen, Fensterläden, Spüle, Herd). Einrichtungsgegenstände wie Einbauküchenmöbel, Spiegel und ähnliches gehören nicht dazu.

Aus steuerlicher Sicht unterscheidet man zwischen Grund und Boden und Gebäuden. Diese Trennung ist erforderlich, weil Gebäude im Laufe der Jahre »verschleißen«. Deshalb können sie auch – im Gegensatz zu Grund und Boden – bei vermieteten Immobilien abgeschrieben werden. In diesem Anleitungsbuch wird statt Grund und Boden der Einfachheit halber der Begriff Boden verwendet.

Abweichende Regelung in den neuen Bundesländern für Vereinbarungen aus DDR-Zeiten: Getrenntes Eigentum an Gebäuden und Wochenendhäusern (ohne Grund und Boden) ist möglich; das bedeutet zum Beispiel, dass Gebäude getrennt von Grund und Boden verkauft oder vererbt werden können.

Herstellungskosten sind die gesamten Aufwendungen eines Steuerpflichtigen für den Bau, Umbau, Ausbau oder Anbau eines Gebäudes (siehe CHECKLISTE 11). Die Herstellungskosten sind die Bemessungsgrundlage für die *Abschreibung*. Die Kosten für den Boden und die Erschließung gehören nicht dazu.

Hypothek ist ein Grundpfandrecht, das im *Grundbuch* eingetragen ist. Die Hypothek sichert das langfristige Hypothekendarlehen. Nach dem Grad der Absicherung unterscheidet man die 1a-Hypothek (erste Hypothek) und die 1b-Hypothek (zweite Hypothek). Die 1a-Hypothek wird an erster Rangstelle im Grundbuch eingetragen. Danach kommt die 1b-Hypothek oder das *Bauspardarlehen*.

Hypothekendarlehen Nach Zahlungsbedingungen gibt es folgende Hypothekendarlehen:

Annuitätendarlehen: Es wird zum Beispiel monatlich mit festen Raten (Annuitäten) zurückgezahlt. Diese Raten bestehen aus den Zinsen und der *Tilgung*. Die Zinsen können für eine bestimmte Laufzeit – zum Beispiel fünf oder zehn Jahre – fest vereinbart werden. In den meisten Fällen lohnt es sich, den Zinssatz länger festzuschreiben – zum Beispiel, wenn die Zinsen zur Zeit niedrig sind. So bleibt die Belastung in dieser Zeit kalkulierbar.

Eine kürzere Festlegung ist nur dann zu empfehlen, wenn sinkende Zinsen zu erwarten sind oder wenn das Darlehen früher getilgt werden kann. Durch die *Tilgung* verringert sich die Restschuld. Deshalb sinken auch die Zinsbeträge. Diese ersparten Zinsen dienen zur zusätzlichen schnelleren Tilgung der Hypothek.

Vorteile eines Annuitätendarlehens:

- Hoch beleihbar (bis zu 60 Prozent des Beleihungswertes für 1a-Hypothek; das sind etwa 40 bis 50 Prozent der Gesamtkosten eines Hauses oder einer ETW, mit 1b-Hypothek bis zu 90 Prozent des Beleihungswertes)
- niedrige laufende Belastung durch niedrige Tilgung (lange Laufzeit)
- Darlehen wird laufend getilgt
- Schutz vor Zinssteigerungen möglich durch Festlegung des Zinssatzes über einen zu vereinbarenden Zeitraum
- Steuervorteil, wenn ein *Disagio* sinnvoll genutzt werden kann
- Bei variablem Zins sind Sondertilgungen möglich.

Nachteile eines Annuitätendarlehens:

- bei älteren Darlehen meist keine Sondertilgung
- Risiko von Zinssteigerungen bei variablem Zinssatz
- zusätzliche Kosten für Risikolebensversicherung, falls noch keine Versicherung vorhanden ist (Absicherung des Restdarlehens im Todesfall)
- bei hohem *Disagio* Risiko, dass nach Ablauf der Zinsfestlegung die Restschuld größer ist als der ausbezahlte Darlehensbetrag.

Festhypotheken: Die Darlehenssumme wird auf einmal am Ende der Laufzeit zurückgezahlt. Während der Laufzeit zahlen Sie nur Zinsen. Siehe *Versicherungsdarlehen*, S. 71.

Die Konditionen sind je nach Darlehensgeber unterschiedlich: Bei Hypotheken- und Geschäftsbanken können Zinsen bis zu 30 Jahren fest vereinbart werden. Nach Ablauf der Zinsfestlegung wird ein neuer Darlehensvertrag mit den dann marktüblichen Konditionen angeboten.

Sparkassen, Geschäfts- und Genossenschaftsbanken vergeben Hypothekendarlehen auch mit variablen Zinssätzen. Kurzfristige Verträge sind möglich. Die Darlehen können vorzeitig getilgt werden. Versicherungen vergeben ebenfalls Hypothekendarlehen. Die Zinssätze liegen ungefähr 0,5 Prozentpunkte unter denen anderer Hypothekengeber.

Kataster ist das Verzeichnis aller *Grundstücke* einer Gemeinde. Im Katasterauszug finden Sie Gemarkung, Flur und Flurstückbezeichnung, Eigentumsangaben, Grundstücksgröße, Lage, Grenzen, Straßen und Wege. Die Nutzungsart eines Grundstücks ist nicht im *Kataster*, sondern im *Flächennutzungsplan* eingetragen.

k-Wert misst die Qualität der Wärmedämmung einer Mauer, eines Fensters oder eines Daches. Er steht für die Wärmemenge, die von einem Material »durchgelassen« wird. Je niedriger der k-Wert, desto besser ist die Wärmedämmung eines Bauteils. Beispiel: Einfachverglasung k-Wert 5,8, Isolierglas ungefähr 2,8. Die Wärmedämmungsvorschriften wurden in den letzten Jahren ständig verbessert: Die Wärmeschutzverordnung von 1984 verbesserte die Werte um 20 bis 25 Prozent gegenüber den Vorschriften von 1977! Die seit Januar 1995 gültige Wärmeschutzverordnung soll den Heizwärmebedarf von Neubauten um bis zu 30 Prozent verringern. Die entsprechenden Werte sind in einem Wärmebedarfsausweis eingetragen.

Luftschall-Schutzmaß (LSM) Kennzahl für die Dämmung einer Wand, Decke usw. gegen Schall, der durch die Luft übertragen wird (Gegensatz Körperschall, der durch Decken, Treppen und ähnliches übertragen wird). Je höher die LSM-Zahl, desto besser ist der Schutz gegen Luftschall. Messeinheit ist Dezibel (dB). Beispiele für Schallschutz nach DIN 4109: Decke zwischen zwei Wohnungen 52 dB (Mindestforderung), mehr als 55 dB (erhöhter Schallschutz); Wand zwischen zwei Wohnungen 52 dB (Mindestforderung), mehr als 55 dB (erhöhter Schallschutz).

Maklerauftrag siehe *Alleinauftrag* und *gewöhnlicher Maklerauftrag*

Makler- und Bauträgerverordnung (MaBV) regelt die rechtlichen Beziehungen zwischen Bauträger und Käufer. Sie ist gesetzlich vorgeschrieben für alle Makler, Bauträger und Baubetreuer. Ausgenommen sind gemeinnützige Wohnungsunternehmen, Heimstätten, Versicherungen und Banken. Verträge nach der MaBV sind sicherer für den Käufer. Beispiele: Zahlung nach festgelegtem Ratenplan und gegen entsprechende Sicherheiten (Bankbürgschaft oder nach Eintragung einer *Auflassungsvormerkung;* Zahlungen dürfen nur für das Haus oder die ETW des Käufers verwendet werden; getrennte Buchführung für jedes Objekt; Sicherungen, falls der Verkäufer in Konkurs geht).

Mehrheitsbeschlüsse regeln das Zusammenleben der Eigentümer einer Eigentumswohnungsanlage. Im Gegensatz zu der Gemeinschaftsordnung werden Mehrheitsbeschlüsse nicht einstimmig gefasst und nicht beim Grundbuchamt hinterlegt. Mit Mehrheitsbeschlüssen werden festgelegt: Hausordnung; Wirtschaftsplan; Instandhaltungsrückstellungen; Versicherungen.

Mietvertrag Bei einem vermieteten Objekt, das der Käufer selbst nutzt oder neu vermieten will, können bestehende Mietverträge für den Käufer ein großes Problem werden. Es ist schwer und manchmal sogar unmöglich, einen Mieter aus einem gekauften Haus oder aus einer ETW herauszubekommen; denn grundsätzlich gilt das Prinzip »Kauf bricht nicht Miete«. Das bedeutet: Der Verkauf einer vermieteten Immobilie beeinflusst ein Mietverhältnis grundsätzlich nicht. Der Käufer übernimmt vom Vorbesitzer die Rechte und Pflichten aus dem schon bestehenden Mietverhältnis.

Hinzu kommt: Auch Mieter können sich in Räumungsprozessen auf den Eigentumsschutz des Grundgesetzes berufen. Das Besitzrecht des Mieters ist dem Eigentumsrecht des Vermieters gleichgestellt.

Die Kündigungschancen hängen einmal davon ab, welchen Vertrag der Mieter hat. Vermieter einer Einliegerwohnung haben gute Chancen, durch das Sonderkündigungsrecht den Mieter unter erleichterten Voraussetzungen zum Auszug zu bewegen. In den meisten Fällen wird es sich jedoch um eine Mietwohnung ohne Sonderrechte oder Einschränkungen handeln. Hier gibt es vier Möglichkeiten, einen Mietvertrag zu beenden:

- Die Mietvertragszeit ist beendet (echter Zeitmietvertrag),
- ordentliche Kündigung wegen Eigenbedarf,
- fristlose außerordentliche Kündigung,
- Aufhebung des Mietvertrages im gegenseitigen Einvernehmen.

Vorsicht: Wenn der Käufer die Wohnung selbst nutzen will, kann auch ein echter Zeitmietvertrag schnell zur Falle werden: Der Vorteil des Zeitmietvertrages besteht vor allem darin, dass der Mietvertrag zum vertraglich vereinbarten Zeitpunkt endet, ohne dass er gekündigt werden muss. Davon profitiert der Vermieter aber nur dann, wenn er diesen Vertrag auch selbst abgeschlossen hat. Existiert ein Zeitmietvertrag, bedeutet das für den Käufer: Er muss beabsichtigen, die Wohnung bei Mietende so zu verwenden, wie der Vorbesitzer dies bei Begründung des Mietverhältnisses beabsichtigt und dem Mieter auch mitgeteilt hat. Aber dies kann der Käufer in den meisten Fällen gar nicht: Hat der Vorbesitzer als Verwendungsabsicht Eigenbedarf angegeben, kann er das nach dem Verkauf nicht mehr verwirklichen. Die Konsequenz: Das Mietverhältnis wird wie ein gewöhnliches Mietverhältnis behandelt. Das bedeutet: Der Vertrag läuft weiter – es sei denn, der (neue) Vermieter hat ein berechtigtes Interesse an der Beendigung des Mietverhältnisses. Als berechtigtes Interesse gelten zum Beispiel eine grundlegende Modernisierung der Wohnung und/oder Eigenbedarf.

Wenn der Vorbesitzer als Verwendungsabsicht »grundlegende Modernisierung« angegeben hat, haben Sie als neuer Vermieter bessere Karten; denn für diesen Fall gehen Mietrechtsexperten überwiegend davon aus, dass die Rechte aus dem Zeitmietvertrag auf den Erwerber übergehen. Voraussetzung dazu ist, dass Sie die vom Vorbesitzer beabsichtigten Baumaßnahmen nach Mietende selbst durchführen.

Ein unbefristeter Mietvertrag kann zwar wegen Eigenbedarfs gekündigt werden, aber der Vermieter muss die **gesetzlich vorgeschriebene Kündigungsfrist** von drei Monaten einhalten. Erhöhten Kündigungsschutz gibt es bei in ETW umgewandelten Wohnungen und bei umgewandelten Sozialwohnungen. Mieter einer in eine ETW umgewandelten Wohnung haben im Übrigen ein gesetzliches Vorkaufsrecht für diese Wohnung.

Wenn die Kündigung »ein Eingriff in die Lebensverhältnisse des Mieters oder seiner Familie« (§ 556 a BGB) und eine soziale Härte ist, sinken die Chancen für eine andere Nutzung erheblich. Nach der Rechtsprechung gelten als soziale Härten beispielsweise Invalidität, hohes Alter, Gebrechlichkeit, Schwangerschaft, schwere Erkrankungen, mehrere Kinder, geringes Einkommen oder lange Mietdauer. So entschied der Bundesgerichtshof im Fall einer psychisch kranken Mieterin, dass der Käufer – ein Ehepaar mit zwei Kindern – keinen Anspruch auf Eigenbedarf hat.

Eigenbedarf ist heute ein anerkannter Kündigungsgrund – wenn er stimmt. Bei vorgetäuschtem Eigenbedarf kann der Mieter den Eigentümer auf Schadenersatz verklagen. Eigenbedarf kommt in Betracht für die Familienangehörigen des Kündigenden, je nachdem auch für die Eltern, Großeltern, Enkel und Schwiegereltern. Bei Eigenbedarf müssen Sie form- und fristgerecht kündigen und dies sorgfältig begründen. Der Mieter kann sich in diesem Fall auch auf die Sozialklausel berufen.

Eine **außerordentliche, fristlose Kündigung** ist dann möglich, wenn der Mieter seine Pflichten gravierend verletzt und wenn so eine Fortsetzung des Vertrages für den Vermieter nicht mehr zumutbar ist. Gerichtlich anerkannte Gründe dafür sind zum Beispiel: regelmäßige, erhebliche Rückstände in der Mietzahlung; die Wohnung ist – trotz Abmahnung des Vermieters – auf Dauer überbelegt; eine vom Vermieter versagte, aber vom Mieter dennoch erfolgte Untervermietung oder vertraglich ausgeschlossene gewerbliche Nutzung; ständige und erhebliche Störungen des Hausfriedens; ständig verspätete Mietzahlungen. Dennoch gibt es immer wieder gerichtlich anerkannte Gründe, aus denen ein Mieter eine gekaufte Wohnung nicht zu räumen braucht. Verhandeln Sie vor dem Kauf mit dem Mieter. Oft ist er bereit, auszuziehen – vielleicht sogar schon früher als nach Vertrag nötig –, wenn Sie eine entsprechende Abstandssumme bieten. Das lohnt sich auch finanziell fast immer für Sie, denn Sie zahlen keine Miete mehr oder Sie erzielen Zinseinnahmen aus einem umgehenden Verkauf Ihrer jetzigen Wohnung. Je nach Situation kommen so leicht mehrere zehntausend Euro zusammen! Rechnen Sie deshalb vor dem Gespräch mit dem Mieter einmal aus, wie hoch Ihr Vorteil wäre, wenn der Mieter umgehend auszieht. Wie viel könnten Sie nach dieser Rechnung maximal zahlen, wenn der Mieter sich stur stellt und den Auszug nach allen Regeln verzögert?

Schließen Sie mit dem Mieter einen **Mietaufhebungsvertrag** ab. Dieser Vertrag ersetzt die Kündigung.

Ein Käufer wird auch wenig Chancen haben, eine sehr niedrige Miete deutlich zu erhöhen; denn auch hier hat er dieselben Rechte und Pflichten wie der frühere Vermieter: der Käufer darf die Miete nur soweit anheben, wie es der frühere Vermieter hätte tun dürfen. Der Käufer sollte sich erkundigen, welche Fristen und Erhöhungsgrenzen für ihn in Frage kommen. Im Übrigen empfehle ich, in der komplizierten Mietmaterie rechtzeitig fachlichen Rat einzuholen. Beachten Sie auch alle Änderungen nach der ab 1.9.2001 gültigen Mietrechtsreform einschließlich der Übergangsregelungen für vor dem 1.9.2001 abgeschlossene Mietverträge!

Miteigentumsanteil ist der Anteil an einem Grundstück oder einer ETW, Angabe normalerweise in 1/1000-Anteil. Berechnungsbasis ist die *Wohnfläche* und eventuell die *Nutzfläche* der ETW. Der Miteigentumsanteil wird ins *Grundbuch* eingetragen. Er dient als Schlüssel zur Verteilung der Bau-, Verwaltungs- und sonstiger Kosten. Oft sind die Miteigentumsanteile auch die Basis für das Stimmrecht.

Negativbescheinigung ist die Bescheinigung einer Behörde, dass sie ihr zustehende Rechte nicht ausüben kann oder will, zum Beispiel mit der Umschreibung eines *Grundstücks* einverstanden ist (die Gemeinde hat gesetzliches Vorkaufsrecht.)

Nominalzins ist der im Angebot des Geldgebers genannte und zu vereinbarende Zins in Prozent. Er bezieht sich auf den vollen Darlehensbetrag (Nominalbetrag) ohne Berücksichtigung von *Disagio* und sonstiger Kosten.

Nutzfläche Fläche eines Hauses oder einer ETW, die nicht als *Wohnfläche* gerechnet wird. Dazu gehören unter anderem Kellerräume, Garage im Haus, Speicher, Abstellräume außerhalb der ETW. Sauna, Fitnessräume, Wintergarten und Kellerräume können zur *Wohnfläche* gerechnet werden, wenn folgendes zutrifft: Die Räume müssen zum dauerndem Aufenthalt genutzt werden können. Außerdem müssen die bauaufsichtlichen Voraussetzungen erfüllt sein. Da diese je nach Bundesland unterschiedlich sind, sollten Sie sich im Zweifelsfall beim Bauamt erkundigen.

Rentenbasis Beim Kauf auf Rentenbasis wird der Kaufpreis in gleich hohen, regelmäßigen Raten als Rente gezahlt. Von den verschiedenen Rentenarten kommt beim Immobilienverkauf die Leibrente am häufigsten vor. Bei ihr verpflichtet sich der Käufer, dem Verkäufer unbefristet bis zu dessen Tod eine Rente zu zahlen. Eine Variante ist die abgekürzte Leibrente, die auf eine Höchstlaufzeit begrenzt ist.

Die Rentenhöhe hängt ab von: dem Kaufpreis; dem Alter des Verkäufers und seiner mittleren Lebenserwartung; der Frage, ob die Rente für eine Person oder bei Eheleuten für die länger lebende Person gezahlt werden soll; dem Zinssatz für die Verzinsung des Restkaufpreises, der nach Abzug des gezahlten Rentenanteils noch übrig ist.

Eine Inflationsanpassung durch Wertsicherungsklausel ist üblich. Vor Vertragsabschluss sollten Sie vergleichen, wie viel Sie beim Kauf und bei Finanzierung durch eine Bank aufwenden müssten.

Vorteile für den Verkäufer:

- je nach Art der Rente geringere Steuerbelastung
- wenn der Verkäufer sehr alt wird, steht er sich finanziell besser als bei einem Verkauf gegen bar
- keine Sorgen um die richtige Geldanlage

Vorteile für den Käufer:

- der Zinsanteil der Leibrente (Ertragsanteil) ist als Sonderausgabe steuerlich absetzbar – auch bei selbstgenutzten Objekten
- wenig oder kein Eigenkapital erforderlich
- günstig, wenn der Verkäufer früher stirbt

Sachwert richtet sich nur nach den Herstellungskosten des Gebäudes und dem Wert des Bodens. Bei Gebäuden werden heutige Baukosten, Kosten für Außenanlagen und Baunebenkosten zugrunde gelegt, durch Ansatz von Wertminderungen erhält man den derzeitigen Wert. Der Sachwert ist ausschließlich kostenorientiert. Er wird vor allem für die Bewertung von selbstgenutzten Objekten verwendet. Je nach Marktsituation kann sich der Sachwert erheblich von dem erzielbaren Preis – dem *Verkehrswert* – unterscheiden.

Sondereigentum bei ETW; umfasst die Wohnung des Käufers, und zwar alles innerhalb der Wohnung. Das sind nichttragende Innenwände, Putz und Wandbeläge, Fußbodenbelag einschließlich Estrich, Fenster (nur Beschläge und Anstrich innen), Heizkörper, Leitungen, Elektro- und Sanitärinstallationen, Türen, Boden von Balkons.

Sondernutzungsrecht ist das Recht eines Eigentümers auf alleinige und ausschließliche Nutzung bestimmter Räume und Flächen, die eigentlich im *Gemeinschaftseigentum* stehen. Ein Sondernutzungsrecht – beispielsweise an einem Auto-Abstellplatz – wird in der *Teilungserklärung* geregelt.

Teileigentum nennt man das *Sondereigentum* an Räumen, die nicht zu Wohnzwecken genutzt werden (Garagen, Gewerberäume). Es wird jeweils ein gesondertes Teileigentums-Grundbuchblatt erstellt.

Teilungserklärung ist der wichtigste Bestandteil der Regelungen für alle Eigentümer einer Eigentumswohnungs-Anlage. Die Teilungserklärung ist mit der *Gemeinschaftsordnung* die juristische Basis für die Beziehungen der Käufer/Eigentümer untereinander. In der notariell beglaubigten Teilungserklärung ist der Anteil des Käufers am *Grundstück* und Gebäude festgelegt.

Aufteilung nach *Sondereigentum* (Wohnung des Käufers) und *Sondernutzungsrechten.* Der Rest ist nach dem Gesetz *Gemeinschaftseigentum.* Sie enthält den Aufteilungsplan mit Grundrissen des *Gemeinschaftseigentums* und der ETW.

Tilgung ist die vertraglich vereinbarte Rate zur Rückzahlung eines Darlehens. Meist werden die durch die Tilgung eingesparten Zinsen mit zur erhöhten Rückzahlung verwendet *(Annuitätendarlehen).*

Tilgungsdarlehen Das Darlehen wird mit gleichhoher *Tilgung* und zusätzlichen Zinsen zurückgezahlt. Die Gesamtzinsbelastung ist niedriger als bei einem *Annuitätendarlehen.*

Trittschall-Schutzmaß (TSM) Kennzahl für Dämmung von Fußböden gegen Schall durch Laufen. Je höher die TSM-Zahl, desto besser ist der Schutz gegen Trittschall. Messeinheit ist Dezibel (dB). Beispiel für Schutz gegen Trittschall bei Decken zwischen zwei Wohnungen (nach DIN 4109): Mindestforderung zehn dB, erhöhter Schallschutz mehr als 17 dB.

Umbauter Raum Kennzahl für die Größe eines Hauses in Kubikmeter (DIN 277). Berechnung: Höhe mal Fläche aller Räume einschließlich Keller und Dach, unabhängig davon, ob ausgebaut oder nicht. Den Durchschnittspreis pro Kubikmeter umbauter Raum erfahren Sie zum Beispiel bei Architekten.

Vergleichswert beruht auf aktuellen Verkaufspreisen vergleichbarer Häuser oder ETW.

Verkehrswertgutachten Ist-Zustand und Wert eines Hauses und erforderliche Modernisierungs-Maßnahmen werden durch vereidigten Sachverständigen festgestellt.

Vorteile: Mehr Sicherheit für den Käufer, dient als Grundlage für die Beleihbarkeit des Objekts durch Banken.

Verkehrswert ist der erzielbare Preis. Er ergibt sich aus dem *Sachwert,* dem *Vergleichswert* oder dem *Ertragswert* einer Immobilie und der gegenwärtigen Marktlage für dieses Objekt.

Versicherungsdarlehen Versicherungen geben Darlehen als Policendarlehen und als *Hypothekendarlehen.*

Policendarlehen kommen nur in Frage, wenn bereits ein gut angesparter Lebensversicherungsvertrag vorhanden ist; denn dabei wird ohne hypothekarische Sicherung nur das angesparte Kapital der Lebensversicherung beliehen. Der angefallene Gewinnanteil ist auch beleihungsfähig. Für die beim Hauskauf meist erforderlichen größeren finanziellen Mittel reicht das Policendarlehen meist nicht: der angesparte Anteil (Rückkaufswert) wächst mit den Jahren nur langsam an. Für hohe Darlehen braucht man deshalb sehr hohe Versicherungssummen mit entsprechend hohen Versicherungsbeiträgen.

Mit einem Hypothekendarlehen von der Versicherung können Sie dagegen wesentlich höhere Summen finanzieren; denn hierbei haftet das bebaute *Grundstück* für das Darlehen. Das Objekt kann bis zu 45 Prozent des *Beleihungswertes* bzw. bei Landesbürgschaften bis zu 80 Prozent beliehen werden. Diese Bürgschaft kostet 0,5–1 Prozent des verbürgten Betrages zusätzlich.

Voraussetzung für ein Hypothekendarlehen ist meist der Abschluss einer Lebensversicherung. Zu zahlen sind Versicherungsbeitrag und Zinsen. Getilgt wird nicht, da das Darlehen nach Ablauf des Vertrages mit der Ablaufleistung abgelöst wird.

Die Gewinnbeteiligung kann bei 25 Jahren Vertragszeit die Höhe der Versicherungssumme erreichen. Die Gewinnbeteiligung ist der Maßstab für die Leistungsfähigkeit einer Gesellschaft. Die Gewinnbeteiligung kann auch zur früheren Tilgung herangezogen werden: das Darlehen wird dann getilgt, sobald Einzahlungen und Gewinnbeteiligung so hoch sind wie die Darlehenssumme.

Für vermietete Objekte dürfen die Ansprüche aus dem Lebensversicherungsvertrag auf keinen Fall höher sein als Anschaffungs- oder Herstellungskosten. Sonst können die Versicherungsprämien für vor dem 1. 1. 2005 abgeschlossene Verträge nicht als Sonderausgaben abgezogen werden, und die Lebensversicherungserträge sind nicht mehr steuerfrei. Bei ETW darf der im Kaufpreis enthaltene Anteil an der Instandhaltungs-Rücklage nicht über Versicherungs-Darlehen finanziert werden.

Vorteile von Versicherungs-Hypotheken:

- bei vorhandenen Versicherungsverträgen: Rückkaufswert zählt als Eigenkapital
- kein Risiko für das Restdarlehen im Todesfall (übernimmt die Versicherung)
- bei Personen (Beamte, Selbstständige), die noch genügend Reserven bei der steuerlichen Absetzung als Vorsorgeaufwendungen haben: Versicherungsbeiträge als Sonderausgaben absetzbar (falls Abschluss vor 1. 1. 2005) und Gewinnbeteiligung bei Auszahlung nach zwölf Jahren steuerfrei (falls Abschluss vor 1. 1. 2005)
- Steuervorteil durch *Disagio* – vorausgesetzt, das *Disagio* kann sinnvoll genutzt werden
- Zinsen meist ungefähr 0,5 Prozentpunkte niedriger als bei Geldinstituten und Hypothekenbanken
- geringe, oft keine Gebühren
- *Bereitstellungszinsen* werden meist sehr spät erhoben
- bei nicht selbstgenutztem Objekt höhere Steuerentlastung: Der steuerlich abzugsfähige Zinsanteil bleibt über die gesamte Laufzeit gleich, da nicht zwischendurch getilgt wird (im Gegensatz zu *Hypotheken* der Geldinstitute und Hypothekenbanken)

Nachteile:

- bei selbstgenutztem Haus oder ETW und Neuabschluss einer Versicherung nicht günstiger als eine Hypothek von einem Geldinstitut oder einer Hypothekenbank
- Beleihung nur bis zu 45 Prozent des Beleihungswertes (ungefähr 40 Prozent des Kaufpreises)
- nur an erster Stelle im *Grundbuch* möglich
- Höhe der Gewinnbeteiligung ungewiss
- Zinsrisiko, falls die Zinsen nach Ablauf der Zinsbindung höher sein sollten; Achtung: diese Zinsen werden auf das gesamte Darlehen gerechnet! (Wegen dieser Risiken sollten bei Finanzierungen über Versicherungen höhere Eigenmittel verfügbar sein.)
- Kündigung vor Ablauf des Vertrages teuer
- Wechsel zu billigerer Gesellschaft oft nicht möglich
- Belastung durch Versicherungsprämien, falls Versicherung nicht geplant war (hohe Prämien bei Älteren)
- bei vermieteten Objekten: Versicherungsdarlehen sind nur steuerbegünstigt, wenn sie zur Finanzierung der Anschaffungs- oder Herstellkosten verwendet werden und nicht zum Beispiel für die im Kaufpreis einer ETW enthaltene anteilige Instandhaltungsrücklage

VOB (Verdingungsordnung für Bauleistungen) In ihr sind die Mindestanforderungen und Normen genau festgehalten, an die sich die Baufirmen und Handwerker halten müssen (Beispiel: Art des zu verwendenden Materials, Ausführung, Nebenleistungen, Abrechnung).

Die Gewährleistungsfrist nach VOB ist zwei Jahre. Bei Neubauten beträgt diese Frist nach einem Urteil des BGH sogar fünf Jahre, falls der Verkäufer nicht die gesamte VOB, sondern nur deren zweijährige *Gewährleistung* vereinbart hat. VOB ist nicht automatisch Vertragsbestandteil, sie muss jeweils im Auftrag individuell vereinbart werden.

Werkvertrag regelt die Rechtsbeziehungen zwischen Bauherren und Bauunternehmen, Handwerkern und Architekten (bei Planungen). Grundlage sind die entsprechenden Bestimmungen des BGB. Gewährleistungsfrist fünf Jahre. Beim Kauf vom Bauträger gilt im Wesentlichen das Werkvertragsrecht.

Wohnfläche ist die anrechenbare Grundfläche einer Wohnung. Wintergärten, Räume im ausgebauten Dachgeschoss oder im Keller wie Hobbyraum, Kellerbar, Sauna, Flur gehören nur unter folgenden Bedingungen zur Wohnfläche: Sie müssen zum dauernden Aufenthalt geeignet sein und den Anforderungen des Bauordnungsrechts entsprechen. Je nach Bundesland sind diese Bestimmungen unterschiedlich. Andere Räume wie Waschküche, Vorratskeller, Heizungsräume und gewerbliche Räume sind keine Wohnfläche, sondern rechnen als *Nutzfläche.*

Wohnflächen-Berechnung Wie die Wohnfläche eines Gebäudes berechnet wird, ist in der ab 2004 geltenden Wohnflächenverordnung (WV) geregelt.

Die WV ist von den Behörden vorgeschrieben bei steuerbegünstigtem oder mit öffentlichen Mitteln gefördertem Wohnungsbau. Nach der WV werden zum Wohnraum gehörende Balkone, Loggien, Dachterrassen, Terrassen, Schwimmbäder und ähnliche nach allen Seiten geschlossene Räume maximal mit 50 Prozent ihrer Fläche als Wohnfläche gerechnet. Sie können aber auch mit nur 25 Prozent oder gar nicht gerechnet werden.

Die andere Berechnungsmethode ist in der DIN-Norm 277 festgelegt. Sie ist vorgeschrieben bei Bauanträgen und für Baugenehmigungen. Sie dient auch als Basis für die Ermittlung von Vergleichsmieten. Aus diesen Gründen wird DIN 277 von Fachleuten zur Berechnung empfohlen. Balkone, Loggien, Dachterrassen und überdachte Terrassen werden nur mit 25 Prozent ihrer Fläche als Wohnfläche gerechnet. Nichtgedeckte Terrassen und Freisitze zählen nicht. Achten Sie deshalb bei Vergleichen verschiedener Wohnungen immer darauf, ob nach WV oder DIN 277 gerechnet wurde!

Wohngeld – auch Hausgeld genannt – ist die Summe von allgemeinen Betriebskosten, Heizungs- und Warmwasserkosten, Verwaltungskosten und Instandhaltungskosten einer Eigentumswohnanlage. Wenn nicht anders in der *Teilungserklärung* oder durch spätere Beschlüsse vereinbart, wird es dem *Miteigentumsanteil* entsprechend von den Wohnungseigentümern gezahlt. Bei eventuellen Nachzahlungen zahlt derjenige, der zur Zeit des Beschlusses im Grundbuch eingetragen ist.

Zwangsversteigerung Meist stellen der oder die Gläubiger (zum Beispiel Banken) beim zuständigen Amtsgericht einen Antrag auf Zwangsversteigerung. Der Grundstückswert *(Verkehrswert)* wird vom Gericht aufgrund eines Sachverständigen-Gutachtens festgelegt. Durch die Eintragung der Anordnung zur Zwangsversteigerung in das *Grundbuch* wird das *Grundstück* beschlagnahmt. Der Versteigerungstermin wird mindestens sechs Wochen vorher im Amtsgericht ausgehängt und im Amtsblatt oder Staatsanzeiger bekannt gegeben.

Der Versteigerungstermin beginnt mit der Information über das Versteigerungsobjekt, den oder die betreibenden Gläubiger, die Versteigerungsbedingungen und das geringste Gebot. Das geringste Gebot besteht aus dem bar zu zahlenden Teil (Verfahrenskosten, rückständige *Grundsteuer*) und eventuell bestehen bleibenden Rechten (zum Beispiel *Hypotheken*), die der Ersteher übernimmt.

In der anschließenden halben Bietstunde werden die Gebote mündlich abgegeben. Die Gebote brauchen den *Verkehrswert* nicht zu erreichen. Falls der Zuschlag nicht ausgesetzt oder versagt wird, erhält der Höchstbietende den Zuschlag. Damit wird er Eigentümer. Alle Nutzen und Lasten gehen auf ihn über. Sobald die Unbedenklichkeitsbescheinigung des Finanzamtes dem Gericht vorliegt, beantragt das Gericht die Eintragung ins Grundbuch.

Kommt es nicht zum Zuschlag, wird ein erneuter Versteigerungstermin angesetzt. Wird der Zuschlag wegen Nichterreichens von 5/10 bzw. 7/10 des Verkehrswertes im ersten Termin versagt, kommt es auf Antrag der Gläubiger zu einem Zweittermin. In diesem Termin gelten die genannten Grenzen dann nicht mehr.

Vorteile beim Kauf über Zwangsversteigerung:

- je nach Marktlage günstiger Preis
- niedrigere Nebenkosten (keine Notargebühren für Kaufvertrag und Auflassung, keine Maklerprovision)
- bei vermieteten Objekten: durch Ausnahmekündigungsrecht sind Mieter schneller kündbar als eventuell in einem Zeitmietvertrag vereinbart – vorausgesetzt, der Käufer hat ein berechtigtes Interesse wie zum Beispiel Eigenbedarf

Nachteile:

- eventuell wenig oder gar keine Möglichkeit, das Objekt persönlich zu besichtigen
- Risiko, dass Bietkonkurrenten unrealistisch hoch bieten und damit einen preisgünstigen Erwerb verhindern

Zweifamilienhaus ist ein Haus mit zwei getrennten Wohnungen. Voraussetzungen für die steuerliche Anerkennung sind: die Wohnungen müssen völlig getrennt und baulich für sich abgeschlossen sein und jeweils einen eigenen Eingang haben.

Für den Käufer mit selbstgenutzter Wohnung bietet ein Zweifamilienhaus optimale Möglichkeiten, Steuern zu sparen. Voraussetzungen: Teilung des Hauses in zwei ETW – statt eigener und Einliegerwohnung (§ 3 WEG bezüglich Abgeschlossenheit einer Wohnung und § 8 WEG bezüglich eigene Grundbuchfähigkeit). Außerdem sollten die Grundschulden für die ETW getrennt sein. Nur so akzeptiert das Finanzamt, dass die selbstgenutzte Wohnung weitestgehend mit Eigenkapital und die zu vermietende Wohnung ausschließlich mit Fremdkapital finanziert wird.

Zwischenfinanzierung überbrückt die Zeit bis zur Zuteilung eines Bausparvertrages oder zur Auszahlung eines *Hypothekendarlehens*. Zwischenfinanziert wird die gesamte Vertragssumme – bei Bausparverträgen einschließlich des Bausparguthabens. Das Darlehen zur Zwischenfinanzierung wird verzinst (oft höher als Hypothekenzinsen) und auf einmal mit dem zugeteilten Bausparvertrag oder dem ausgezahlten *Hypothekendarlehen* getilgt.

15 Nützliche Adressen

Adressen
Telekom Medien GmbH, www.detemedia.de und www.dastelefonbuch.de

Auskunfteien
Schufa (Schutzgemeinschaft für allgemeine Kreditsicherung), Schadowstr. 86–88, 40212 Düsseldorf, Tel. (01805) 724832, www.schufa.de.

Bau-Biologie
Institut für Bauforschung e.V., An der Markuskirche 1, 30163 Hannover, Telefon (0511) 96516-0, www.bauforschung.de
Berät telefonisch, schriftlich und durch persönliche Gespräche im Institut. Die Beratung ist kostenlos. Das Institut verschickt Informationen und für Laien verständliche Merkblätter zu baubiologischen Themen. Man nennt auch Namen von Fachleuten, die Analysen durchführen.

Institut für Baubiologie, Holzhain 25, 83115 Neubeuern, Tel. (08035) 2039, www.baubiologie.de
Informationen über biologisches Bauen und geeignete Literatur. Das Institut führt baubiologische Analysen durch.

Bund für Umwelt und Naturschutz Deutschland e.V., Am Köllnischen Park 1, 10179 Berlin, Tel. (030) 2758640, www.bund.net
Gibt Auskunft bei Problemen wie Wohngifte, nennt Adressen von Fachleuten und Selbsthilfegruppen.

Interessengemeinschaft Holzschutzmittel-Geschädigte e. V., Im heiteren Tal 19, 57250 Netphen, Tel. (02737) 592508, www.ihg-ev.de

Arbeitsgemeinschaft Ökologischer Forschungs-Institute (AGÖF), 31832 Springe-Eldagsen, Tel. (05044) 97575, www.agoef.de
Verschickt Adressen von Fachlabors für Messungen von Wohngiften in privaten Haushalten.

Bauwesen
Deutsche Gesellschaft für Baurecht, Kettenhofweg 126, 60235 Frankfurt, Tel. (069) 748893, www.baurecht-ges.de
Nennt vereidigte Bausachverständige mit Schiedserfahrung.

Bauzentrum München, Fraunhofer Str. 6, 80449 München, Tel. (089) 23 00 18-111, www.muenchen.de/bauzentrum und www.portalmuenchen.de (Betreibergesellschaft Portal München)

EN-OP-Institut, Bahnhofstr. 44, 74254 Offenau, Tel. (07136) 5830, www.enop.de Vielfältiges Informationsmaterial zu technischen Fragen kostenlos abrufbar unter www.kostenlos.de anhand eines umfangreichen Fragebogens.

Weitere Internetadressen: www.haus.de, www.baunet.de

Einrichtung
Arbeitsgemeinschaft Wohnberatung e. V., Prinz-Albert-Str. 2b, 53113 Bonn, Tel. (0228) 219571, http://bauwohnberatung.bundesbaurecht.de
Bietet kostenlosen Rat bei Wohn- und Einrichtungsproblemen durch Fachleute wie Innenarchitekten, Architekten. Nachweis von Handwerkern. Verzeichnis der 20 regionalen Wohnberatungsstellen anfordern.

Finanzierung
FMH-Finanzberatung MAX HERBST, Zeil 13, 60433 Frankfurt, Telefon (069) 520070, Fax (069) 95189818
Bietet Top-Infos unter der Internet-Adresse: www.fmh.de

Zeitschrift FINANZtest, siehe www.test.de

Immobilien-Auktionen
Berliner Grundstücks-Auktionen Kurfürstendamm 206, 10719 Berlin, Tel. (030) 8846800, www.immobilien-auktionen.de

Sotheby's Deutschland GmbH, Büro Frankfurt, Mendelssohnstr. 66, 60325 Frankfurt, Tel. (069) 740787, Fax (069) 746901

Immobilienkauf im Ausland
Deutsche und Schweizerische Schutzgemeinschaft für Auslandsgrundbesitz e.V., Carl-Bens-Str., Tel. (0774) 12731, www.schutzgemeinschaft-ev.de

Makler
IVD Immobilienverband Deutschland, Littenstr. 10, 10179 Berlin, Tel. (030) 2757260, www.ivd.net (früher RDM Ring Deutscher Makler und VDM Verband Deutscher Makler)

Preisagenturen
PA Preisagentur Aachen, Hatterather Weg 27, 52511 Geilenkirchen, Tel. (02451) 9549485, www.preisagentur.de (größte Preisagentur mit über 40 Filialen)
Diese neuen Dienstleister suchen in Ihrer Stadt oder Region Anbieter, die die Ihnen angebotenen Produkte und vor allem Dienstleistungen teilweise erheblich preiswerter anbieten. Sie bezahlen nur bei Erfolg, das heißt ungefähr 20–40 % der Differenz zwischen Ihrem niedrigsten Angebot und dem günstigeren Angebot der Preisagentur.

Rechtsanwälte
Rechtsanwaltskammern, jeweils am Sitz des Oberlandesgerichts; in den neuen Bundesländern in den Landeshauptstädten; nennen kostenlos Adressen von Anwälten, die für ein spezielles Rechtsproblem besonders geeignet sind.

Renovierung, und Erhaltung alter Häuser
Arbeitsgemeinschaft Wohnbau-Modernisierung, Projektgruppe des EN-OP-Instituts, Bahnhofstr. 44, 74254 Offenau, Tel. (07136) 5830, www.bau-web.de
Kostenloser Modernisierungskompass, Entscheidungshilfe für die wichtigsten Modernisierungsmaßnahmen.

Bundesarbeitskreis Altbauerneuerung (BAKA), Elisabethweg 10, 13187 Berlin, Tel. (030) 48490 7855, www.bakaberlin.de

Görlitzer Fortbildungszentrum für Handwerk und Denkmalpflege e.V., Bei der Peterskirche 5a, 02826 Görlitz, Tel. (03581) 407423, (03581) 6499330, Fax (03581) 407424, info@denkmalzentrum.de, www.denkmalzentrum.de
Bietet eine Bauherrenhotline: Beratung per Telefon und E-Mail für Bauherren, Mieter, Verwalter und alle anderen Nutzer von denkmalgeschützten Bauwerken und Altbauten.

Interessengemeinschaft Bauernhaus e.V., Am Sande 2, 28865 Lilienthal, Tel. (04792) 7834, www.igbauernhaus.de
Der Verein informiert und hilft mit fachlichem Rat bei Umbau und Renovierung von alter Bausubstanz auf dem Lande.

Umzug
Bundesverband Möbelspedition und Logistik (AMÖ), Schulstr. 53, 65795 Hattersheim am Main, Tel. (06190) 981813, www.amoe.de
Hilft als Ausgleichstelle bei Streitfällen mit dem Möbelspediteur.

16 Literaturtipps

Bauen
Richtig bauen: Planung, Verbraucherzentrale, € 19,90

Eigenheim
Spezial Eigenheim – Bauen, Kaufen und Modernisieren,
Sonderheft der Stiftung Warentest, € 7,50

Eigentumswohnung
Eigentumswohnung: Auswahl und Kauf, 1. Aufl. 2007, Verbraucherzentrale, € 19,90

Meine Eigentumswohnung: Selbst nutzen, verwalten, vermieten,
1. Aufl. 2009, Verbraucherzentrale, € 19,90

Energieausweis
Wertensohn / Metzger / Goller, Wegweiser Gebäudeenergieausweis,
2. Aufl. 2009, gtb godesberger taschenbuch-verlag, € 14,90

Ersteigern
Werner Siepe, Wie ersteigere ich ein Haus oder eine Wohnung,
2. Aufl. 2011, gtb godesberger taschenbuch-verlag, € 24,90

Der Versteigerungskalender, ARGETRA GmbH, Philippstr. 45, 40878 Ratingen,
Tel. (0 21 02) 71 17 11, www.argetra.de
(veröffentlicht monatlich sämtliche Zwangsversteigerungstermine in der Bundesrepublik in verschiedenen Regionalausgaben. Neben allen wichtigen Informationen zur jeweiligen Immobilie wird im Service-Teil erklärt, wie Sie erfolgreich Ersteigern. Abonnements sind kostenpflichtig)

Finanzierung
Werner Siepe, Immobilienfinanzierung: Die richtige Strategie,
1. Aufl. 2010, Stiftung Warentest, € 19,90

Mieter
Das Mieterlexikon 2009/10, DMB Deutscher Mieterbund, € 13

Mieterschutz und Kündigung, DMB, € 5

Mietnebenkosten, DMB, € 5

Modernisierung
Modernisieren und Energie sparen, Stiftung Warentest, € 19,90

Renovierung, Verbraucherzentrale, € 14,90

Altersgerecht umbauen, Stiftung Warentest, € 19,90

Reparaturen
Reparaturen zu Hause, Das Buch für den Werkzeugkasten,
3. Aufl. 2010, Stiftung Warentest, € 19,90

Umzug
Geld sparen beim Umzug, DMB, € 5

Verkauf
Werner Siepe, Erfolgreicher Haus-Verkauf von Privat oder über Makler,
9. Aufl. 2010, gtb godesberger taschenbuch-verlag, € 14,90

Versicherungen
Spezial Versicherungen, Sonderheft der Stiftung Warentest, € 7,50

Wert eines Hauses
Wilfried Mannek, So viel ist Ihr Haus wert, Walhalla Verlag, € 9,95

17 Förderungen

17.1 Staatliche Förderung von Eigenheimen

Förderungsgrundlage	Finanzielle Vorteile	Voraussetzungen
1. KfW-Mittel (Kredianstalt für Wiederaufbau Berlin, www.kfw.de)	zinsgünstige Finanzierung für nachrangige Darlehen bis zu 30 % der Gesamtkosten (maximal 100.000 €)	Bau oder Kauf eines selbstgenutzten Eigenheims (Antragstellung über Hausbank)
2. Landesmittel (Wohnungsbauförderung der Bundesländer)	zinsgünstige Baudarlehen oder Aufwendungsdarlehen des jeweiligen Bundeslandes	Einkommensgrenzen im 1., 2. oder 3. Förderungsweg müssen eingehalten werden
3. Lastenzuschüsse (nach dem Wohngeldgesetz)	Wohngeld für Selbstnutzer (abhängig von Familieneinkommen und zuschussfähiger Belastung des Eigentümers)	Nur bei relativ geringen Einkommen, gilt auch für finanziell in Not geratene Haus- und Wohneigentümer
4. Denkmalschutz (nach § 10 f EStG)	steuerlich abzugfähige Sanierungskosten zu 90 %, über 10 Jahre à 9 % verteilt, absetzbar unter Sonderausgaben	Denkmalschutzwürdiges Eigenheim
5. Wohnungsbauprämie (beim Bausparen)	jährlich 8,8 % von max. 512/1.024 € Bausparbeiträgen bei Ledigen/Verheirateten, also max. 45/90 €	max. 25.600/51.200 € zu versteuerndes Einkommen bei Ledigen/Verheirateten und Zahlung von Bausparbeiträgen
6. Arbeitnehmersparzulage (beim Bausparen)	jährlich 9 % von max. 470 € vermögenswirksamer Leistung auf Bausparvertrag, max. also 42,30 €	max. 17.900/35.800 € zu versteuerndes Einkommen bei ledigen/verheirateten Arbeitnehmern und Überweisung der vermögenswirksamen Leistung durch Arbeitgeber
7. Riesterrente	Entnahme des in einem Riester-Vertrag angesparten Kapitals von mind. 10.000 € und höchst. 50.000 € für Bau oder Kauf eines Eigenheims und Wiederauffüllung des Riester-Vertrags bis zum 65. Lebensjahr; außerdem spezielle Wohn-Riester-Darlehen für ab 2008 gebaute oder gekaufte Eigenheime	Abschluss eines Riester-Vertrages

17.2 Steuerliche Förderung von vermieteten Immobilien

Förderungsgrundlage	Steuervorteil	Voraussetzungen
1. Schuldzinsenabzug nach §§ 9, 21 EStG	steuerlich abzugfähige Hypothekenzinsen (ohne Tilgungsbeträge) in unbegrenzter Höhe, falls in wirtschaftlichem Zusammenhang mit Mieteinnahmen	a) Vermietung (mehr als 75 % der ortsüblichen Vergleichsmiete bei Vermietung an Verwandte) b) Überschusserzielungsabsicht muss vorliegen (sog. Totalüberschuss der Mieteinnahmen über die Kosten)
2. Abzug der Bewirtschaftungskosten (Betriebs-, Verwaltungs- und Instandhaltungskosten) nach §§ 9, 21 EStG	steuerlich abzugfähige Bewirtschaftungskosten, falls in wirtschaftlichem Zusammenhang mit Mieteinnahmen	wie bei 1. a) und b)
3. Abzug von Abschreibungen (Afa = Absetzung für Abnutzung)	steuerlich abzugfähige Abschreibung in % der Gebäudekosten (also ohne Grundstückskosten)	wie bei 1. a) und b)
	2 % der Gebäudekosten p. a. über 50 Jahre, falls Wohngebäude nach dem 31. 12. 1924 fertiggestellt oder 2,5 % der Gebäudekosten p. a. über 40 Jahre, falls Wohngebäude vor dem 1. 1. 1925 fertiggestellt	nur für vermietete Wohnimmobilien
4. Denkmalschutz nach § 7i EStG	steuerlich abzugfähige Sanierungskosten über 12 Jahre verteilt, je 9 % im 1.–8. Jahr und je 7 % im 9.–12. Jahr	Anerkennung als denkmalschutzwürdiges Wohngebäude
5. Beschränkung des Verlustausgleichs nach § 2 Abs. 3 EStG (sog. Mindestbesteuerung)	Vermietungsverluste bis 51.500/103.000 € (Ledige/Verheiratete) pro Jahr unbeschränkt ausgleichsfähig mit anderen positiven Einkünften, überschießende Vermietungsverluste nur bis zur Hälfte der um 51.500/103.00 € geminderten positiven Einkünfte	Ausgleich von Verlusten aus Vermietung und Verpachtung mit anderen positiven Einkünften
6. Verlustausgleichsverbot bei Beteiligungen an Verlustzuweisungsgesellschaften oder ähnlichen Modellen nach § 2b EStG	Kein sofortiger Verlustausgleich, sondern nur Verlustvortrag	Verluste bei Beteiligungen an Verlust Zuweisungsgesellschaften oder ähnlichen Modellen, bei denen die Erzielung von Steuervorteilen im Vordergrund steht
7. Beschränkung der Verlustzuweisungen auf höchstens 10 % der Beteiligungssumme nach § 15b EStG	nur Verlustzuweisungen bis höchstens 10 % der Beteiligungssumme bei geschlossenen Immobilienfonds	Steuerliche Verluste bei Anteilen an geschlossenen Fonds

18 Spezielle Tipps für den erfolgreichen Kauf

Vorbemerkungen

Die folgenden speziellen Kauftipps für den erfolgreichen Kauf Ihres Hauses oder Ihrer Eigentumswohnung gründen sich auf meine eigenen, jahrelangen Erfahrungen beim Kauf eines selbstbewohnten Eigenheims und dem Kauf von vermieteten Eigentumswohnungen.

Im Laufe der Jahre habe ich gelernt, dass man umso mehr Erfolg hat, je mehr man sich ohne Wenn und Aber in die Lage des potentiellen Verkäufers versetzt. Warum verkauft er? Ist er vielleicht aus finanziellen Gründen zum Verkauf gezwungen und sitzt sozusagen auf dem Pulverfass? Ist seine Preisvorstellung an den Markt angepasst, oder will er einen viel zu hohen Preis herausschlagen, um einen möglichst hohen Gewinn zu erzielen? Ist der Verkäufer bereit, sämtliche Unterlagen über Haus und Wohnung vorzulegen, oder verschweigt er Ihnen wichtige Dinge?

Letztlich gründet sich Ihr Erfolg beim Kauf von Haus oder Wohnung auf Wissen, Können und Erfahrung. Fast alles lässt sich in der Praxis quasi im Do-it-yourself-Verfahren erlernen. Dies spart nicht nur Kosten, sondern bereitet gelegentlich auch viel Freude.

Der nachfolgende **4-Stufen-Plan** geht konsequent auf die Käuferperspektive ein:

1. **Stufe: Vorbereitung**
2. **Stufe: Suche und Auswahl von Kaufimmobilien**
3. **Stufe: Kauverhandlung und Finanzierung**
4. **Stufe: Kaufvertrag und -abschluss**

Um Missverständnissen von vornherein zu begegnen: Meine Tipps für den erfolgreichen Haus- oder Wohnungskauf haben nichts mit den Tricks zu tun, die von unseriösen und selbsternannten Profis angewandt werden. Die »3-T-Methode« (Tricksen, Tarnen, Täuschen) sollten Sie als Käufer von Haus oder Wohnung tunlichst vermeiden. Es geht nicht darum, Haus- und Wohnungsverkäufer oder Immobilienmakler hereinzulegen. Sie sollten als Käufer aber ein gleichberechtigter Gesprächs- und Vertragspartner sein, der auf gleicher Augenhöhe mit dem Verkäufer oder dem von ihm beauftragten Makler verhandelt. Selbstverständlich liegen Käufer- und Verkäuferinteressen anfangs fast immer auseinander. Je stärker aber Ihre Käuferposition ist, desto mehr können Sie erreichen.

1. Stufe: Vorbereitung

Kaufmotive

Bevor Sie ein Haus oder eine Eigentumswohnung kaufen wollen, müssen Sie sich über Ihre Motive klar werden. Die Gründe, warum jemand ein Haus oder eine Wohnung kaufen will, hängen im Wesentlichen vom Nutzungszweck ab. Als Eigennutzer wollen Sie in die eigenen vier Wände einziehen und sich gegenüber der momentanen Wohnsituation verbessern. Sie steigen vom Mieter zum Eigentümer auf, ihr Kaufmotiv heißt **»Eigentum statt Miete«**. Hinzu kommt der Wunsch nach der bestmöglichen Altersvorsorge. Wenn das Eigenheim im Alter schuldenfrei ist, genießen Sie praktisch eine Zusatzrente in Höhe der ersparten Miete. Nach einer aktuellen Umfrage des Meinungsforschungsinstituts forsa nennen 95 % der Befragten das mietfreie Wohnen im Alter als Hauptmotiv für einen Kauf. Insgesamt überwiegen im Gegensatz zu früheren Jahrzehnten rationale statt emotionale Motive.

Die Kaufmotive für Kapitalanleger als Käufer waren früher meist steuerlicher Art. Die ersehnte Steuerersparnis nach dem Motto »Wie aus Steuern Vermögen werden« ist heute längst nicht mehr das, was sie einmal war. Geringere Abschreibungen und die Furcht vor der Versteuerung von Veräußerungsgewinnen lassen das Steuersparargument in den Hintergrund treten.

An die Stelle des Steuersparmotivs sind heute das Vorsorge- und Renditemotiv sowie zunehmend das Sachwertmotiv (Inflationsschutz) getreten. Mietobjekte stellen ebenfalls eine gute **private Altersvorsorge** dar. Die Mieteinnahmen dienen auch als Zusatzrente, sofern das Mietobjekt entschuldet ist. Mit den teilweise gefallenen Immobilienpreisen und den historisch **niedrigen Hypothekenzinsen** rechnet sich in vielen Fällen ein Miethaus oder eine vermietete Eigentumswohnung wieder. Die **Mietrendite** als Verhältnis von Jahresmiete und Kaufpreis liegt in der Regel deutlich über der Rendite für festverzinsliche Wertpapiere wie Bundesanleihen. Bei zinsgünstiger Finanzierung übersteigen die Mietreinerträge nicht selten die gezahlten Hypothekenzinsen und führen beim Kapitalanleger zu einem laufenden monatlichen Überschuss.

Käufertypen

Die Selbstprüfung nach dem Motto »Drum prüfe, wer sich lange bindet« ist besonders wichtig bei einer so langfristigen Entscheidung wie der Kauf eines Hauses oder einer Wohnung. Die meisten Immobilienkäufer verlassen sich auf ihr Gespür. Es ist aber sinnvoll, sich selbst zu fragen, was für ein Käufertyp man ist.

Ein bisschen angewandte Psychologie tut also Not. Jeder Mensch ist anders, denkt und fühlt anders. Bei dem einen überwiegt das rein verstandesmäßige Denken, ein anderer entscheidet rein gefühlsmäßig. Je nach Verhaltenstyp haben Sie es – grob gesprochen – eher mit Verstandesmenschen oder mit Gefühlsmenschen zu tun. Drastischer ausgedrückt: Der Verstandesmensch entscheidet aus dem Kopf, der Gefühlsmensch aus dem Bauch.

Typologisch unterscheidet man zwischen dem »blauen« Verstandestyp und dem »grünen« Gefühlstyp. Hinzu gesellt sich noch der »rote« Willenstyp. Diese drei Grundtypen besitzen folgende Merkmale:

blauer Typ (Verstandestyp)
Merkmale: Verstand, Kopf, Ordnen, Überzeugen, Distanz

grüner Typ (Gefühlstyp)
Merkmale: Gefühl, Herz, Erspüren, Sympathie, Kontakt

roter Typ (Willenstyp)
Merkmale: Wille, Hand, Begreifen, Mitreißen, Dominanz

Ihre Selbstprüfung ergibt ganz schnell, zu welchem Typ Sie eher neigen. Sind Sie ein Verstandes-, Gefühls- oder Willenstyp? Klaus D. Nielen, der wohl bekannteste und erfahrenste Verkaufstrainer für Immobilien und Mitautor des Buches »99 Tipps für Immobilienprofis« (29,90 €, siehe Hinweis auf dieses Buch unter www.immobilienscout24.de), geht ebenfalls von drei Käufertypen aus und nennt sie Zahlen-, Sicherheits- und Prestigetyp.

Der »blaue« **Zahlentyp** (vergleichbar mit dem Verstandestyp) orientiert sich stark an Zahlen, Tabellen und Statistiken. Er will von der Immobilie quasi mathematisch überzeugt werden. Bei Kapitalanlegern als Käufer, insbesondere bei Kaufinteressenten für Mietwohnhäuser, vermieteten Wohn- und Geschäftshäuser und reine Gewerbeimmobilien, kommt dieser Zahlentyp noch am ehesten vor. Mit **Argumenten** wie nachhaltig erzielbare Miete, attraktive Mietrendite oder angemessener Kaufpreis lassen sich Zahlentypen am ehesten überzeugen.

Der »grüne« **Sicherheitstyp** verabscheut Risiken und reagiert daher stark auf Gutachten, Garantien oder Referenzen. Dieser Käufertyp kauft bei dem Anbieter oder Eigentümer, dem er vertrauen kann. **Sympathie und Kontakt** spielen bei ihm eine große Rolle.

Schließlich ist da noch der »rote« **Prestigetyp,** der durch den Kauf der Immobilie sein Prestige- und Geltungsbedürfnis befriedigen will. Er sucht die **Anerkennung** von Anderen und macht am liebsten alles, was auffällt. Klar, dass er sich am ehesten mitreißen lässt und zu Spontan- bzw. Impulskäufen neigt.

Ob Sie nun eher ein Zahlentyp, ein Sicherheitstyp oder ein Prestigetyp sind, wissen Sie sicher selbst am besten. Nur auf Zahlen, Sicherheit oder Prestige zu setzen, ist aber keine gute Voraussetzung für einen erfolgreichen Kauf.

Eigennutzer als Käufer

Das beste Kaufmotiv ist der gewünschte Einzug in die eigenen vier Wände. Als Eigen- bzw. Selbstnutzer wissen Sie, warum Sie eine Immobilie kaufen wollen. **Häuser und Wohnungen aus zweiter Hand** finden bei Eigennutzern mindestens genau so viel Interesse wie Neubauten. Bauärger ist nicht zu befürchten, und damit bleibt der in den Medien so häufig beschriebene »Albtraum Eigenheim« aus. Der Traum vom Eigenheim ist in einer Niedrigzinsphase auch für weniger betuchte Leute erfüllbar.

Die wichtigsten Beweggründe für Eigennutzer sind Unabhängigkeitsstreben (keine Abhängigkeit vom Vermieter, keine Furcht vor Mietsteigerungen) und **Altersvorsorge** (miet- und schuldenfreies Wohnen im Alter). Der Wunsch, endlich »sein eigener Herr« zu sein, ist groß. Und in der Tat ist das Eigenheim die einzige Altersvorsorge, in der man schon heute leben kann. Insofern ist die Werbeaussage der Bausparkassen ein Volltreffer.

Wie jeder Eigennutzer wollen Sie ein schönes Haus in guter Lage zu einem günstigen Preis. Reichen die finanziellen Mittel nicht für den Kauf eines Hauses (freistehendes Einfamilienhaus, Doppelhaushälfte oder Reihenhaus), kann es auch eine Eigentumswohnung sein. Hauptsache, der **»innere Wert«** stimmt. Die wichtigsten Punkte sind dabei Grundrissgestaltung (»gut geschnitten«), Haus- und Wohnungsgröße (»reichlich Wohnfläche«), technischer Zustand und Ausstattung.

Viel wichtiger für den Eigennutzer ist aber der **»äußere Wert«**. Dazu zählen die Außenhaut des Gebäudes (»schöner Anblick«), das Grundstück mit Garten, die nähere Umgebung sowie die unmittelbare Wohn- und Verkehrslage. Die Immobilie im Inneren kann man bekanntlich verändern, die Lage aber nicht.

Innerer und äußerer Wert führen zum Preis. Als Eigennutzer werden Sie nur einen Preis akzeptieren, der dem von Ihnen **»gefühlten« Wert** des künftigen Eigenheims entspricht. Gefühle können aber täuschen. Tasten Sie sich daher an den Sachwert heran, wie Gutachter die Summe aus Zeitbau- und Bodenwert nennen. Die für die Immobilie ermittelten Werte (Sach-, Ertrags-, Vergleichs- und Verkehrswert, siehe Wertermittlung) sollten Sie als kritischer Eigennutzer genau unter die Lupe nehmen, sofern der Verkäufer ein Verkehrswertgutachten vorlegt. Vergleichen Sie den Gutachterwert mit ortsüblichen Marktpreisen. Es könnte ja sein, dass es sich um ein Gefälligkeitsgutachten für den Verkäufer handelt.

Ein Riesenproblem haben Sie möglicherweise, wenn Sie ein noch vermietetes Haus oder eine noch vermietete Eigentumswohnung als künftiger Eigennutzer kaufen wollen. Sie sollten sich auf keinen Fall auf vage Aussagen verlassen wie »Der Mieter will bald ausziehen« oder »Sie können wegen Eigenbedarfs kündigen«. Besser ist es, dass der Verkäufer dem jetzigen Mieter eine **Mieterabfindung** in Aussicht stellt für den Fall, dass er das Haus oder die Wohnung bis zu einem bestimmten Zeitpunkt freiwillig räumt. Lässt sich der Mieter darauf ein, sollte der Verkäufer unbedingt einen **Mietaufhebungsvertrag** schließen und darin alle Details über Auszug und Abfindungsbetrag regeln.

Bekanntlich erzielt eine leerstehende Wohnimmobilie einen höheren Preis als ein vermietetes Objekt. Eine noch vermietete Immobilie, die demnächst frei wird, können Sie also meist zu einem günstigen Kaufpreis erworben.

Kapitalanleger als Käufer

Die wichtigsten Kaufmotive für Kapitalanleger sind Rendite, Steuerersparnis, Inflationsschutz und Altersvorsorge. **Rendite** ist zwar nicht alles, aber ohne Rendite ist alles nichts. Als Kapitalanleger achten Sie darauf, dass sich Ihr Mietobjekt (Miethaus oder vermietete Eigentumswohnung) auch rechnet. Wenn die laufende Rendite für das Mietobjekt deutlich höher ist als der Kapitalmarktzins (zum Beispiel Rendite einer 10jährigen Bundesanleihe), kann sich die Investition in Grund und Boden tatsächlich rechnen.

Beispiel: Mietwohnhaus mit Jahresnettokaltmiete von 30.000 € und einem Kaufpreis von 360.000 €. In diesem Fall erweben Sie das Renditeobjekt zur 12fachen der Jahresnettomiete an, dies entspricht einer Mietrendite von brutto 8,5 %. Selbst wenn Sie 25 % der Jahresnettokaltmiete für nicht umlagefähige Bewirtschaftungskosten abziehen und 5 % des Kaufpreises für Anschaffungsnebenkosten aufschlagen, kommen Sie noch auf eine Mietrendite von netto 6 % pro Jahr. Dies ist immer noch deutlich mehr als bei einer 10jährigen Bundesanleihe.

Viele Kapitalanleger sind Zahlentypen und Rechenfüchse. Sie gehen rein verstandesmäßig an den Kauf eines Mietobjekts heran und schlagen nur zu, wenn es sich aus ihrer Sicht unter Renditegesichtspunkten lohnt. Sie sammeln alle Zahlen, die sie für ihre **Renditerechnung** brauchen: Wohnfläche, tatsächlich erzielte Mieteinnahmen laut Mietenaufstellung, nicht umlagefähige Betriebs-, Verwaltungs- und Instandhaltungskosten laut Abrechnung für das letzte Jahr.

Der **Inflationsschutz** wird immer mehr zu einem schlagkräftigen Argument, je größer die Befürchtungen über eine zunehmende Inflation in der nahen Zukunft werden. Die Immobilie ist nun einmal ein Sachwert und gewinnt in der Regel in Inflationszeiten, während Geldwerte wie Festzinspapiere real an Wert verlieren.

Auch die **Altersvorsorge** als Kaufmotiv tritt künftig wieder stärker in den Vordergrund. Früher haben vor allem Unternehmer Mietobjekte als Zins- bzw. Rentenhäuser erworben, um nach der völligen Entschuldung im Alter eine Zusatzrente aus Mieteinnahmen aufzubauen. Heute und morgen sind es eher die gut verdienenden Angestellten und Beamten, die sich eine vermietete Eigentumswohnung als **private Altersvorsorge** zulegen.

Das beste Kaufmotiv für potentielle Kapitalanleger sollten **langjährige, solvente und zuverlässige Mieter** sein. Falls Sie das Glück haben, solche Wunschmieter zu finden, können Sie sich glücklich schätzen. Lassen Sie sich vom Verkäufer die abgeschlossenen **Mietverträge** zeigen und führen Sie anlässlich der Besichtigung ein Dreiergespräch zwischen Verkäufer, Mieter und Ihnen.

Mieter als Käufer

Selten kommen Mieter als Käufer ihrer bisher angemieteten Wohnung infrage. Meist ist die gemietete Wohnung zu klein, wenn sich Familiennachwuchs einstellt. Dann bleibt eigentlich nur der Umzug aus der gemieteten Wohnung, verbunden mit dem Kauf einer Eigentumswohnung oder eines Hauses. Möglicherweise will Ihr Vermieter auch gar nicht verkaufen, sondern Haus oder Wohnung weiter lukrativ vermieten. Eine direkte Anfrage bei Ihrem Vermieter ist aber nicht sinnlos, sofern Sie sich in seinem Haus bzw. seiner Wohnung wohl fühlen und dort auch wohnen bleiben wollen. Sie steigen quasi direkt vom Mieter zum Eigentümer auf, ohne auszuziehen.

Es gibt auch Unternehmen, die sich von ihren Wohnungsbeständen trennen. Sie bieten ihre Wohnungen zunächst ihren Mietern an nach dem WIM-Konzept (»Wohnung in Mieterhand«), bevor sie sich an Kapitalanleger wenden. Als Mieter erhalten Sie im Vergleich zum Kapitalanleger einen **Mieterrabatt,** da auf aufwendige Verkaufsaktionen ja verzichtet werden kann. Dennoch bringt Ihnen das wenig, sofern Ihnen die Wohnung oder das Haus nicht attraktiv oder groß genug erscheint.

Hüten Sie sich aber vor dem sog. **Mietkauf,** der von einigen Unternehmen als scheinbar bessere Alternative zum Kauf angeboten wird. Bei diesem Mietkauf, der auch Optionskauf genannt wird, bleiben Sie meist jahrzehntelang Mieter und erwerben erst nach beispielsweise 25 Jahren die Möglichkeit, Ihr gemietetes Haus zu einem schon vorher festgelegten Preis zu kaufen. Der Pferdefuß: Sie müssen das nötige Geld für den Kauf über Jahre und Jahrzehnte ansparen, um den möglicherweise überhöhten Preis später zu bezahlen. Sie ersparen sich zwar die Aufnahme von Bankdarlehen und damit die zu zahlenden Hypothekenzinsen, müssen andererseits aber neben der Miete auch die Sparraten aufbringen. Gerade in Tiefzinsphasen wie im Jahr 2010 schlägt der klassische Immobilienkauf per Kredit den sog. Miet- oder Optionskauf um Längen.

Kaufkonzept

Geborene Käufer gibt es nur wenige. Auch Sie müssen dazu nicht gehören, um Ihre Immobilie erfolgreich zu kaufen. Die Idee zum Kauf reicht aber bei weitem nicht aus. Ihre **Kaufidee** müssen Sie in ein schlüssiges Kaufkonzept umsetzen. Dabei helfen Ihnen die folgenden 4 **W-Fragen:**

1. Was? (Objekt)
Was für eine Immobilie suchen Sie? Objekt hinsichtlich Standort, Umgebung, Grundstück, Wohnfläche, Grundriss, Zustand, Ausstattung und Preis beschreiben!

2. Wer? (Bewohner)
Wer soll Ihr künftiges Haus oder Ihre künftige Wohnung bewohnen? Sie selbst und Ihre Familie? Oder wollen Sie an Dritte vermieten? Sind es nahe Angehörige oder fremde Personen?

3. **Wann? (Zeitpunkt)**
Wann wollen Sie kaufen? Zeitpunkt des eigenen Auszugs aus der gemieteten Wohnung berücksichtigen! Liegen die Kaufpreise und Hypothekenzinsen noch auf einem niedrigen Niveau?

4. **Wie und wie viel? (Preis)**
Wie viel verlangt der Verkäufer als Preis? Wie ist Ihre eigene Preisvorstellung, wo liegt Ihre persönliche Preisobergrenze? Kommt eine eventuelle Darlehensübernahme durch Sie als Käufer in Betracht?

Dieses mehr **sachlogisch** entwickelte Kaufkonzept sollte ergänzt werden durch die mehr **psychologisch** fundierten Kaufgrundsätze. Verstand und Gefühl gehören zusammen. Zwar entscheiden die meisten Eigennutzer als Käufer aus dem Bauch heraus, also vom viel zitierten Bauchgefühl her. Die Kapitalanleger als Käufer handeln mehr vom Kopf, also vom Verstand her. Unabhängig vom Nutzungszweck kommt es aber auch auf den Käufertyp an.

Privatkauf

Häuser und Wohnungen werden meist über Makler verkauft. So lautet die landläufige Meinung. Das hindert Sie aber nicht, Ihre künftige Immobilie ohne Vermittlung eines Maklers zu kaufen. Freilich müssen Sie Zeit und Nerven in Ihren Privatkauf investieren.

Die für Sie als künftigen Käufer entscheidenden Schlüsselsignale in Kaufangeboten heißen also **»Von Privat an Privat«** oder »Provisionsfrei direkt vom Eigentümer«. Sie wenden sich also unmittelbar an den Eigentümer bzw. Verkäufer und ersparen diesen auf jeden Fall die sonst übliche Maklerprovision..

Der Eigentümer tritt also mit Ihnen als potentiellem Käufer direkt in Kontakt. Sozusagen von Angesicht zu Angesicht. Wer anders als der Eigentümer oder Bewohner (bei vermieteten Immobilien) könnte umfassendere Auskünfte über das Kaufobjekt erteilen?

Der weitere Pluspunkt heißt **»provisionsfrei«**. Üblicherweise sind 3,57 Prozent Maklerprovision für den Käufer fällig. Hinzu kommt oft noch die im Kaufpreis versteckte Provision von ebenfalls 3,57 Prozent, die über den Verkäufer an den Makler fließt. Zusammen sind dies über 7 Prozent, die Sie als Käufer beim Kauf ohne Makler sparen. Die Maklerangabe »provisionsfrei für Käufer« kann Sie als kundigen Kaufinteressenten nicht über den wahren Preis täuschen. Sie wissen: Keiner hat was zu verschenken, auch der Makler nicht. Im Kaufpreis sind dann eben rund 4 bis 7 Prozent Innenprovision enthalten, sofern der Käufer die Maklercourtage nicht direkt an den Makler zahlt.

Das Kaufangebot »Von Privat an Privat« ist also bis zu 7 Prozent günstiger im Vergleich zu Konkurrenzangeboten über Makler. Diesen Preisvorteil sollten Sie sich zunutze machen. Setzen Sie aber diesen Preisvorteil aber nicht wieder außer Kraft, indem Sie einen überhöhten Preis zahlen. Oft sind die Preisvorstellungen der Eigentümer bei Angeboten »Von Privat« deutlich überhöht.

Meiden Sie grundsätzlich überhöhte Kaufpreise! Ihre **Preisvorstellung** muss markt- und käufergerecht sein. Lösen Sie sich aber von Ihrem Wunsch nach einem absoluten Tiefstpreis. Möglichkeiten zur *Preisfindung* gibt es reichlich. Nutzen Sie alle Informationsquellen wie Preisspiegel des Maklerverbandes IVD, ortsübliche Kaufpreise für vergleichbare Objekte laut Internetrecherche unter www.immobilienscout24.de oder Kaufpreissammlungen der örtlichen Gutachterausschüsse, um den richtigen Preis zu finden.

Der Privatkauf wird einfacher, wenn Sie auch ungewöhnliche Wege beschreiten. Dazu zählt beispielsweise der »Kauf unter der Hand«, also ganz ohne Marktauftritt per Zeitungs- oder

Internetannonce. Hören Sie sich also um, welche Eigentümer ihr Haus verkaufen wollen. Spannen Sie auch Ihre Kollegen, Verwandten, Bekannten und Nachbarn ein, indem Sie von Ihren Kaufabsichten erzählen.

Immobilientypen

Die Entscheidung, wie Sie die Immobilien nach dem Kauf nutzen werden, treffen Sie immer schon vor dem eigentlichen Kauf. Je nach **Nutzungsart** (Selbstnutzung, Fremdnutzung, gemischte Nutzung) können Sie drei Immobilientypen unterscheiden: Eigenheime für Selbstnutzer, Mietobjekte für Fremdnutzer und gemischt genutzte Immobilien.

Außerdem entscheiden Sie über die Art (Wohn- oder Gewerbeimmobilie), das **Alter** (Neubau- oder Bestandsimmobilie) und die **Größe** der Immobilie (Haus oder Wohnung).

Eigenheime

Wenn Sie die gekaufte Immobilie selbst bewohnen wollen, entscheiden Sie sich für ein Eigenheim. Dies kann ein **Einfamilienhaus** (freistehend, Doppelhaushälfte oder Reihenhaus) oder eine Wohnung (**selbstgenutzte Eigentumswohnung** oder Wohnung in einem Mehrfamilienhaus) sein. Erfahrungsgemäß sind freistehende Einfamilienhäuser am teuersten. Wer sich ein Haus als Eigenheim finanziell nicht leisten kann oder sich im Alter kleiner setzen will, entscheidet sich für eine Eigentumswohnung in einer kleinen Wohnanlage.

Mietobjekte

Suchen Sie eine Immobilie als Kapitalanlage, haben Sie die Wahl zwischen einem **Miethaus** (z. B. reines Mietwohnhaus als Mehrfamilienhaus oder kombiniertes Wohn- und Geschäftshaus) oder einer **vermieteten Eigentumswohnung.** Miethäuser sind zwar meist lukrativer als vermietete Eigentumswohnungen, dafür aber wegen ihrer Größe auch teurer. Mehr Rendite beschert Ihnen beim Miethaus auch mehr Arbeit, wenn Sie die Vermietung und Verwaltung selbst in die Hand nehmen wollen. Alternative: Sie übertragen alles einem professionellen Hausverwalter.

Bei einer vermieteten Eigentumswohnung übernimmt der von der Eigentümerversammlung bestellte Hausverwalter die Verwaltung des **gemeinschaftlichen Eigentums.** Um die Vermietung und Verwaltung Ihrer Eigentumswohnung, dem sog. **Sondereigentum,** müssen Sie sich aber selbst kümmern.

Wenn das Miethaus für Sie wegen der hohen Investitionssumme eine Nummer zu groß ist, können Sie auf eine vermietete Eigentumswohnung ausweichen. Dies ist zunächst einmal nur eine Kleinkapitalanlage, gleichsam das »Miethaus des kleinen Mannes«. Sofern Sie später jedoch mehrere Eigentumswohnungen besitzen und vermieten, steigen Sie zum »richtigen« Kapitalanleger und Vermieter auf. Oft ist es sinnvoll, erst klein anzufangen mit einer Eigentumswohnung und später dann vielleicht mit einem Miethaus groß rauszukommen.

Kaufpreisfinanzierung

Den Kaufpreis werden Sie typischerweise hauptsächlich durch **Hypothekendarlehen** von Banken finanzieren. Meist setzen Sie vorhandenes Eigenkapital nur für den geringeren Teil des Kaufpreises ein, zum Beispiel 20 bis 25 % bei der Eigenheimfinanzierung. Bei der Finanzierung von Miethäusern oder vermieteten Eigentumswohnungen kann der Eigenkapitalanteil auch deutlich darunter liegen (Miethausfinanzierung).

Es empfiehlt sich, die Kaufnebenkosten sowohl bei Eigenheimen als auch bei Mietobjekten durch vorhandene Eigenmittel zu finanzieren. In einer historischen Tiefzinsphase wie 2010 mit effektiven Hypothekenzinsen von unter 4 % bei einer 10- oder 15-jährigen Zinsbindung sollten Sie eine lange Zinsbindung von beispielsweise 15 Jahren wählen. Auch **Volltilgerdarlehen,** bei denen die gesamten Darlehensschulden bereits nach 20 Jahren komplett getilgt sind bei einem über 20 Jahre festgelegten Zins, sind bei einem niedrigen Zinsniveau vor allem für Selbstnutzer von Eigenheimen sehr attraktiv. Ende Mai 2010 bot zum Beispiel ein Baugelddiscounter ein solches Volltilgerdarlehen über 20 Jahre zu einem Festzins von nur 3,8 % und einer jährlichen Tilgung von 3,4 % an bei einem erforderlichen Eigenkapital von rund 30 % des Kaufpreises.

Eigenheimfinanzierung

Wenn Sie den Kauf eines Eigenheims und damit Ihre eigenen vier Wände finanzieren, sollten Sie auf ein sicheres und langfristig tragbares Finanzierungskonzept setzen. Dazu zählen eine möglichst **hohe Eigenkapitalquote** (mindestens 20 % des Kaufpreises aus Eigenmitteln, dazu die Kaufnebenkosen) und eine **niedrige Belastungsquote** (höchstens 40 % des Nettoeinkommens für die Belastung aus Zins und Tilgung). Die Grundregeln lauten »So viel Eigenkapital wie möglich« sowie »So viel Belastung wie nötig«.

In Tiefzinsphasen bietet es sich an, die ersparten Zinsen für eine höhere Tilgung als die üblichen 1 % pro Jahr zu verwenden. Sinnvoll ist auch die Vereinbarung von **Sondertilgungen** bis zu 10 % der Darlehenssumme pro Jahr sowie eines mehrfachen Wechsels des Tilgungssatzes während der Zinsbindungsfrist. Bei **Wohn-Riester-Darlehen** (mit Verwendung der Riester-Zulagen für die laufende Tilgung) und Volltilgerdarlehen (mit Festzins bis zur völligen Entschuldung nach 15 oder 20 Jahren) müssen Sie zwar auf die Möglichkeiten von Sondertilgung und Wechsel des Tilgungssatzes verzichten, gewinnen aber dafür eine langfristige Zinssicherheit.

Miethausfinanzierung

Bei der Finanzierung von Miethäusern und vermieteten Eigentumswohnungen kann die Regel gelten »So viel Fremdkapital wie möglich, so viel Eigenkapital wie nötig«. Dies gilt vor allem in einer Tiefzinsphase und bei attraktiven Mietobjekten, wenn die Mieteinnahmen auch bei **hoher Fremdfinanzierung** deutlich über den Hypothekenzinsen liegen.

Da Sie die Hypothekenzinsen in voller Höhe steuerlich absetzen können, empfiehlt sich eine **niedrige Tilgung** von 1 % pro Jahr. Evtl. kommt sogar ein **Tilgungsersatz** durch Einbau einer bereits vor 2005 abgeschlossenen Kapital-Lebensversicherung in Frage, mit deren Ablaufleistung Sie das Festdarlehen am Ende der Versicherungslaufzeit auf einen Schlag ablösen können. Die Erträge aus dieser Versicherung fließen Ihnen steuerfrei zu, sofern der Versicherungsvertrag vor 2005 abgeschlossen wurde und die Mindestlaufzeit von 12 Jahren eingehalten wird.

Zeitplanung

Häuser und Wohnungen lassen sich meist nicht innerhalb kürzester Zeit kaufen. Planen Sie daher immer einen **Kaufzeitraum** von mindestens 3 Monaten ein. Und zwar unabhängig davon, ob Sie selbst von Privat an Privat (*Privatverkauf*) oder über Makler kaufen wollen.

Ihr beabsichtigter Kauf will auch richtig »getimt« sein, er soll also zum optimalen Zeitpunkt erfolgen. Der richtige Zeitpunkt ist grundsätzlich der, zu dem Einstiegspreis besonders niedrig ist. Da die Preise für Wohnimmobilien seit dem Jahr 2009 nach einer langen Durststrecke wieder leicht anziehen, könnten die Jahre 2010 und 2011 noch günstige Kaufjahre werden. Dies gilt vor allem auch, weil sich die Hypothekenzinsen auf einem historisch niedrigen Niveau befinden. Ende Mai 2010 wurde gar ein Jahrhunderttief bei den Zinsen erreicht.

Ganz wichtig für Ihre Kaufplanung ist aber auch die Wahl der richtigen **Jahreszeit.** Für Eigennutzer als Käufer bieten sich zwar die Frühjahrs- und beginnende Sommerzeit an, also die Zeit von Mitte März bis Mitte Juli eines Jahres. Bei sonnigem Wetter sieht jedes künftige Eigenheim besser aus. Familien mit Kindern planen den Einzug oft für den Beginn des neuen Schuljahres im September ein. In den klassischen Urlaubsmonaten Juli und August gibt es weniger Kaufinteressenten und in der Winterzeit läuft häufig gar nichts. Als künftiger Käufer eines Eigenheims kann es sich lohnen, gegen den Strom zu schwimmen und in der eher ruhigen Jahreszeit Häuser oder Wohnungen zu besichtigen. Sie treffen auf weniger Mitkonkurrenten bei der Suche nach einem passenden Eigenheim und können hoffen, dass der Verkäufer eher zu Preiszugeständnissen bereit ist.

Ganz anders sieht es bei Kapitalanlegern als Käufer aus. Wer ein Renditeobjekt sucht, konzentriert sich meist auf die »kältere Jahreszeit«. Ab Oktober eines Jahres beginnt in der Immobilienbranche das **Jahresschlussgeschäft.** Kapitalanleger erfahren dann oft von ihren Steuerberatern, dass sie noch vor Ende des Jahres etwas tun müssen, um Steuern zu sparen und zu erwartenden steuerlichen Verschlechterungen für Vermieter zuvor zu kommen. Bei einigen Kapitalanlegern bricht dann das so genannte **Dezemberfieber** aus. Sie wollen unbedingt noch vor Jahresultimo zum Notar. Auch hier können Sie gegen den Strom schwimmen und ganz bewusst die umsatzarme Zeit zu Beginn eines neuen Jahres für Ihre Kaufabsichten zu nutzen. Vielleicht ist der Anbieter sein Mietobjekt im letzten Jahr nicht losgeworden und wirkt reichlich frustriert. Gut möglich, dass er nun eher bereit ist, mit dem geforderten Preis herunterzugehen.

2. Stufe: Suche und Auswahl von Kaufimmobilien

Objektsuche

Bevor Sie nach einem konkreten Objekt (Eigenheim oder Mietobjekt) suchen, müssen Sie sich erst über Lage, Größe und Qualität der Immobilie und damit über Ihre grundsätzliche Objektwahl klar werden. Objekte in der näheren **Umgebung Ihres Arbeitsplatzes** sind für die Suche nach einem geeigneten Eigenheim natürlich erste Wahl, Objekte in der **Umgebung Ihres Wohnorts** für die Suche nach einem Mietobjekt. Erfahrungsgemäß sollten es nicht mehr als 100 Kilometer bis zum Ort des Mietobjekts sein, nur 20 bis 30 Kilometer sind besser. Suchen Sie im Zweifel die **Nah-Immobilie,** also ein Miethaus oder eine vermietete Eigentumswohnung in der Nähe ihres eigenen Zuhauses.

Die eigentliche Objektsuche können Sie zum Beispiel im Internet unter www.immobilienscout24.de starten. Geben Sie dort in der Suchmaske Ihre Wünsche (Kauf, Haus oder Wohnung, Ort, Größe, Preis) ein und suchen Sie nach für Sie geeigneten Objekten. Der klassische Weg der Objektsuche geht nach wie vor über den Immobilienteil in der Mittwoch- oder Samstag-Ausgabe von Tageszeitungen. Allerdings haben die **Immobilienportale im Internet** der oft mühsamen **Immobiliensuche in der Tageszeitung** größtenteils schon den Rang abgelaufen.

Außer im Internet und in regionalen Tageszeitungen können Sie Ihre Wunschimmobilie noch an folgenden Stellen ausfindig machen: Immobilienangebote in Anzeigenblättern und überregionalen Zeitungen, Aushänge bei Banken und Immobilienmaklern, Aushänge bei der Gemeindeverwaltung und beim Amtsgericht, Immobilienmessen in Großstädten (meist von Banken veranstaltet), Verkaufsschilder direkt am Objekt (in Ausnahmefällen).

Objektwahl

Nach der Objektsuche müssen Sie sich wohl oder übel auf die Auswahl von geeigneten Objekten begeben. Konzentrieren Sie sich dabei allein auf das Kaufobjekt und lassen Sie zunächst finanzierungstechnische, steuerliche und rechtliche Fragen zunächst einmal völlig außer Acht. Typischerweise sollten Sie Ihr Augenmerk auf die folgenden vier Kernpunkte legen: **Standort und Lage** (Makro- und Mikrolage), **Größe und Grundriss** (Wohnungsgröße und Raumaufteilung), **Qualität und Komfort** (Zustand als äußere Qualität, Ausstattung als innere Qualität) sowie **Preis und Miete** (reiner Kaufpreis, Jahresreinertrag).

Je systematischer Sie nach diesem 4-Punkte-Programm vorgehen, umso erfolgversprechender ist Ihre Suche. Um eine geeignete Vorauswahl zu treffen, gehen Sie von dem Punkt aus, der Ihnen am wichtigsten erscheint, beispielsweise Standort und Lage. Nach dem bekannten Maklerspruch kommt es bei der Immobilie erstens auf die Lage, zweitens auf die Lage und drittens auf die Lage an. Der Grund liegt auf der Hand: die Ausstattung einer Immobilie können Sie noch ändern, die Lage aber nicht. Ich füge noch einen eigenen Spruch an: »Die Lage ist zwar nicht alles, aber ohne Lage ist alles nichts«.

Lage

Auf die Lage der Immobilie kommt es an, wird Ihnen jeder Immobilienprofi sagen. Unterscheiden Sie zwischen **Makrolage (Standort)** und **Mikrolage (Wohnlage).** Die Makrolage steht für eine Region (z. B. Rhein-Main-Gebiet, Rheinschiene Bonn-Köln-Düsseldorf, Großraum München, Großraum Berlin) oder eine Großstadt. Klein- und Mittelstädte am Rand einer Großstadt zählen zum Ballungsrand.

Bei der Makrolage blicken Sie quasi aus der **Vogelperspektive** auf die Immobilie und ihr Umfeld. Wirtschaftsmagazine wie Capital und Wirtschaftswoche bringen in regelmäßigen Abständen Hitlisten über die begehrtesten Regionen und Städte heraus. Bei der Beurteilung, ob ein Standort attraktiv ist, kommt es insbesondere auf folgende Punkte an: Wirtschaftsstruktur und -kraft der Region (Branchen, Arbeitslosenquote), Bevölkerungsstruktur und -entwicklung (Altersaufbau, Zu- und Abwanderung), überregionale Verkehrsstruktur (Autobahnverbindung, Flughafen, Bahnhof mit ICE-Anbindung), Markt- und Wettbewerbssituation für Immobilien (Angebots- oder Nachfrageüberschuss, Bedarf an Wohnungen, Büros und Geschäften), Preis- und Miettrend (steigende, stagnierende oder fallende Kauf- und Mietpreise). Tipp: Besorgen Sie sich Markt- und Standortanalysen über die Region oder die Stadt, in der Sie eine Immobilie erwerben wollen. Die bekommen Sie bei der Stadtverwaltung oder von größeren Immobilienmaklern.

Mikrolage heißt: Sie besichtigen den Ort, an dem sich Ihre Wunschimmobilie befindet, aus der **Froschperspektive.** Sie erkunden also die Wohn- und Verkehrslage innerhalb des

Ortes und nehmen dabei einen speziellen Stadtteil oder eine größere Straße genau unter die Lupe.

Analysieren Sie am besten selbst die gesamte Infrastruktur anhand der folgenden Kriterien: Grundstücksumfeld in der Nachbarschaft (z. B. Ein- oder Mehrfamilienhäuser, reines Wohngebiet oder Mischgebiet für Wohnen und Gewerbe), Verkehrsanbindung (z. B. S-Bahn-Nähe, nächste Autobahnauffahrt, nächste Bus- oder Straßenbahnhaltestelle), Parkplatzsituation, Grünanlagen (z. B. Erholungspark, Naherholungsgebiete), Einkaufsmöglichkeiten (z. B. Läden für den täglichen Bedarf), Schulen und Kindergärten (z. B. weiterführende Schulen in der Nähe), ärztliche Versorgung (z. B. Ärzte, Krankenhaus), öffentliche Einrichtungen (z. B. Rathaus mit Ämtern) und Image des Viertels (z. B. Szeneviertel).

Sie werden schnell erkennen: Eine Selbstanalyse der Mikrolage ist relativ einfach und macht sogar Spaß. Fragen Sie doch einfach die Bewohner des Viertels, ob Sie sich dort wohl fühlen, oder gehen Sie zwecks Kontaktaufnahme in das nächste Café, das nächste Restaurant oder die Eckkneipe. Nutzen Sie das Mitteilungsbedürfnis der Menschen (insbes. von Insidern) und fragen Sie ihnen buchstäblich Löcher in den Bauch.

Gehen Sie keine falschen Kompromisse bei der Wohnlage ein. Sie sind daher gut beraten, nur Häuser oder Wohnungen in guter oder zumindest normaler Wohnlage zu kaufen. Dies gilt übrigens auch für Mietobjekte. Einen guten Anhaltspunkt, ob die Wohnlage gut oder normal ist (einfache Wohnlagen sollten Sie generell meiden), bietet der örtliche Mietspiegel. Danach zählt beispielsweise ein »dicht bebautes Wohnviertel ohne besondere Vor- und Nachteile innerhalb des städtischen Bereichs« zur normalen Wohnlage. Eine gute Wohnlage umschreibt der Mietspiegel meist so: »Gute Wohnlagen weisen eine aufgelockerte Bebauung mit Vorgärten oder Bepflanzung in beruhigtem, öffentlichem Verkehrsbereich ohne wohnbeeinträchtigende Einrichtungen aus. Die Verbindung zur Innenstadt mit öffentlichen Verkehrsmitteln ist günstig. Es herrscht im Wesentlichen Anliegerverkehr«.

Wohnungsgröße

Bei Eigenheimen werden Sie selbst wissen, wie viel Zimmer und wie viel **Wohnfläche** Sie für sich und Ihre Familie benötigen. Bei Mietobjekten sollten Sie spartanisch kleine Wohnungen mit weniger als 30 qm Wohnfläche generell meiden. Einfamilienhäuser und Großwohnungen mit mehr als 100 qm Wohnfläche sind zwar bei zahlungskräftigen Mietern begehrt. Als Vermieter müssen Sie aber damit rechnen, dass Ihr Mieter bei steigendem Einkommen früher oder später in ein selbstbewohntes Eigenheim zieht. Mittelgroße 2- bis 3-Zimmer-Wohnungen zwischen 50 und 80 qm Wohnfläche versprechen meist die besten Vermietungschancen. Bedenken Sie, dass der durchschnittliche Wohnflächenbedarf mittlerweile schon bei mehr als 40 qm pro Person liegt.

Selbstverständlich sollten Sie sich eine **Wohnflächenberechnung** vom Anbieter der Immobilien geben lassen. Messen Sie ruhig mit einem Zollstock die gesamte Wohnung aus, um auf Nummer Sicher zu gehen. Vertrauen ist gut, Kontrolle ist besser. Liegt die tatsächliche Wohnfläche mehr als 10 % unter der im Kaufvertrag angegebenen Wohnfläche, können Sie Schadensersatz verlangen und bei noch drastischeren Abweichungen sogar den Kauf rückgängig machen. Tipp: Fordern Sie gleich einen Preisnachlass, wenn Sie auf eine geringere Wohnfläche als angegeben kommen und dies auch beweisen können.

Raumaufteilung

Ein gut geschnittenes Eigenheim wird Sie entzücken, eine gut geschnittene Mietwohnung Ihren späteren Mieter. Achten Sie daher insbesondere auf gut durchdachte Grundrisse und eine funktionsgerechte Raumaufteilung. Die Küche sollte neben dem Ess- oder Wohnzimmer liegen, die Schlaf- und Kinderzimmer in der Regel nebeneinander.

Der **Aufenthaltsbereich** (Ess-, Wohn-, Schlaf-, Kinder-, Arbeitszimmer) sollte mindestens 70% der gesamten Wohnfläche ausmachen. Für den **haustechnischen Bereich** (Küche, Bad, Gäste-WC, Abstellraum) reichen 20%. Der **Verkehrsbereich** (Flur, Diele, Innentreppe) sollte rund 10% der gesamten Wohnfläche ausmachen.

Ungünstig ist die Raumaufteilung, wenn Küche und Ess- bzw. Wohnzimmer weit auseinander liegen oder wenn der Anteil für Flur und Diele deutlich über 10% der Wohnfläche hinausgeht. Auch »gefangene Räume«, die nicht von Diele, Flur oder Innentreppe aus zugänglich sind, sollten Sie vermeiden. Ganz wichtig sind natürlich die Lage der Wohn- und Schlafräume hinsichtlich der Himmelsrichtung (Wohn- und Kinderzimmer möglichst in Süd- oder West-Lage, Schlafzimmer und Küche in Nord- oder Ost-Lage) sowie die Lichtverhältnisse.

Lassen Sie sich vom Anbieter eine genaue **Grundrisszeichnung** geben, der Sie alle Zimmer und Zimmergrößen entnehmen können.

Zustand

Die Außenhaut eines Gebäudes gibt Auskunft über den Zustand des Hauses. Gemeint ist die **Bau- und Ausführungsqualität** als äußere Qualität. Gerade bei älteren Häusern müssen Sie sämtliche Schwachstellen aufdecken. Ein versierter Baufachmann oder Architekt hilft Ihnen dabei, wenn Sie nicht selbst vom Fach sind. Der Profi weiß: »Nach Prüfung von Keller und Dach wird der Käufer erst richtig wach«.

Lassen Sie also vor allem folgende Bauteile prüfen oder prüfen Sie selbst: **Keller und Dach** (z. B. Feuchtigkeitsschutz), **Außenwände** (z. B. Wärme- und Schallschutz), **Fassade und Balkone** (z. B. sichtbarer Zustand), **Fenster** (z. B. Einfach- oder Doppelverglasung, Holz- oder Kunststofffenster), **Heizungsanlage** im Keller (z. B. ältere Ölheizung).

Das **Baujahr** oder das Jahr einer umfangreichen Modernisierung lassen häufig schon Rückschlüsse auf den äußeren Zustand des Hauses zu. Hellhörig sollten Sie bei einer bloßen Pinselsanierung sein, mit der ein Eigentümer nur Mängel wie Mauerrisse überdecken wollte.

Ausstattung

Die Ausstattung von Haus oder Wohnung gibt Ihnen Auskunft über die **innere Qualität** der Immobilie. Dies können Sie nur durch eine eingehende Innenbesichtigung beurteilen. Darauf sollten Sie auch bei einem Mietobjekt nie verzichten.

An der Ausstattung können Sie auch nach dem Kauf noch leicht etwas ändern, beim Zustand des Hauses wird es sehr viel schwieriger. Ein Teppichboden lässt sich beispielsweise leicht gegen einen Laminat- oder Parkettboden, alte Fliesen gegen neue austauschen.

Wie gut die Ausstattungsqualität Ihrer Immobilie ist, können Sie vor dem Kauf anhand der folgenden Punkte beurteilen: **Sanitärobjekte** (inkl. Wand- und Bodenfliesen in Bad und Gäste-WC), **Heizungsanlage** (z. B. Öl- oder Erdgasheizung), **Anschlüsse** (z. B. Elektro-, Internet-, Telefon- und Fernsehanschlüsse), **Innentüren, Fußbodenbelag** (z. B. Teppichboden, Fliesen, Parkett oder Laminat), evtl. **Extras** (z. B. Einbauküche, Abstellschrank, offener Kamin).

Laut **Mietspiegel** liegt eine gute Ausstattung bereits vor, wenn die Wohnung über ein Bad mit Dusche verfügt und eine Sammel- oder Zentralheizung vorhanden ist. Von einer besonderen Ausstattung ist in Mietspiegeln beispielsweise die Rede, wenn die Wohnung außer Bad, WC und Heizung noch mindestens drei der folgenden Merkmale ausweist: hochwertiger Fußboden (z. B. Parkett, Marmor oder Keramik), hoch gefliestes Bad und Küche (Fliesenspiegel mindestens 1,80 Meter hoch im Bad und mindestens 1,50 Meter in der Küche), Zweit-WC und/oder Zweitbad, Einbauschränke in gehobener Qualität oder Einbauküche, Balkon(e) oder überdachte Terrasse(n) von insgesamt über 10 qm Größe, hochwertig vertäfelte Wand und/oder Decke, isolierverglaste Fenster oder Fenster mit Rolläden, Kamin mit offener Feuerstelle.

Kaufangebote

An einem Blick ins Internet (zum Beispiel unter www.immobilienscout24.de) oder im Immobilienteil der örtlichen Tageszeitung kommen Sie in aller Regel nicht vorbei, wenn Sie Ihr Objekt erfolgreich von Privat oder über einen Makler kaufen wollen. Das angebotene Objekt gehört je nach Objekttyp in die Rubrik »Ein- und Zweifamilienhäuser«, »Mehrfamilienhäuser« oder »Eigentumswohnungen« (bei Zeitungen) oder »Haus« bzw. »Wohnung« (im Internet).

Bei einem geplanten Kauf von Privat, also ohne Vermittlung eines Maklers, fällt natürlich keine Provision für Sie an. Sie erwerben das Objekt praktisch provisionsfrei direkt vom Eigentümer. Achten Sie daher auf Inserate wie »Von Privat an Privat« oder »Provisionsfrei direkt vom Eigentümer«. Die **Provisionsersparnis** nützt Ihnen aber letztlich wenig, wenn der Angebotspreis weit überhöht ist. Nehmen Sie sich daher Zeit bei der Preisfindung, denn überzogene Preisvorstellungen von privaten Haus- und Wohnungseigentümern müssen Sie nicht akzeptieren.

Seien Sie auch skeptisch bei einer geradezu euphorischen Anpreisung des angebotenen Objekts. Handelt es sich beim »Traumhaus in allerbester Lage« nur um ein 08/15-Reihenhaus in normaler Wohnlage, macht sich der Privatanbieter unglaubwürdig.

Typischerweise wird das Kaufangebot im Internet oder in der Tageszeitung folgende Fragen beantworten müssen:

Wo? (Orts- und Lagebeschreibung)
Was? (Objekttyp und kurze Objektbeschreibung)
Wie? (Zustand und Ausstattung)
Wie groß? (Wohnfläche, Grundstücksgröße bei Häusern,
Nutzfläche bei Gewerbeimmobilien)
Wie viel? (Preis)
Wer? (Kontakt, z. B. von Privat, Tel. ....)

Exposé

Immobilienmakler und oft auch Privatverkäufer stellen Kaufinteressenten ein Exposé über Haus oder Wohnung zur Verfügung. Taufen Sie das Exposé am besten in **»Kaufangebot«** um und beschränken Sie sich bei der Analyse dieses Kaufangebots auf die für Sie wichtigsten Punkte. Diese **Kernpunkte** sind:

- Lage (Wohn- und Verkehrslage mit Beschreibung der Umgebung)
- Größe (Grundstücks- und Wohnfläche)
- Grundrissgestaltung und Raumaufteilung (Anzahl, Größe und Lage der Zimmer)

- Ausstattung (u. a. Heizung, Bodenbelag, Fenster)
- Einzugstermin (für Selbstnutzer)
- Mieteinnahmen (für Kapitalanleger)
- Besonderheiten
- Kaufpreis
- Besichtigung.

Lassen Sie sich später auch alle wesentlichen **Unterlagen** über das Kaufobjekt zeigen (u. a. Lageplan, Baupläne, Grundrisszeichnungen, Wohnflächenberechnung, Flurkarte, Brandversicherungsnachweis, Berechnung des umbauten Raums bei Häusern, Aufteilungsplan und Teilungserklärung bei Eigentumswohnungen).

Ersteigern

Lukrativ kann ein Kauf per Zuschlag beim Amtsgericht sein, wenn der **Ersteigerungspreis** deutlich unter vergleichbaren Marktpreisen liegt. Nur dann machen Sie wirklich ein Schnäppchen. Orientieren Sie sich nicht allein am Verkehrswert, wie er in dem bei Gericht ausliegenden Gutachten ermittelt wurde, und unterschätzen Sie nicht den höheren Zeitaufwand, der mit dem Erwerb einer Immobilie per Zwangsversteigerung beim Amtsgericht verbunden ist.

Um Fehler zu vermeiden, sollten Sie auf jeden Fall die **»10 Gebote für Bieter«** beherzigen (siehe Checkliste 2 »Erwerb über Zwangsversteigerung«).

Terminvereinbarung

Die Vereinbarung eines Besichtigungstermins werden Sie fast immer telefonisch mit dem Privatanbieter oder Makler treffen. Dabei sollten Sie geschickt vorgehen. Wochentag und Tageszeit spielen bei der Besichtigung eine wichtige Rolle. Empfehlenswert sind Besichtigungen am Samstag- oder Sonntagnachmittag, wenn es noch hell ist und hoffentlich auch die Sonne scheint.

Schlagen Sie dem Anbieter zwei mögliche Besichtigungstermine vor, zwischen denen er wählen kann. Falls Sie das Haus und die Umgebung zunächst einmal nur von außen besichtigen möchten, vereinbaren Sie nach Möglichkeit dennoch einen Termin. Sie können den vereinbarten Termin immer noch telefonisch absagen, falls die **Außenbesichtigung** bereits früher erfolgt und nicht zu Ihrer Zufriedenheit ausfallen sollte.

Lassen Sie sich die genaue Anschrift und eine evtl. Wegbeschreibung geben. Schließlich möchten Sie zuerst die genaue Lage des angebotenen Objekts kennen, damit Sie evtl. um das Haus schon einmal herumgehen können. Versuchen Sie, **Massenbesichtigungen,** bei denen gleichzeitig mehrere Interessenten zum gleichen Termin bestellt werden, von vornherein zu vermeiden.

Kontaktgespräch

Den ersten Kontakt mit dem Anbieter (Eigentümer oder Makler) nehmen Sie schon am Telefon auf. Dieser **Telefonkontakt** geht von Ihnen als Leser der Internet- oder Zeitungsannonce aus. Falls Sie die Immobilie im Internet gefunden haben, können Sie auch den **E-Mail-Kontakt** nutzen, um den Anbieter anzumailen.

Der Erstkontakt wird aber meist per Telefon erfolgen. Sie fragen nach der Lage des Objekts (z. B. »Wo liegt das Haus/die Wohnung?«) oder nach einer Terminvereinbarung (z. B. »Wann könnte ich das Haus/die Wohnung besichtigen?«).

Der **Zweitkontakt** geschieht beim Besichtigungstermin selbst. Nun lernen Sie den Anbieter auch persönlich kennen. Im Kontaktgespräch mit ihm sollten Sie sich ganz ruhig und gelassen geben. Konzentrieren Sie sich auf das, was er Ihnen zeigt, und fragen Sie – wenn nötig – nach Details.

Das Kontaktgespräch während des Besichtigungstermins hat »weichen« Charakter. In dieser Phase geht es noch nicht um so »harte« Fakten wie den Preis. Dies bleibt dem späteren Verkaufsgespräch und einer entsprechenden Preisverhandlung vorbehalten.

Geschickte Käufer übernehmen zwar prinzipiell die **Gesprächsführung** (»Wer fragt, der führt«), lassen aber auch den Anbieter zu Wort kommen. Zwei typische Fragen werden Sie meist immer stellen: Zum einen die **Preisfrage** (z. B. »Ist der angegebene Preis das letzte Wort?«) und die **Motivfrage** (z. B. »Warum verkaufen Sie?«). Geschickt verfahren Sie, wenn Sie die Preisfrage erst ganz am Ende einer eingehenden Innenbesichtigung stellen. Auf die Motivfrage sollte der Anbieter hingegen umgehend und wahrheitsgemäß antworten. Beim Verkauf eines bisher selbst bewohnten Einfamilienhauses könnte die plausible Antwort lauten: »Ich ziehe aus beruflichen Gründen nach X-Stadt«. Verkauft der Eigentümer ein Mietobjekt, wird er beispielsweise antworten: »Aus Altersgründen« oder »Weil ich das Haus/die Wohnung schon x Jahre besitze und ich nicht jünger werde«.

Nicht unterschätzen sollten Sie die **Atmosphäre,** in der Sie das Kontaktgespräch während der Besichtigung durchführen. Ein Händedruck beim Empfang sowie bei der Verabschiedung ist selbstverständlich. Reden Sie den Anbieter so oft wie möglich mit seinem Namen an, aber sprechen Sie auf keinen Fall zu viel. Weichen Sie ihm nicht aus und schauen Sie ihm bei Ihren Fragen und seinen Antworten in die Augen.

Sie sollten selbst für eine entspannte Gesprächsatmosphäre sorgen und sich darum bemühen, Vertrauen zu gewinnen. Der Kauf von Haus oder Wohnung ist letztlich auch eine **Vertrauenssache.** Vor allem beim Kauf direkt vom Eigentümer. Je glaub- und vertrauenswürdiger er auf Sie wirkt, desto eher können Sie selbst mit offenen Karten spielen. Eine gute Menschenkenntnis hilft Ihnen dabei.

Präsentation der Immobilie

Bevor der Anbieter mit seinem Immobilienangebot auf den Markt geht, wird er seine Immobilie für den Verkauf zurecht machen. Er muss ja schließlich damit rechnen, dass schon nach Erscheinen seines Angebots in der Zeitung oder im Internet und der Bekanntgabe der genauen Lage die ersten Kaufinteressenten eine umgehende Besichtigung des Objekts von außen **(Außenbesichtigung)** starten. Der erste Eindruck bleibt oft am meisten haften. Das gilt für die Beurteilung von Menschen ebenso wie für Häuser und Wohnungen.

Der Anbieter will einen guten Ersteindruck hinterlassen. Käufer beurteilen eine Immobilie in erster Linie subjektiv. Sie achten auf die Außenhaut des Gebäudes (z. B. Außenanstrich), den Eingangsbereich (z. B. Türklingeln und Briefkästen), den Garagenbereich (evtl. mit Außenstellplätzen) sowie den Garten (insbesondere bei Einfamilienhäusern). Hinzu kommt die nähere Umgebung (z. B. Nachbarhäuser).

Haus oder Wohnung werden sich von außen meist in einem ansehnlichen Zustand befinden. Möglicherweise hat der Eigentümer noch in eine neue Klingel- und Briefkastenanlage sowie in einen Neuanstrich der Fassade investiert.

Seien Sie höchst skeptisch bei einer billigen **»Pinselsanierung«,** um Sie über das wahre Innere des Hauses oder der Wohnung zu täuschen (»von außen hui, von innen pfui«). Wie es innen aussieht, erfahren Sie ja spätestens beim Besichtigungstermin. Es kann aber sein, dass es zu einer **Innenbesichtigung** gar nicht kommt, weil Sie schon der äußere Eindruck abschreckt. Warum sollten Sie bei einem schon äußerlich ungepflegten Objekt annehmen, dass Sie vom Inneren nur positiv überrascht werden können? Fast alle schließen vom Äußeren auf das Innere. Je unansehnlicher das Äußere, desto geringer in aller Regel auch das Interesse für das Innere. Nicht selten sehen Haus oder Wohnung von innen aber auch so aus, wie Sie sich das von außen auch vorgestellt haben.

Besichtigungstermin

Die erste Stufe als ernsthafter Kaufinteressent erklimmen Sie, wenn Sie einen Besichtigungstermin vereinbaren und dann auch tatsächlich zur **Innenbesichtigung** erscheinen. Unseriöse Vermittler schaffen es zwar immer noch, Eigentumswohnungen zwecks Kapitalanlage zu überhöhten Preisen ohne Besichtigungstermin zu verkaufen. Diese Spezies vermittelt die Eigentumswohnung quasi zu Hause auf dem Sofa des unerfahrenen Anlegers. Der ahnungslose Käufer wird anschließend zum Notar geschleppt oder unterzeichnet blind einen Geschäftsbesorgungsvertrag. Solche Machenschaften haben mit einem seriösen Verkauf von Immobilien nicht das Geringste zu tun.

Für Sie als Kaufinteressenten gilt der Grundsatz: Kaufe keine Katze im Sack! Kaufe keine Immobilie, die du nicht selbst besichtigt hast! Für künftige Eigennutzer ist dieser Grundsatz selbstverständlich, für Kapitalanleger als Käufer offensichtlich nicht immer.

Der Mieter kann eine Innenbesichtigung der Wohnung zusammen mit Ihnen als Kaufinteressenten letztlich nicht verhindern. Sofern der Mieter als Käufer ausscheidet, sollten Sie auf einem Besichtigungstermin im Beisein des jetzigen Mieters bestehen.

Beim Besichtigungstermin sollten Sie strategisch klug vorgehen. Ein noch vom Eigentümer bewohntes Haus wirkt auf Sie als potentiellen Eigennutzer besser als ein bereits leerstehendes Objekt. Ist das Objekt vermietet, sollten Sie die Innenbesichtigung mit dem Eigentümer bzw. den von ihm beauftragten Makler durchführen.

Die Besichtigung eines Ein- oder Zweifamilienhauses können Sie nach dem Prinzip **»Vom Nützlichen zum Schönen«** vornehmen. Lassen Sie sich zunächst die Kellerräume zeigen, dann die Schlaf- und Kinderzimmer sowie die vorhandenen Bäder und schließlich den Ess- und Wohnbereich. Erst zum Schluss schauen Sie sich die besonders attraktiven Räume (zum Beispiel großes Wohnzimmer mit offenem Kamin oder ausgebautes Studio unter dem Dach) an. Natürlich hat der Verkäufer das Recht, die genau umgekehrte Reihenfolge bei der Innenbesichtigung zu wählen.

Bei Anlageobjekten wie Mietwohnhäusern oder vermieteten Eigentumswohnungen lassen Sie sich am besten erst die Wohnungen zeigen. Als typischer Kapitalanleger möchten Sie sich zunächst einen Eindruck von den vermieteten Wohnungen und den Mietern verschaffen. Nach dieser Innenbesichtigung können Sie mit dem Anbieter dann noch durch das Treppenhaus, die Kellerräume (gemeinsame Wasch-, Trocken-, Fahrradräume und zur Wohnung gehörender Abstellraum) und die Tiefgarage gehen.

Am Ende der Besichtigung werden Sie vielleicht schon wissen, ob das angebotene Objekt ernsthaft für Sie in Frage kommt. Sie können sich dann ein Exposé und je nach Bedarf detaillierte Unterlagen wie Grundrisszeichnung, Wohnflächenberechnung oder letzte Verwalterabrechnung (bei Eigentumswohnungen) übergeben lassen. Sie unterstreichen damit, dass Sie am Kauf interessiert sind, und können gleichzeitig die Seriosität des Anbieters überprüfen. Wer sich als Anbieter standhaft weigert, solche Unterlagen bei ernsthaftem Kaufinteresse herauszugeben, hat mit Sicherheit etwas zu verbergen.

Bewirtschaftungskosten

Selbstbewohnte und vermietete Immobilien müssen laufend bewirtschaftet werden. Das geht ins Geld. Je höher die laufenden Bewirtschaftungskosten im Vergleich zu ähnlichen Objekten ausfallen, desto unattraktiver ist das Kaufobjekt. Umgekehrt gilt dies natürlich auch: Je geringer die Bewirtschaftungskosten, desto mehr gewinnt Ihre Immobilie.

Lassen Sie sich vom Verkäufer oder dem von ihm beauftragten Makler alle Bewirtschaftungskosten der letzten drei Jahre oder zumindest des letzten Jahres zeigen und aufschlüsseln. Zu den Bewirtschaftungskosten zählen in erster Linie die **laufenden Betriebskosten** (»kalte« Nebenkosten wie Kalt- und Abwasser, Müllabfuhr, Hausreinigung und »warme« Nebenkosten wie Heizung und Warmwasser), die bei Mietobjekten auf die Mieter umgelegt werden können. Hinzu kommen **Instandhaltungskosten** und – bei Eigentumswohnungen – **Verwaltungskosten.**

Jahresreinertrag

Bei Mietobjekten wollen Sie als künftiger Vermieter wissen, was am Jahresende unter dem Strich für Sie übrig bleibt. Gemeint ist damit der jährliche **Mietreinertrag,** also Ihr Jahresreinertrag aus der Vermietung.

Diesen Reinertrag ermitteln Sie, indem Sie von der **Jahresnettokaltmiete** die nicht umlagefähigen Bewirtschaftungskosten, also die Instandhaltungs- und Verwaltungskosten, abziehen. Sie können aber auch von den tatsächlich erzielten Mieteinnahmen einschließlich Umlagen für die Betriebs- und Heizkosten (sog. **Jahresbruttowarmmiete)** ausgehen und dann alle Bewirtschaftungskosten davon abziehen.

Mietrendite

Ob sich ein Mietobjekt für Sie auf lange Sicht lohnt, hängt vor allem von der laufenden Mietrendite ab. Sie wollen ja schließlich wissen, ob sich Ihre Kapitalanlage in Immobilien unter dem Strich überhaupt rechnet. Sie möchten schließlich mit Ihrer vermieteten Immobilie mehr Rendite erzielen als mit einem festverzinslichen Wertpapier wie beispielsweise einer zehnjährigen Bundesanleihe.

Die **Brutto-Mietrendite** gibt an, wie viel Prozent des Kaufpreises jährlich an Nettokaltmiete an Sie als Kapitalanleger zurückfließen. Die Berechnung ist einfach: Jahresnettokaltmiete in % des reinen Kaufpreises = Brutto-Mietrendite. Sie können auch den Kehrwert des Preis-Miet-Verhältnisses (Kaufpreis : Jahresnettokaltmiete) nehmen, um die Brutto-Mietrendite zu berechnen. Mietobjekte mit einer Brutto-Mietrendite von weniger als 5 % sollten Sie meiden.

Für Ihre Kaufentscheidung noch viel wichtiger ist die **Netto-Mietrendite.** Sie errechnet den Jahresreinertrag in Prozent der gesamten Anschaffungskosten und zeigt Ihnen, was unterm Strich tatsächlich vor Finanzierung und Steuern für Sie übrig bleibt. Mindestens 4 % sollten es schon sein, besser sind natürlich 5 oder vielleicht sogar 6 % Netto-Mietrendite. Aber auch hier gilt wie bei der Lage der Immobilie der leicht abgewandelte Spruch: »Mietrendite ist nicht alles, aber ohne Mietrendite ist alles nichts«.

3. Stufe: Kaufverhandlung und Finanzierung

Kaufpreis

Jeder Unternehmer weiß: »Im Einkauf liegt der Gewinn«. Je niedriger der Kaufpreis für eine Immobilie, desto größer sind auch Ihre Gewinnchancen als stolzer Besitzer eines Eigenheims oder Mietobjekts. Vergleichen Sie den geforderten Kaufpreis immer mit ortsüblichen Vergleichspreisen. Dazu eignen sich Preisvergleiche für ähnliche Objekte, die im Internet oder in der Tageszeitung angeboten werden.

Bei Eigentumswohnungen richtet sich der Wohnungskaufpreis meist nach dem Kaufpreis pro qm Wohnfläche. Über diesen **Quadratmeterpreis** können Sie recht schnell und gut erste Preisvergleiche anstellen.

Bei selbstgenutzten Einfamilienhäusern gehen Sie am besten von der Summe aus Grundstückspreis (Bodenrichtwert pro qm Grundstücksfläche x Größe des Hausgrundstücks) und Zeitbauwert (abhängig von Alter und Wohnfläche) aus, also dem sog. vereinfachten **Sachwert.**

Der sog. vereinfachte **Ertragswert** spielt bei Mietobjekten eine größere Rolle. Einen guten Näherungswert dafür ermitteln Sie, wenn Sie die Jahresnettokaltmiete bzw. den Jahresreinertrag mit einem bestimmten Faktor (z. B. 12 bis 18) multiplizieren. Makler sprechen von dem Vielfachen der Jahresmiete oder dem sog. **Preis-Miet-Verhältnis.**

Pokern Sie auf jeden Fall beim Preis (siehe Preisverhandlung) und versuchen Sie, den geforderten Kaufpreis um 5, 10 oder sogar 15 % herunterzuhandeln. Sie erwerben die Immobilie dann zu einem günstigen Preis, wenn dieser mehr oder weniger deutlich unter ortsüblichen und vergleichbaren Marktpreisen liegt.

Wertermittlung

Mit einem **Gutachten** über den Verkehrswert der angebotenen Immobilie sollten Sie sich als Kaufinteressent nicht besonders beeindrucken, sondern in bestimmten Fällen sogar eher abschrecken lassen. Dies gilt vor allem dann, wenn der Verkäufer selbst das Gutachten in Auftrag gegeben hat (»bestelltes Gutachten«) oder wenn das Gutachten schon einige Jahre alt ist (»veraltetes Gutachten«). Außerdem müssen Sie in Rechnung stellen, dass auch teilweise berechtigte Vorbehalte gegenüber Gutachten (»Taxen sind Faxen«) und Gutachtern (»Schätzer sind Schwätzer«, »Gutachter sind Schlechtachter«) bestehen.

Dennoch: Ein »gutes« Gutachten kann Ihnen als Kaufinteressen bei der Preisfindung eine wertvolle Hilfe sein. Je näher der im Gutachten ermittelte **Verkehrswert** am ortsüblichen Marktpreis liegt, desto besser. Schließlich soll es ein »Als-ob-Marktpreis« sein, den der Gutachter ermittelt. Suchen Sie selbst einen Gutachter, empfiehlt sich eine Kontaktaufnahme mit den örtlichen Gutachterausschüssen bei den Städten und Gemeinden.

Die Wertermittlung sollten Sie als Käufer selbst in großen Zügen verstehen. Im Prinzip leitet sich der Verkehrswert aus einem der folgenden Einzelwerte ab: Sachwert, Ertragswert oder Vergleichswert. Der **Sachwert** (als Summe von Bodenwert und Zeitbauwert, auch Substanzwert genannt) dominiert bei Wertermittlungen von Einfamilienhäusern und Eigentumswohnungen, die vom Eigentümer selbst genutzt werden. Beim **Vergleichswert** geht der Gutachter von Bodenrichtwerten und Kaufpreissammlungen der örtlichen Gutachterausschüsse aus. Der **Bodenrichtwert** wird zur Ermittlung des Grundstückspreises zugrunde gelegt (vor allem bei unbebauten Grundstücken und bei mit Ein- und Zweifamilienhäusern bebauten Grundstücken), die **Kaufpreissammlung** zur Ermittlung des Kaufpreises pro qm Wohnfläche (insbesondere bei Eigentumswohnungen).

Der **Ertragswert** spielt bei reinen Mietobjekten (zum Beispiel Mietwohnhäuser, vermietete Wohn- und Geschäftshäuser, Gewerbeimmobilien, vermietete Eigentumswohnungen) und damit für Kapitalanleger als Käufer die entscheidende Rolle. Der Jahresreinertrag des Mietobjekts wird – vereinfacht ausgedrückt – kapitalisiert, also mit Hilfe eines geeigneten Zinssatzes (zum Beispiel 5 %) auf den Ertragswert »hochgerechnet«. Beispiel: Jahresreinertrag 30.000 €, Kapitalisierungszinsfuß 5 %, Ertragswert 600.000 € (= 30.000 x 100/5 bzw. 30.000 x 20).

Die Ermittlung des Ertragswertes steht und fällt also mit den beiden Größen Jahresreinertrag und Kapitalisierungszinsfuß (auch »Liegenschaftszins« genannt). Der **Jahresreinertrag** errechnet sich aus Jahresnettokaltmiete minus nicht umlagefähige Bewirtschaftungskosten (insbesondere Verwaltungs- und Instandhaltungskosten). Gutachter gehen meist von der nachhaltig erzielbaren Jahresnettokaltmiete und pauschalen Abschlägen für die nicht umlagefähigen Bewirtschaftungskosten aus. Bei aussagefähigen aktuellen **Mietenaufstellungen** und **Abrechnungen** über Bewirtschaftungskosten aus den letzten drei Jahren lässt sich der Jahresreinertrag aber auch relativ genau ermitteln. **Tipp:** Lassen Sie sich diese Aufstellungen über Mieteinnahmen und Bewirtschaftungskosten (Betriebs-, Verwaltungs- und Instandhaltungskosten) vom Anbieter der Immobilie zeigen, um die Seriosität des Anbieters zu überprüfen.

Über die angemessene Höhe des Kapitalisierungszinsfußes gehen die Meinungen natürlich auseinander. Dabei gilt die Regel: Je höher dieser Zinssatz, desto geringer der Ertragswert – je niedriger der Zinssatz, desto höher der Ertragswert. Als Käufer möchten Sie naturgemäß eine höhere **Kapitalverzinsung,** um den Ertragswert und damit den Preis zu drücken. Der Verkäufer will hingegen den Ertragswert und den möglichen Preis eher nach oben schrauben, indem er von einer relativ niedrigen Kapitalverzinsung ausgeht.

Oft entscheiden in Gutachten zwei Einzelwerte im Zusammenspiel über die Höhe des Verkehrswertes. Bei Selbstnutzer-Immobilien sind dies Sachwert und Vergleichswert, bei Kapitalanleger-Immobilien hingegen Ertragswert und Vergleichswert. Eine Dreifach-Ermittlung von Sachwert, Vergleichswert und Ertragswert spiegelt oft nur eine Scheingenauigkeit vor und wird den tatsächlichen Verhältnissen meist nicht gerecht. Andererseits ist es gewagt, die Ermittlung des Verkehrswertes nur auf einen Einzelwert (zum Beispiel nur Sachwert bei Einfamilienhäusern, nur Ertragswert bei Mietwohnhäusern) zu stützen.

Preisfindung

Letztlich gibt es nur einen Preis für die zum Verkauf anstehende Immobilie – den **Marktpreis.** Schlicht und einfach ist dies der Preis, den der Käufer bereit ist zu zahlen.

Um den richtigen und angemessenen Kaufpreis zu finden, können Sie verschiedene Informationsquellen anzapfen:

- Preisspiegel des Maklerverbandes IVD (z. B. aktueller Wohn-Preisspiegel 2009/10 für 390 Städte über www.ivd.net für 75 € erhältlich oder Kurzübersichten in Zeitungen oder Zeitschriften)
- Kaufpreissammlungen der örtlichen Gutachterausschüsse
- Preisvergleiche mit gleichwertigen Immobilien (Objekttyp, Lage, Größe, Baujahr, Ausstattung) anhand des Immobilienteils der Tageszeitung
- Gespräche mit ortsansässigen Immobilienmaklern und privaten Immobilienverkäufern
- Verkehrswertgutachten aus jüngster Zeit für das angebotene Objekt (siehe Wertermittlung).

Einfach wäre es, wenn es – analog zu ortsüblichen Vergleichsmieten in Mietspiegeln – auch **ortsübliche Vergleichspreise** für Immobilien gäbe. Auch wenn es dies nicht gibt: Finden Sie den ortsüblichen Vergleichspreis für Ihr Objekt selbst heraus. **Tipp:** Sammeln Sie die Kaufpreise für vergleichbare Objekte aus dem Internet (siehe www.immobilienscout24.de) oder dem Immobilienteil Ihrer Tageszeitung! Bei und nach der Besichtigung können Sie sich selbst ein Bild machen, ob der geforderte Preis gerechtfertigt ist.

Den möglichen Kaufpreis für das angebotene Objekt ermitteln Sie ausschließlich aus Ihrer Sicht, also aus **Sicht des Käufers.** Wird ein von vom Eigentümer bisher selbstbewohntes Einfamilienhaus oder eine frei werdende Eigentumswohnung zur Selbstnutzung angeboten, nehmen Sie die Perspektive eines Eigennutzers als Käufer ein. Als künftiger Eigennutzer gehen Sie typischerweise vom Sach- oder Substanzwert (Gebäudesachwert und Grundstückswert) aus. Wichtige Größen für den **sachwertorientierten Eigennutzer** sind daher Wohnfläche in qm, umbauter Raum in cbm, Grundstücksfläche in qm sowie Baujahr, Zustand und Ausstattung der Immobilie.

Einen ganz anderen Blickwinkel nimmt der Kapitalanleger als Käufer ein. Er betrachtet das Mietobjekt vom Ertrags- bzw. Mietwert her. Für den **ertragswertorientierten Kapitalanleger** kommt es also auf die tatsächlich erzielte oder nachhaltig erzielbare Jahresnettokaltmiete und die Bewirtschaftungskosten an. Das Vielfache der Jahresnettokaltmiete (zum Beispiel das 15fache) ist für den Kapitalanleger meist der wichtigste Wert- und Preismaßstab. Natürlich wird auch er Baujahr, Zustand und Ausstattung des Mietobjekts mit dabei berücksichtigen.

An die Höhe des möglichen Kaufpreises können Sie sich wie folgt herantasten (Beispiel: vermietete Eigentumswohnung mit einer Jahresnettokaltmiete von 6.000 €):

Preisobergrenze (maximal möglicher Kaufpreis):	6.000 €	x	18fach	=	108.000 €
Angebotspreis (Kaufpreis laut Kaufangebot):	6.000 €	x	16fach	=	96.000 €
Preisuntergrenze (minimal erzielbarer Kaufpreis):	6.000 €	x	14fach	=	84.000 €

Erfahrungsgemäß wird der Angebotspreis meist nicht identisch mit dem tatsächlichen Kaufpreis sein, auf den Sie sich schließlich mit dem Verkäufer einigen. Da Sie aber einen Spielraum bei der Preisverhandlung haben und Sie als Käufer beispielsweise 5 % vom Angebotspreis herunterhandeln wollen, könnte am Ende ein tatsächlicher Kaufpreis von 90.000 € herausspringen. Das wäre genau der Mittelwert aus Angebotspreis und Preisuntergrenze oder der Kauf zur 15fachen Jahresnettokaltmiete.

Tipp: Oft setzt der Verkäufer seinen Angebotspreis unter einer Preisschwelle an, also beispielsweise 96.000 oder 98.000 € statt 100.000 €. Diese Art von Preispsychologie wenden vor allem Immobilienmakler an, die im Auftrag der Eigentümer Häuser oder Wohnungen zum Verkauf anbieten.

Verkaufsgespräch

Gesprächsgelegenheiten mit Verkaufsinteressenten gibt es zur Genüge. Sei es der erste Telefonkontakt oder das Kontaktgespräch bei der Besichtigung. Meist handelt es sich dabei um eher lose oder »weiche« Gespräche. Von einem wirklichen Gesprächserfolg können Sie nach diesen Kontaktgesprächen noch nicht ausgehen.

Ihr Wunsch nach einer **Zweitbesichtigung** der angebotenen Immobilie ist für den Verkäufer ein untrügliches **Kaufsignal.** Innerlich tragen Sie sich ja wahrscheinlich auch schon mit der festen Absicht, Haus oder Wohnung zu kaufen. Sie möchten jedoch auf Nummer Sicher gehen, die Räume ausmessen und sich alles noch einmal genau ansehen. Wer mit Zollstock bei der Zweitbesichtigung erscheint, steht kurz der endgültigen Kaufentscheidung. In Gedanken werden gerade bei den künftigen Eigennutzern schon »die Möbel gestellt«.

Als Fast-Käufer überlegen Sie bereits, ob die alte Kücheneinrichtung passt oder ob Sie sich eine neue Küche anschaffen müssen.

Der Kapitalanleger als Käufer wird oft auf eine Zweitbesichtigung verzichten, da er die Mieter nicht unnötig belästigen will. Er wird aber bei ernsthaftem Kaufinteresse weitere Unterlagen wünschen wie eine Aufstellung über die Mieteinnahmen und Bewirtschaftungskosten oder bei Eigentumswohnungen die Teilungserklärung und die letzte Verwalterabrechnung. Auch diese Wünsche stellen ein klares Kaufsignal dar.

Nach diesen von Ihnen ausgesandten Kaufsignalen werden Sie das eigentliche »harte« Verkaufsgespräch suchen. Nun geht es um Punkte, die zwischen Verkäufer und Ihnen als Käufer verhandelt werden müssen. Im Mittelpunkt steht dabei fast immer die Preisverhandlung. Haben Sie sich letztlich auf einen Preis geeinigt, können Sie meist problemlos den Zeitpunkt des Kaufs festlegen. Damit es nicht nur bei einer bloßen Kaufabsicht bleibt, könnten Sie eine mögliche Reservierungsvereinbarung ins Spiel bringen. Bieten Sie Ihrem Verkäufer an, dass er selbst einen Notar bestellt und mit der Anfertigung eines Kaufvertragsentwurfes beauftragt. Damit geht das gut geführte Kaufsgespräch nahtlos in das Abschlussgespräch über.

Preisverhandlung

Der Preis ist bekanntlich heiß. Fast immer wollen Sie als Käufer den Preis noch herunterhandeln. Sie gehen davon aus, dass 5 bis 10 % Preisnachlass auf jeden Fall noch drin sind, besonders bei Angeboten »Von Privat an Privat«. Gibt es höchstwahrscheinlich keine weiteren Kaufinteressenten, steigen Ihre Chancen beim **Preispoker.** Schnäppchenjäger müssen Sie ja deswegen nicht sein. Sie wollen lediglich einen preisgünstigen Kauf tätigen und auf keinen Fall mehr als den ortsüblichen Markpreis zahlen. Das ist Ihr gutes Recht.

Wichtig ist, dass Sie beim Herunterhandeln des Preises auf jeden Fall die von Ihnen selbst gesetzte Preisobergrenze im Auge behalten. Beispiel: Sie wollen ein Mietwohnhaus mit einer Jahresnettokaltmiete von 40.000 € kaufen. Der Angebotspreis liegt bei 495.000 €, das ist mehr als das 12fache der Jahresmiete. Beim **Preisvergleich** anhand der Preisspiegel der Maklerverbände, der Kaufpreissammlungen der örtlichen Gutachterausschüsse und der Immobilienannoncen für ähnliche Objekte haben Sie festgestellt, dass die Spanne für vergleichbare Mietobjekte zwischen dem 11fachen und 13fachen der Jahresmiete liegt. Mit der 12,4fachen Jahresmiete gleich 495.00 € erscheint Ihnen der Angebotspreis zu hoch.

Der Verkäufer wird Ihnen die Gegenfrage stellen: »Wo liegt denn Ihr Preis?« Wenn Sie dann die 11fache Jahresmiete gleich 440.000 € nennen, sind das rund 11 % unter dem Angebotspreis. Wenn Ihre selbst gesetzte Preisobergrenze bei 470.000 € liegen sollte, müsste eine Einigung auf einen Preis zwischen 440.000 und 470.000 € möglich sein.

Beispiel: Der Verkäufer antwortet auf Ihren Preisvorschlag von 440.000 € mit einem Gegenangebot in Höhe von 480.000 € gleich dem 12fachen der Jahresmiete, um ein Entgegenkommen beim Preis zu signalisieren. Sie kontern vermutlich mit 460.000 € und sprechen von ihrem »letzten Angebot«. Es liegt nun an Ihnen, auf einen weiteren Preiskompromiss mit 470.000 € einzugehen oder auf 460.000 € unbedingt zu bestehen. Selbst wenn Sie für 470.000 € kaufen, liegt Ihr Kaufpreis noch 25.000 € bzw. 5 % unter dem Angebotspreis.

Sie können Ihre Preisverhandlungen mit Preisspiegeln des Maklerverbandes IVD und Kaufpreissammlungen der örtlichen Gutachterausschüsse untermauern. Dies kommt auch bei Verkäufern und insbesondere bei Maklern meist gut an.

Finanzierbarkeit

Das Kaufobjekt muss für Sie als Käufer finanzierbar sein. Es nützt Ihnen nichts, wenn Sie einen notariellen Kaufvertrag abschließen und die Finanzierung danach platzt. Der Kauf muss dann rückabgewickelt werden. Auf Sie kommen Kosten und eine Menge Ärger zu. Die Auflassungs- oder Eigentumsvormerkung im Grundbuch muss wieder gelöscht werden. Möglicherweise müssen Sie sogar noch die Notar- und Grundgebühren bezahlen.

Um solche Pannen zu vermeiden, ist die Prüfung Ihrer Käuferbonität von enormer Bedeutung. Lassen Sie sich, wenn immer möglich, vor dem Notartermin die **vorläufige Darlehenszusage** Ihrer Bank geben. Beherzigen Sie den Grundsatz »Erst finanzieren, dann investieren«. Die sichere Finanzierung des Kaufpreises muss ja ganz in Ihrem eigenen Interesse liegen.

Käuferbonität

Die **Bonitätsprüfung bei Käufern** wird ganz anders erfolgen als beispielsweise bei Mietern. Beim Mieter kommt es ganz entscheidend auf die Höhe des monatlichen Nettoeinkommens und seinen hoffentlich krisensicherer Beruf oder Arbeitsplatz an. Entsprechend wird ein Vermieter bei Mietinteressenten nachfragen.

Im Gegensatz zum »Dauerschuldner« Mieter schulden Sie als Käufer einmalig eine feste Summe, den Kaufpreis. Wenn Sie diesen Kaufpreis nicht finanzieren können, kommt der Kauf letztlich nicht zustande. Daher ist es im Vorfeld sinnvoll, die Finanzierbarkeit des Kaufvorhabens sicherzustellen.

Wichtig für Sie ist in diesem Stadium, dass Ihre Eigenmittel (Eigenkapital) und das bei der Bank aufzunehmende Hypothekendarlehen (Fremdkapital) zusammen so hoch sind wie der geforderte Kaufpreis zuzüglich der Kaufnebenkosten. Sie sollten durch eine vorläufige Darlehenszusage auf Nummer Sicher gehen. Weisen Sie Ihre Einkommens- und Vermögensverhältnisse gegenüber der Bank nach und machen Sie die notwendigen Angaben zum Kaufobjekt und Kaufpreis.

Darlehenszusage

Vor dem Kauf einer Immobilie sollten Sie sich auf jeden Fall eine vorläufige Darlehenszusage von einer Bank besorgen, um sicher zu gehen, dass der vor dem Notar abzuschließende Kaufvertrag nicht mangels gesicherter Finanzierung platzt und zu unnötigen Kosten führt.

Nach Abschluss des notariellen Kaufvertrages folgt dann die endgültige Darlehenszusage durch den **Darlehensvertrag,** der von Ihnen als Darlehensnehmer und der Bank als Darlehensgeber unterschrieben wird. Meist sendet Ihnen die Bank einen bereits von ihr unterschriebenen Darlehensvertrag zu mit der Bitte, diesen im Original und von Ihnen unterschrieben an sie zurückzusenden. Lesen Sie sich den Darlehensvertrag auf jeden Fall von vorne bis hinten durch und fragen Sie einen Finanzierungsfachmann, wenn Sie etwas nicht verstehen. Eine Kopie behalten Sie selbstverständlich für sich.

Kreditverhandlung

Über Kredite und Zinskonditionen lässt sich trefflich verhandeln und streiten. Suchen Sie deshalb unbedingt vor Abschluss des eigentlichen Darlehensvertrags das Kreditgespräch und den direkten Kontakt zu Ihrer Bank, die das Objekt finanzieren soll. Treten Sie dort nicht als unterwürfiger Bittsteller auf, sondern als mündiger potentieller Darlehensnehmer. Sie sind kein Bittsteller, der gnädigst um die Gewährung eines Darlehens bittet, sondern ein ernst zu nehmender Verhandlungspartner, im besten Fall sogar ein gleichberechtigter Gesprächspartner Ihrer Bank.

Ein Kreditgespräch bringt für Sie natürlich nur etwas, wenn Sie auch günstige Zins- und Tilgungskonditionen bekommen. Akzeptieren Sie nicht die Standard- und Regelkonditionen im Massengeschäft, sondern pochen Sie auf individuellen Konditionen. Ihre Verhandlungsmacht steigt bei entsprechend vorhandener **Bonität**, sprich Kreditwürdigkeit. Hier gilt noch der Grundsatz: »Je besser die Bonität, desto günstiger die Konditionen«. Ihr Banker wird es zumindest verstehen, wenn Sie als Kostenminimierer Ihre Zinskosten nach unten drücken wollen.

Bei den Zinssätzen haben Sie einen Verhandlungsspielraum bis zu einem halben Prozentpunkt bei den so genannten **Hauptkonditionen** wie Nominal- oder Effektivzins. Kommt Ihnen der Banker bei den Hauptkonditionen nicht entgegen, sollten Sie auf jeden Fall sämtliche Nebenkonditionen wie Bereitstellungszinsen und Wertschätzungsgebühren auf Null herunterhandeln.

Sonderkonditionen sind auch im Tilgungsbereich möglich. Vereinbaren Sie **Sondertilgungen** in Höhe von beispielsweise 5 bis 10 % der Darlehenssumme pro Jahr im Darlehensvertrag und/oder eine zwei- bis dreimalige Änderung des vereinbarten Tilgungssatzes während der Zinsbindungsdauer. Diese beiden Optionen gelten dann zusätzlich zu den üblichen Tilgungssätzen von 1 oder 2 % der Darlehenssumme pro Jahr.

4. Stufe: Kaufvertrag und -abschluss

Reservierungsvereinbarung

Zum erfolgreichen Kauf von Immobilien gehört auch der sichere Abschluss. Auch wenn Sie sich mit dem potentiellen Verkäufer in allen Punkten einig sind, kann der tatsächliche Kauf noch platzen. Sicher sind Sie erst, wenn der Verkäufer den notariellen Kaufvertrag unterschrieben hat.

Am ärgerlichsten ist folgende Situation: Sie haben einen Notar selbst ausgewählt, einen Notartermin mit dem potentiellen Verkäufer ausgemacht und bereits die Kaufvertragsunterlagen erhalten. Aber Ihr vermeintlicher Verkäufer sagt kurz vor dem Notartermin ab oder kommt erst gar nicht. Sie haben nichts gewonnen und viel verloren: Zeit und Geld.

Um dies zu vermeiden, empfiehlt sich eine schriftliche Reservierungsvereinbarung mit Ihrem Verkäufer. Darin verpflichten Sie sich als potentieller Käufer, eine geringe **Reservierungsgebühr** zu zahlen, die Sie bei Abschluss des notariellen Kaufvertrages von dem Verkäufer zurück erhalten. Im Gegenzug verpflichtet sich der Verkäufer, keine weiteren Verkaufsverhandlungen zu führen. Nimmt Ihr potentieller Verkäufer trotz Reservierungsvereinbarung noch vom Verkauf Abstand, bekommen Sie selbstverständlich auch Ihr Geld zurück. Wichtiger ist aber der psychologische Effekt: Da der Verkäufer bereits die Reservierungsgebühr von Ihnen bekommen hat, wird er den Notartermin nur in absoluten Ausnahmefällen platzen lassen.

Eine »selbst gestrickte« Reservierungsvereinbarung könnte wie folgt aussehen:

Vereinbarung

Zwischen .... (im folgenden »Verkäufer« genannt
des Hauses/der Wohnung ....)
und .... (im folgenden »Käufer« genannt)

wird folgendes vereinbart:

1. Der Verkäufer reserviert dem Käufer das Haus/die Wohnung .... bis zum .... (Datum) und verpflichtet sich, keine Verkaufsverhandlungen mit anderen Kaufinteressenten zu führen.
2. Der Kaufvertrag über das o.a. Objekt soll in der Woche vom .... (Daten)/am .... (Datum) notariell beurkundet werden. Der Käufer erteilt dazu unverzüglich einem von ihm zu benennenden Notar den Auftrag. Der Verkäufer überreicht dem Käufer alle für den notariellen Kaufvertrag erforderlichen Unterlagen und verpflichtet sich, evtl. weitere Unterlagen nach Aufforderung des vom Käufer zu benennenden Notars unverzüglich nachzureichen.
3. Der vereinbarte Kaufpreis für das o.a. Objekt beträgt .... € (in Worten: ....). Der wirtschaftliche Übergang von Nutzen und Lasten soll am .... (Datum) erfolgen.
4. Der Käufer verpflichtet sich, ... € innerhalb von sieben Tagen auf das Konto Nr. .... des Verkäufers bei der .... (Bank, BLZ) zu überweisen oder einen entsprechenden Verrechnungsscheck über die genannte Summe auszustellen und dem Verkäufer auszuhändigen.
5. Der Verkäufer verpflichtet sich, den unter 4. genannten Betrag nach Abschluss des notariellen Kaufvertrages unverzüglich an den Käufer wieder zurück zu zahlen oder den nicht eingelösten Verrechnungsscheck wieder an den Käufer zu übergeben. Die Rückzahlung erfolgt ebenfalls umgehend, sofern der notarielle Kaufvertrag aus vom Verkäufer zu vertretenden Gründen nicht zustande kommt.
6. Kommt der notarielle Kaufvertrag aus vom Käufer zu vertretenden Gründen nicht zustande, wird der Betrag von .... € unter Anrechnung des finanziellen Schadens, den der Verkäufer durch den Verkauf an einen anderen Erwerber erleidet, zurückgezahlt. Die Höhe des Schadensersatzes wird auf diesen Betrag in Höhe von .... € begrenzt. Der Käufer behält sich vor, einen geringeren Schadensersatz zu leisten und dies gegenüber dem Verkäufer geltend zu machen.

....................................,...................... (Ort und Datum)

....
(Verkäufer) (Käufer)

Wichtig: Eine bloße Reservierung ohne Zahlung einer Reservierungsgebühr bringt Ihnen meist nichts. Besser ist es also, eine Gebühr von ca. 1 % des Kaufpreises zu zahlen, die Sie dann beim Notartermin wieder zurück erhalten. Dies führt auch zu einer stärkeren Bindung auf Seiten des Verkäufers.

Natürlich sollte die Gebühr relativ gering sein, da Sie ja lediglich einen leichten Druck auf die Verkaufsbereitschaft ausüben möchten. Auf keinen Fall sollten Sie die Gebühr direkt mit dem vereinbarten Kaufpreis verrechnen. Denn das wäre eine vereinbarte Anzahlung und eine solche vorvertragliche Regelung wäre beurkundungspflichtig.

Am besten übergeben Sie dem potentiellen Verkäufer einen Scheck in Höhe der Reservierungsgebühr, den dieser zunächst nicht einlöst. Nach notarieller Beurkundung des Kaufvertrages gibt Ihnen der Verkäufer dann den nicht eingelösten Scheck an Sie zurück oder zerreißt ihn vor Ihren Augen, da er ja nichts mehr damit anfangen kann.

Notarauswahl

Nach erfolgter Einigung mit dem Verkäufer und dem evtl. Abschluss einer Reservierungsvereinbarung sollten Sie einen Notartermin vereinbaren. Eine schnelle und verbindliche **Terminvereinbarung** schützt Sie weitgehend davor, dass sich der Verkäufer seine Entscheidung noch einmal überlegt, möglicherweise unsicher wird und dann noch mit anderen Kaufinteressenten weiter Kontakt aufnimmt. Bitten Sie den Verkäufer also, nach Terminvereinbarung weitere Besichtigungstermine abzublasen.

Üblicherweise beauftragt der Verkäufer einen Notar seiner Wahl. Sie können aber in Absprache mit dem Verkäufer auch einen »eigenen« Notar vorschlagen. Allerdings führt die Erteilung des Notarauftrags durch Sie als Käufer nach dessen Wahl auch zu einem kleinen wirtschaftlichen Nachteil. Sollte Ihr Verkäufer tatsächlich noch abspringen oder Sie vom beabsichtigen Kaufvertrag zurücktreten, müssten Sie die dem Notar entstandenen Kosten übernehmen. Bekanntlich gilt der Grundsatz »Wer die Musik bestellt, muss sie auch bezahlen«.

Der Verkäufer wird dem Notar alle notwendigen Kaufvertragsunterlagen übergeben. In Anlehnung an diese Unterlagen wird der Notar einen **Kaufvertragsentwurf** anfertigen und einige Tage vor dem vereinbarten Termin an den Verkäufer sowie an Sie als künftigen Käufer übersenden.

Kaufvertragsunterlagen

Um den Kaufvertrag zu entwerfen, benötigt der Notar Unterlagen. Meist hat der Verkäufer alle Vertragsdaten für ihn zusammengestellt.

Die Vertragsdaten enthalten folgende Punkte:

- **persönliche Daten**
  Bezeichnung der Parteien (Verkäufer und Käufer) mit Namen, Beruf, Geburtsdatum und Anschrift (bei Kauf durch Eheleute oder Miterben auch Angabe des Miteigentumsanteils, zum Beispiel jeweils die Hälfte)
- **Objektdaten**
  Bezeichnung des Grundstücks laut Grundbuch mit Angabe der Belastungen in Abteilung II und III (der Notar wird den Grundbuchinhalt anhand eines aktuellen Grundbuchauszuges selbst feststellen)
- **Kaufpreis und Zahlung**
  Höhe des Kaufpreises, Angabe des Fälligkeitsdatums sowie der Voraussetzungen für die Fälligkeit (z. B. Auflassungs- bzw. Eigentumsvormerkung zu Gunsten des Käufers, Lastenfreiheit des Grundstücks durch Vorlage der Löschungsunterlagen)
- **Besitzübergang und Gewährleistung**
  Angabe des Tages, an dem Besitz, Nutzungen, Gefahr und Lasten auf den Käufer über-

gehen (Gewährleistungsausschluss für Sachmängel, ausgenommen ist arglistiges Verschweigen)

- **Kostenübernahme**
  Kosten für Beurkundung und Vollzug des Kaufvertrages sowie für die Grunderwerbsteuer (trägt der Käufer, vom Verkäufer werden nur die Kosten für die Löschung von Grundschulden und Hypotheken übernommen)
- **Besonderheiten**
  (zum Beispiel: Übernahme eines bestehenden Mietverhältnisses oder einer bestehenden Mietpreis- und Belegungsbindung nach dem Wohnungsbindungsgesetz durch den Käufer)

Weitere, eher rein juristische Details wird der Notar ergänzen und in den **Kaufvertragsentwurf** mit aufnehmen. Dazu zählen beispielsweise:

- spezielle Voraussetzungen für die Fälligkeit des Kaufpreises (z. B. Nichtausübung des Vorkaufsrechtes durch die Gemeinde)
- Höhe der Verzugszinsen bei verspäteter Zahlung des Kaufpreises
- Rücktrittsrecht für den Verkäufer (mit Löschung der Auflassungsvormerkung) und Unterwerfungsklausel (mit sofortiger Zwangsvollstreckung in das Vermögen des Käufers) im Falle der Nichtzahlung des Kaufpreises
- Regelung über Anliegerkosten und Erschließungsbeiträge
- Vollmachten bei Kaufpreisfinanzierungen zur Bestellung von Grundschulden
- Generalklausel hinsichtlich etwaiger Unwirksamkeit einzelner Bestimmungen (z. B. mit der Maßgabe, dass die übrigen Bestimmungen des Kaufvertrages wirksam sind und unwirksame Bestimmungen durch solche zu ersetzen sind, die den beabsichtigten Erfolg am ehesten erreichen).

Es lohnt sich für Sie als Käufer nicht, den Kaufvertrag vollständig vorzuformulieren oder von einem Rechtsanwalt vorformulieren zu lassen. Lassen Sie also den Kaufvertrag nach den vom Verkäufer erhaltenen Vertragsdaten vom Notar entwerfen und prüfen Sie den Kaufvertragsentwurf des Notars sorgfältig. Änderungswünsche sollten Sie in Abstimmung mit dem Verkäufer dem Notar schon vor dem Notartermin bekannt geben.

Ob Sie einen Notar vorschlagen oder der Verkäufer, ist nicht entscheidend. Der Notar muss die Interessen beider Parteien berücksichtigen.

Notartermin

Spannend ist der Notartermin, also der Zeitpunkt des notariellen Abschlusses des Kaufvertrages, nicht für den Notar und oft auch nicht für den Verkäufer. Sie als Käufer werden möglicherweise etwas nervös sein, wenn Sie zum ersten Mal in ihrem Leben ein Haus oder eine Wohnung per Notarvertrag kaufen. Häufige Verkäufer werden den Notartermin wohl eher als einen reinen Routinevorgang ansehen.

Aus Ihrer Sicht wird der Notartermin der hoffentlich krönende Abschluss. Vielleicht warten Sie schon sehnsüchtig auf die Übergabe des neuen Besitzes. Der Verkäufer hofft natürlich darauf, dass der Kaufpreis auch pünktlich von Ihnen als Käufer bezahlt wird.

In aller Regel liest der Notar die Kaufvertragsurkunde in einem atemberaubenden Tempo vor. Unerfahrene Käufer wagen es meist gar nicht, noch irgendeine Frage zu stellen. Das ist aber falsch. Stellen Sie Fragen, wenn Ihnen etwas nicht klar ist. Der Notar muss und wird Ihre Fragen im Notartermin geduldig beantworten. Es gilt der Satz »Es gibt keine dummen Fragen«. Oft will sich der Käufer aber keine Blöße geben und verzichtet freiwillig auf sein Fragerecht.

Ihre Fragen betreffen in der Regel den Zeitpunkt der Besitzübergabe und der Zahlung. Der Tag der **Besitzübergabe** hat in der Tat eine große wirtschaftliche, rechtliche und steuerliche Bedeutung. Ab diesem Tag gehen, wie es im Juristendeutsch heißt, Besitz und Nutzung, Lasten und Gefahr auf Sie als Käufer über.

Mit der Besitzübergabe wird der Käufer wirtschaftlicher Eigentümer. Im steuerlichen Sinne ist die Besitzübergabe mit der Anschaffung der Immobilie identisch. Allerdings wird der Käufer erst mit der endgültigen Eigentumsumschreibung im Grundbuch rechtlicher Eigentümer. Dies setzt natürlich die **Zahlung des Kaufpreises** voraus.

Sinnvoll ist es, den Tag der Zahlung des Kaufpreises an den Tag der Besitzübergabe zu koppeln. Dies entspricht dem Prinzip »Ware (hier Immobilie) gegen Geld«. Oft erfolgt die Zahlung auf ein **Notaranderkonto.** Der Notar wird dann den von Ihnen erhaltenen Kaufpreis abzüglich abzulösender Darlehen auf das Konto des Verkäufers überweisen.

Kaufabwicklung

Mit dem Notartermin ist der eigentliche Kauf abgeschlossen. Der Kaufvertrag ist aber noch nicht abgewickelt bzw. erfüllt. Beide, also Sie als Käufer und Ihr Verkäufer, müssen noch die im Kaufvertrag geregelten Pflichten erfüllen. Der Verkäufer muss Besitz und Eigentum übertragen, während Sie als Käufer den Kaufpreis zahlen müssen.

Mit der **Besitzübergabe** wird der Käufer wirtschaftlicher Eigentümer. Tritt er beispielsweise in ein bestehendes Mietverhältnis ein, stehen ihm ab diesem Tag die Mieteinnahmen zu. Andererseits muss er von nun ab – ob Vermieter oder Selbstnutzer – die laufenden Bewirtschaftungskosten (Betriebs-, Instandhaltungs- und Verwaltungskosten) für die von Ihnen erworbene Immobilie tragen.

Die weiteren Stationen aus Ihrer Sicht und aus der Sicht des Käufers sind:

- Eintragung einer **Auflassungsvormerkung** (zuweilen auch »Eigentumsvormerkung« genannt) in Abteilung II des Grundbuchs zugunsten des Käufers
- Eintragung von **Grundschulden** in Abteilung III des Grundbuchs zugunsten der Gläubigerbanken des Käufers nach vorheriger Grundschuldbestellung beim Notar
- **Zahlung des Kaufpreises** durch Überweisung des Käufers auf das Notaranderkonto (z. B. Überweisung des restlichen Eigenkapitals durch den Käufer nach Darlehensauszahlung durch die Bank nach evtl. Vorlage einer Rangbescheinigung des Notars)
- Endgültige **Eigentumsumschreibung** in Abteilung I des Grundbuchs auf den Käufer (nach schriftlicher Mitteilung des Verkäufers an den Notar, dass er den gesamten Kaufpreis erhalten hat).

Erst mit der endgültigen Eigentumsumschreibung im Grundbuch werden Sie als Käufer zum rechtlichen Eigentümer der Immobilie. Im Innenverhältnis sollten Sie als Käufer mit Ihrem Verkäufer sinnvoller weise vereinbaren, dass er vor Eigentumsumschreibung die Grundsteuer bezahlt und Sie als Käufer ihm die anteilige Grundsteuer ab dem Tag der Besitzübergabe erstatten. Ebenso sinnvoll ist es, den Tag der Besitzübergabe auch als Tag zur Zahlung des Kaufpreises festzulegen. Der Tag der Besitzübergabe (wirtschaftliches Eigentum) ist nicht mit dem Tag der Eigentumsumschreibung im Grundbuch (rechtliches Eigentum) zu verwechseln.

Grundbuch

Um vor Überraschungen gefeit zu sein, schauen Sie am besten schon vor dem eigentlichen **Notartermin** ins Grundbuch. Fragen Sie einfach den Anbieter (Eigentümer oder Makler) oder den Notar nach dem **aktuellen Grundbuchauszug.** Pochen Sie darauf und lassen Sie sich auf keinen Fall abwimmeln!

Jedes Grundbuch besteht aus den folgenden Teilen: **Bestandsverzeichnis** (mit Grundstücksbezeichnungen einschl. Gemarkung, Flur- und Flurstücksnummer, Wirtschaftsart, Größe und Lage), **Abteilung I** (mit Name, Anschrift und Geburtsdatum des aktuellen Eigentümers nebst Eintragungsdatum), **Abteilung II** (mit Lasten wie Wohnrecht, Nießbaruch, Wegerecht, Antennen- und Leitungsrecht, evtl. auch Auflassungs- bzw. Eintragungsvormerkungen oder Zwangsversteigerung- bzw. Zwangsverwaltungsvermerke) und **Abteilung III** (mit Grundschulden und Hypotheken).

Machen Sie dem Verkäufer klar, dass es Ihnen nicht darum geht, mit einem Blick ins Grundbuch Ihre Neugierde zu befriedigen. Sie wollen einfach auf Nummer Sicher gehen und nicht später von verschwiegenen Lasten überrascht werden. Absolute Vorsicht ist geboten, wenn Sie auf einen **Zwangsversteigerungsvermerk** stoßen. Ein Kauf per notariell abgeschlossenem Kaufvertrag (der sog. freihändige Kauf) ist dann nur noch möglich, wenn sämtliche Eigentümer und Gläubigerbanken dem zustimmen.

Denken Sie aber auch daran, dass **Baulasten** und **Altlasten** nicht im Grundbuch stehen. Schauen Sie deshalb zusätzlich im Baulastenverzeichnis der Gemeinde nach, ob dort evtl. Baulasten eingetragen sind. Erkundigen Sie sich bei den Behörden auch über evtl. Altlasten und lassen Sie im Zweifel eine Bodenprobe entnehmen.

Kaufnebenkosten

Leider müssen Sie als Käufer zusätzlich zum Kaufpreis noch bestimmte Kaufnebenkosten zahlen, die bis zu 12 % des reinen Kaufpreises ausmachen können. Zunächst ist eine **Grunderwerbsteuer** von mindestens 3,5 % des Kaufpreises fällig (in einigen Städten auch 4 oder 4,5 %). Hinzu kommen **Notar- und Grundbuchgebühren** für die Eigentumsübertragung in Höhe von ca. 1,5 % des Kaufpreises. Ohne Maklerprovision müssen Sie also gleich ein »Aufgeld« zum Kaufpreis in Höhe von zusammen 5 % zahlen.

Beim Kauf über einen Makler kommen dann je nach Vereinbarung noch zwischen 3,57 und 7,14 % des Kaufpreises als **Maklerprovision** (sog. Courtage) hinzu. Im äußersten Fall zahlen Sie also sogar einen Aufpreis von 12 %.

Anschaffungskosten

Kaufen Sie eine Immobilie, zieht das einmalige und laufende Kosten nach sich. Die mit Bau, Kauf oder Ersteigern anfallenden **einmaligen Kosten** heißen Anschaffungs- bzw. Investitionskosten. Sie setzen sich zusammen aus dem reinen Kaufpreis und den Kaufnebenkosten.

Für steuerliche Zwecke müssen die Anschaffungskosten von Mietobjekten aufgeteilt werden in Anschaffungskosten für Grund und Boden **(Grundstückskosten)** und Anschaffungskosten für Gebäude **(Gebäudekosten).** Grundstückskosten sind grundsätzlich nicht steuerlich absetzbar, Gebäudekosten bei vermieteten Objekten nur anteilig über die Abschreibungen von beispielsweise jährlich zwei Prozent. Bei vermieteten Eigentumswohnungen gehen die Finanzämter je nach Region pauschal von einem Gebäudekostenanteil in Höhe von 75 bis 85 % der gesamten Anschaffungskosten aus.

Checklisten

CHECKLISTE 1:

Anforderungen an Ihr Haus oder Ihre ETW

Gründlich durcharbeiten!

1. Standort

Kontrollfragen:

- Wo möchten Sie wohnen (Innenstadt, Vorort, stadtnahe Umgebung auf dem Land)?
- Wie viele Kilometer zum Arbeitsplatz, zur Schule sind akzeptabel?
- Haben Sie einen Zweitwagen? Sind Sie bereit, einen zweiten Wagen zu kaufen?
- Wollen Sie öffentliche Verkehrsmittel benutzen?
- Welche Anforderungen stellen Sie/Ihre Familie an Freizeit und Erholungswert, Klima, Schulen, Einkaufsmöglichkeiten, kulturelles Angebot, Gesundheits-Dienstleistungen?
- Wie werden sich diese Anforderungen in Zukunft verändern (Kinder kommen oder ziehen aus, Pensionierung)?
- Ist damit zu rechnen, dass Sie noch einmal umziehen müssen (Wohnwert des Standortes entscheidet wesentlich über Wertsteigerung und die Chancen zu verkaufen bzw. zu vermieten)?
- Wenn Sie das Haus/die ETW nicht selbst nutzen wollen: Welche Entfernung zu Ihrem Wohnort ist zumutbar für die Betreuung?
- Wenn Sie gern Besuch haben: Können Freunde leicht zu Ihnen kommen (auch für kurze Besuche, im Winter)?
- Welche Probleme haben Sie an Ihrem derzeitigen Standort?

Anforderungen:
(Bitte Stichworte notieren)

___

___

___

___

2. Umgebung

Kontrollfragen:

- Wie sollte die Umgebung Ihres Hauses/Ihrer ETW sein (grün, viel Natur, ruhig, Umgebung mit Atmosphäre, zum Beispiel gepflegte alte Häuser, alter Baumbestand im Gegensatz zu einem Neubaugebiet)?
- Mit wem möchten Sie gern in der Umgebung leben (Familien mit Kindern im passenden Alter, ältere Leute, kontaktfreudige Leute)?
- Möchten Sie gerne Anschluss finden oder ziehen Sie »anonymes« Wohnen vor (zum Beispiel in einem großen Haus mit vielen ETW)?
- Welche Probleme haben Sie in Ihrer derzeitigen Umgebung?

Anforderungen:

____

____

3. Grundstück

Kontrollfragen:

- Wollen Sie einen Garten (klein mit wenig Arbeit, groß zum Beispiel als Nutzgarten)?
- Welche Anforderungen soll das Grundstück erfüllen (groß, klein, abgeschlossen, nicht einsehbar, gute Lage zur Sonne, Distanz zu den Nachbarn)?
- Brauchen Sie für Ihre Kinder Spielmöglichkeiten/Auslauf (flaches Grundstück, Platz für Spielgeräte)?
- Welche Parkmöglichkeiten brauchen Sie (Garage, Stellplatz, sonstige Abstellmöglichkeiten für Autos Ihrer Gäste bei Innenstadtlage)?
- Haben Sie vor, das Grundstück später auch gewerblich zu nutzen?
- Welche Probleme haben Sie mit dem Grundstück, auf dem Sie zur Zeit wohnen?

Anforderungen:

____

____

4. Haus / ETW

Kontrollfragen:

- Sind Sie viel unterwegs, im Urlaub oder aus dem Haus? Haben andere Familien-Mitglieder Angst, dann dort zu wohnen (Reihenhaus oder ETW besser als alleinstehendes Haus)?
- Arbeiten Sie gern am / im Haus (Ein älteres Haus erfordert mehr handwerkliches Geschick und mehr Zeit als ein neues)?
- Leben Sie lieber gesellig oder zurückgezogen (Reihenhaus bzw. ETW in kleinem Haus im Vergleich zu allein stehendem Haus bzw. ETW in großem Haus)?
- Wie wollen Sie das Haus nutzen (privat, gewerblich)?
- Wie viele und wie große Räume brauchen Sie (Kinder, Arbeitsräume, Abstellräume, Einliegerwohnung)?
- Haben Sie oft Besuch, brauchen Sie dafür eigene Räume (Schlafzimmer, WC bzw. großes Wohn- und Esszimmer, repräsentativ)?
- Welche spätere Nutzung des Hauses / der ETW ist geplant / denkbar (Räume für Untervermietung, Teilung des Hauses in zwei Wohnungen, gewerbliche Nutzung, Wohnsitz im Alter)?
- Bei ETW:
Welche Gemeinschafts-Einrichtungen möchten Sie nutzen (Sauna, Schwimmbad)?

Anforderungen:
(Zutreffendes ankreuzen und ausfüllen)

- Einfamilien-Haus
- Einfamilien-Haus mit vermietbarer Einliegerwohnung
- Mehrfamilien-Haus
- freistehendes Haus
- Reihen-Haus
- Doppelhaushälfte
- altes Haus
- neues Haus
- eingeschossig
- mehrgeschossig
- Abstellplatz für PKW
- Garage

Raumbedarf:	**Schätzung in qm**
■ Küche, gegebenenfalls mit Essplatz	______
■ Wohnzimmer (mit Essplatz)	______
■ Esszimmer oder Essplatz	______
■ Schlafzimmer Eltern	______
■ Schlafzimmer Kinder 1	______
■ Schlafzimmer Kinder 2	______
■ Gästezimmer	______
■ Bad	______
■ Gäste-Bad	______
■ Separates WC	______
■ Arbeitszimmer	______
■ Sonstige Räume	______
■ Flure	______

---

insgesamte Zahl der Zimmer: ______

Gesamtfläche: ______

Sonstige Räume: ______

______ ______

______ ______

Ausstattung:
(zum Beispiel mehrere Bäder, Hobbyraum, Kamin, Sauna, Schwimmbad)

______

______

______

______

Grundstücks-Größe mindestens ______

Kostenlimit: € ______

Sonstiges:
(zum Beispiel Einzugstermin, möglichst ohne Makler)

______

______

______

Unbedingt erforderliche Anforderungen deutlich markieren. In ARBEITSBLATT 4 übertragen.

CHECKLISTE 2:

Erwerb über Zwangsversteigerung

1. Vor der Versteigerung

- Versteigerungen besuchen, um Erfahrungen zu sammeln.
- Sprechen Sie mit dem für Versteigerungen zuständigen Rechtspfleger beim Amtsgericht. Informieren Sie sich über Formalitäten und Abläufe.
- Informationsquellen feststellen (Amtsblätter, Aushang beim Gericht und bei der Gemeinde, Internet-Infos der Amtsgerichte, öffentliche Bekanntmachung in der Tageszeitung, Nachfrage bei Banken und Sparkassen, Versteigerungskalender).
- Mit Bezug auf Aktenzeichen in der Ankündigung beim Gericht Unterlagen einsehen.
- Prüfen Sie, ob das Wertgutachten aufgrund einer Besichtigung des Objektes erstellt wurde. Sonst Vorsicht!
- Ist der Schätzwert marktgerecht?
- Welche Modernisierungs- und sonstigen Kosten kommen dazu?
- Prüfen Sie beim Grundbuchamt, ob und welche Rechte, Belastungen usw. eingetragen sind.
- Prüfen Sie das Objekt, so gut Sie können – möglichst mit einem Sachverständigen (CHECKLISTEN 6–9). Wenn das nicht möglich ist, verzichten Sie auf das Objekt. (Risiko zu groß, weil es beim Erwerb über Zwangsversteigerung keine Gewährleistung für Mängel gibt)
- Sprechen Sie mit dem Geldgeber bzw. Gläubiger, der die Versteigerung veranlasst hat.
- Können Sie Darlehen übernehmen und unter welchen Bedingungen (CHECKLISTE 3)?
- Bietet das Geldinstitut eine günstige Finanzierung (Finanzierung möglichst mit diesem Institut, erleichtert die Abwicklung)?
- Wenn Gläubiger nicht genannt sind, versuchen Sie, diese über das Grundbuchamt zu finden.
- Prüfen Sie, ob es sinnvoll ist, mit der Gläubigerbank ein Ausbietungs-Abkommen zu schließen. (Festlegung einer Summe, die von der Bank bei der Versteigerung nicht überboten wird)
- Zeitplan für die Finanzierung festlegen. (Die Zahlung muss ungefähr 2 Monate nach dem Zuschlag erfolgen)

- Überlegen Sie, wie viel Sie maximal bieten wollen.
- Besorgen Sie Zahlungsmittel über 10% des Verkehrswertes. (Erst im Versteigerungstermin wird entschieden, ob eine Sicherheitsleistung durch die Bieter gestellt werden muss.) Möglichkeiten für die Sicherheitsleistung:
  a) Ihre Bank besorgt einen von der Landeszentralbank bestätigten Scheck oder einen von ihr selbst ausgestellten Verrechnungsscheck;
  b) Die Bank übernimmt eine selbstschuldnerische Bürgschaft in Höhe von 10% des Verkehrswertes;
  c) Bargeld, je nach Höhe der Bietersumme auch in kleinen Scheinen. (Vorteil: Die Mitbieter kennen Ihre Reserven nicht, wenn Sie nur einen Teil der Bietersumme hinterlegen)

- Besorgen Sie sich eine schriftliche Zusage Ihrer Kreditgeber, dass diese das Darlehen zum Verteilungstermin (gerichtlich festgelegter Zahlungstermin ungefähr zwei Monate nach der Versteigerung) bereitstellen.

- Wenn das Objekt vermietet ist: Prüfen Sie die Mietverträge (Höhe der Miete, Vertragsdauer, geleistete Vorauszahlungen des Mieters usw.).

- Wenn Sie selbst einziehen wollen: Wie beurteilen Fachleute die Chancen, dass dem/den Mieter/n gekündigt werden kann? Maximal-Zeitdauer, bis die jetzigen Bewohner ausgezogen sind? (Im Zwangsversteigerungsgesetz ist ein Ausnahme-Kündigungsrecht des Erstehers geregelt)

2. Bei der Versteigerung

- Gültigen Personalausweis vorlegen. Eheleute, die gemeinsam kaufen, müssen beide anwesend sein. Wenn das nicht möglich ist, muss eine öffentlich beglaubigte Vollmacht des nicht anwesenden Ehegattens zur Abgabe von Geboten vorgelegt werden.

- Die »Biethalbestunde« für die Abgabe von Geboten dauert mindestens 30 Minuten. Erst dann kann das Gericht dem Meistbietenden den Zuschlag erteilen.

- In kleinen Schritten mitsteigern

3. Verteilungstermin

- Zahlung des bei der Versteigerung zugeschlagenen Preises plus 4% Zinsen bis zum Verteilungstermin minus hinterlegter Sicherheitsleistung.

- Eintragung in das Grundbuch erst nach Zahlung und Vorlage einer steuerlichen Unbedenklichkeitsbescheinigung (Finanzamt).

- Falls ein Makler Anspruch auf eine Provision erhebt: nur dann berechtigt, wenn die Provision ausdrücklich vereinbart wurde.

10 Gebote für Bieter

1. Vertrauen Sie nicht blind dem bei Gericht einsehbaren Gutachten, sondern überzeugen Sie sich selbst von Lage, Zustand und Ausstattung des Objekts.
2. Besichtigen Sie das Haus oder die Wohnung, sofern dies möglich ist, auch von innen, und nehmen Sie einen Baufachmann mit, falls Sie nicht selbst vom Fach sind.
3. Nehmen Sie auf der Geschäftsstelle für Zwangsversteigerungen Einsicht in den Grundbuchauszug.
4. Nehmen Sie so früh wie möglich Kontakt mit den Gläubigerbanken auf, deren Namen Sie dem Grundbuchauszug entnehmen können. Sprechen Sie schon vor dem Versteigerungstermin mit ihnen über den möglichen Erwerbspreis, aber lassen Sie sich nicht auf Ausbietungsgarantien ein, die nur Sie verpflichten.
5. Stellen Sie auf jeden Fall schon vor dem Termin die Finanzierung durch eine vorläufige Darlehenszusage sicher. Platzt die Finanzierung nämlich später, kommt die Immobilie erneut unter den Hammer.
6. Setzen Sie sich vor dem Versteigerungstermin ein Gebotslimit, halten Sie dies unbedingt ein und hüten Sie es wie ein Staatsgeheimnis.
7. Sorgen Sie für eine ausreichende Sicherheitsleistung in Höhe von zehn Prozent des Verkehrswertes, zum Beispiel in Form von Bargeld oder einem von Ihrer Bank ausgestellten Bank- oder Verrechnungsscheck.
8. Rufen Sie kurz vor dem Termin beim zuständigen Rechtspfleger und eventuell bei der Gläubigerbank an, ob der Termin »noch steht« oder ob das Verfahren eingestellt wurde.
9. Legen Sie sich für die »Biethalbestunde« eine ausgeklügelte Bietstrategie zurecht, und lassen Sie sich nicht durch Bietkonkurrenten aus der Ruhe bringen. Da Ihr Hauptkonkurrent in der Regel die Gläubigerbank ist, sprechen Sie noch während der Bietstunde mit dem Bankenvertreter.
10. Sorgen Sie, falls Sie Meistbietender geblieben sind und den sofortigen Zuschlag erteilt bekommen haben, für eine zügige finanzielle Abwicklung bis zum Verteilungstermin, der etwa sechs bis acht Wochen nach dem eigentlichen Versteigerungstermin liegt.

3 Untergrenzen für Gebote

1. Geringstes Gebot

Das geringste Gebot ist ein absolutes Mindestgebot, das auch im Zweittermin nicht unterschritten werden darf, weil es sonst als unwirksam vom Rechtspfleger zurückgewiesen werden müsste. Wird das Objekt lastenfrei erworben, besteht das geringste Gebot nur aus dem bar zu zahlenden Teil (auch geringstes Bargebot genannt), das in der Regel nur Verfahrenskosten und rückständige Steuern umfasst.

Beim Bestehenbleiben von Rechten zugunsten Dritter setzt sich das geringste Gebot aus dem bar zu zahlenden Teil und den bestehen bleibenden Rechten zusammen.

2. Fünf-Zehntel-Grenze (5/10-Grenze)

Die 5/10-Grenze dient in erster Linie dem Schuldnerschutz und soll Verschleuderungen von Immobilien verhindern. Sie besagt, dass im Ersttermin der Zuschlag auf ein Meistgebot einschließlich evtl. bestehen bleibender Rechte, das unter 5/10 des vom Gericht festgesetzten Verkehrswerts liegt, von Amts wegen versagt werden muss. Ist der Zuschlag in einem Termin wegen Nichterreichens der 5/10-Grenze oder der 7/10-Grenze schon einmal versagt worden, gilt in dem neuen Versteigerungstermin (sog. Zweittermin) die 5/10-Grenze nicht mehr und ebenso wenig die 7/10-Grenze.

3. Sieben-Zehntel-Grenze (7/10-Grenze)

Die 7/10-Grenze dient in erster Linie dem Gläubigerschutz und soll einen zu großen Ausfall bei bestimmten Gläubigern verhindern. Sie besagt, dass im Ersttermin der Zuschlag auf ein Meistgebot einschließlich evtl. bestehen bleibender Rechte, das über 5/10 und unter 7/10 des vom Gericht festgesetzten Verkehrswertes liegt, auf Antrag eines Gläubigers, dessen Anspruch im Bereich von 7/10 des Verkehrswertes liegt, versagt werden muss. Im Zweittermin gilt die 7/10-Grenze nicht mehr.

CHECKLISTE 3:

Prüfung Finanzierungsangebote

Bitte eintragen:
Name Kreditinstitut/
Versicherung:

Telefon:
Name Sachbearbeiter:
Datum der Besprechung:

1. Vergleichs-Basis

Tragen Sie hier Ihre Wünsche ein. Die folgenden Eckdaten müssen bei allen Gesprächen gleich bleiben:

- Betrag, den Sie für Ihre Finanzierung benötigen (ohne Abzüge für Disagio und sonstige Kosten):
- Zu welchen Zeiten brauchen Sie wie viel Geld:
- Falls ein Disagio für Sie interessant ist, Prozentsatz für Disagio eintragen (siehe auch Seite 7):
- Fester Nominalzins für wie viele Jahre? (10 Jahre oft sinnvoller als 5 Jahre):
- Höhe der monatlichen Rate, die Sie maximal aufbringen können:

2. Vergleich der Angebote

2.1 Wichtige Fragen

- Höhe des gesamten Darlehens – eventuell erhöht um Disagio:
- Höhe des ausgezahlten Darlehens:
- Höhe der Beleihungsgrenze in Prozent:

Vergleich der Konditionen für die Zinsbindungszeit:

- Nominalzins in %:
- Tilgungssatz in %:
- Höhe der zu zahlenden Raten in Euro, unterteilt nach Zinsen und Tilgung:
- Höhe des anfänglichen effektiven Jahreszinses in Prozent?
- Wie viel Prozent Tilgung liegt dem anfänglichen effektiven Jahreszins zugrunde:
- Bis zu welcher Darlehenshöhe gilt der angebotene anfängliche effektive Jahreszins:

Art und Höhe der Kosten, die nicht im effektiven Jahreszins enthalten sind:

- Bearbeitungsgebühren:
- Kontoführungsgebühren:
- Schätzgebühren:
- Bereitstellungszinsen:
  Wann zu zahlen:
- Zins-Aufschlag für Teilauszahlungen:
- Auszahlungsbedingungen nach Baufortschritt (Hypothekenbanken zahlen zum Beispiel die erste Rate erst nach Rohbau-Fertigstellung):

Gesamtsumme der nicht im anfänglichen effektiven Jahreszins enthaltenen Kosten:

- Zahlungszeitpunkt für die Zinsen – im voraus (vorschüssig) oder nachträglich (nachschüssig):

2.2 Kriterien für den Vergleich:

- Höhe des anfänglichen effektiven Jahreszinses in Prozent:

  Voraussetzung für Vergleich: vergleichbare Geldgeber; gleicher ausgezahlter

Darlehensbetrag; gleiche Beleihungsgrenze; gleiche Zinsfestlegungszeit

- Höhe der Restschuld nach Ablauf der Zinsbindungsfrist: (ohne Festlegungsfrist zum Beispiel nach einem Jahr; 1. und 2. Hypothek werden zusammengefasst)

  Voraussetzung für Vergleich: vergleichbare Geldgeber; gleicher ausgezahlter Darlehensbetrag; gleiche Zinsfestlegungszeit; gleiche zu zahlende Rate; gleicher Zahlungszeitpunkt; Das Angebot mit der niedrigsten Restschuld ist das günstigste!

  Falls die zu zahlende Rate bei einzelnen Angeboten unterschiedlich ist:
  Bitten Sie den günstigsten Anbieter, die Tilgung so weit zu erhöhen, bis die zu zahlende Rate gleich hoch ist wie bei dem teuren Angebot. Jetzt können Sie die Restschuld besser vergleichen.

Vergleich der angenommenen Konditionen für die restliche Laufzeit:

- Gesamtlaufzeit des Kredits in Jahren:

- angenommener Zins in %:

- geplante Höhe der Raten in €:

- effektiver Jahreszins in %:

- Gesamtsumme aller Zahlungen an den Geldgeber während der Restlaufzeit (Zinsen, Tilgung, Kontoführungskosten, Bereitstellungszinsen, Kosten für Wertgutachten und ähnliche Kosten):

2.3 Detailfragen

- Bis zu welchem Betrag erhalten Sie die 1. Hypothek und eventuell die 2. Hypothek:

- Wenn Sie eine Zwischenfinanzierung brauchen: Konditionen bei 100 % Auszahlung? Sind die Zinsen bis zur Zuteilung festgeschrieben?

- Bei variablen Zinsen: Ist festgelegt, dass der

Nominalzinssatz eine akzeptable und festgelegte Höhe nicht überschreiten wird:

- Wann wird das Darlehen ausgezahlt?

- Wird der Betrag für die Tilgung des Darlehens jeweils nach Zahlung gutgeschrieben oder in längeren Zeiträumen, zum Beispiel am Jahresende? (Zinsverlust, besonders bei höherem Tilgungssatz als 1 Prozent)

- Ist das Darlehen vorzeitig tilgbar? Wann und wie?

- Ist der Geldgeber bereit, im Falle einer Schenkung, Erbschaft oder eines Lottogewinns auf eine Vorfälligkeits-Entschädigung bei vorzeitiger Tilgung zu verzichten?

- Können Sie auch nach Ablauf der Zinsfestlegung die geschätzten Zinsen und Tilgung tragen? (Finanzierungsplan über die gesamte Laufzeit mit realistisch geschätzten Zinssätzen verlangen, ARBEITSBLATT 6)

- Achtung: Vor Abschluss einer Finanzierung Kreditverträge sorgfältig studieren. Im Zweifelsfall von einem Fachmann (Verbraucherberatung, neutraler Finanzierungsberater) prüfen lassen!

2.4 Zusätzlich bei Versicherungs-Darlehen

- Kann eine bestehende Lebensversicherung verwendet werden?

- Wie hoch ist der Rückkaufswert dieses Vertrages?

- Wenn Sie mehr als 45 % des Darlehens im 1. Rang benötigen: Gibt die Gesellschaft auch eine 1 b Hypothek? Zu welchen Konditionen?

- Was kostet es, wenn die Versicherung bereits bei Berufsunfähigkeit zahlt?

- Wie viel Gewinnausschüttung hat die Gesellschaft in den letzten fünf Jahren erwirtschaftet?

- Erhalten Sie wirklich eine Darlehenszusage oder nur eine Zusage der Versicherung, Ihnen ein Darlehen zu beschaffen?

- Ist im Vertrag die vorzeitige Kündigung durch den Kreditnehmer ausgeschlossen (zum Beispiel durch den Hinweis, dass die Hypothek später an eine Hypothekenbank abgetreten wird)?

- Haben Sie CHECKLISTE 15 mit Kostensenkungsideen bei der Finanzierung durchgearbeitet?

- Achtung bei vermietetem Objekt: Ist sichergestellt, dass der Auszahlungsbetrag auf die Höhe der Anschaffungs- oder Herstellkosten begrenzt ist (sonst Verlust der Steuervorteile!)?

- Achtung: Vor Abschluss einer Finanzierung Kreditverträge sorgfältig studieren. Im Zweifelsfall von einem Fachmann (Verbraucherberatung, neutraler Finanzierungsberater) prüfen lassen!

Mit den folgenden Daten können Sie Angebote von Kreditinstituten, Versicherungen und Bausparkassen miteinander vergleichen:

- Darlehenssumme, eventuell erhöht um Disagio:

- Wie hoch ist der Kreditbedarf für sämtliche Kosten während der Zinsbindungsfrist:

- Höhe des Effektivzinses für das Gesamtdarlehen (Darlehenssumme plus zusätzlicher Kredit zur Deckung sämtlicher Kosten = Gesamtdarlehen):

CHECKLISTE 4:

Zusätzliche Prüfpunkte für Kapitalanleger

Prüfung Standort

- Wie beurteilen Sie die Zukunftschancen des Gebietes oder der Stadt (künftige Entwicklung der Wirtschaftskraft, nimmt die Bevölkerung ab oder zu, Planung Verkehrswege und anderes)?

Prüfung der Gegend

- Liegt das Objekt in der Nähe oder in einer Gegend, mit der Sie vertraut sind? (So können Sie Preise und Miethöhe leichter und realistischer einschätzen – wichtig für die Rentabilität.)

- Wie bewerten Sie die Wohnlage: sehr gut, gut, mittel, schlecht? (Mittlere Wohnlagen haben oft die besten Renditen!)

- Wie hoch ist der Preis-Miete-Vergleich-Faktor? (PMV-Faktor = Kaufpreis pro Quadratmeter Wohn- und Nutzfläche geteilt durch die durchschnittliche Jahresmiete pro Quadratmeter ohne Nebenkosten; Obergrenzen für die Rentabilität sind bei Neubauten etwa das 20–25fache, bei Objekten aus zweiter Hand das 15–20fache.)

- Was zahlen professionelle Vermieter wie zum Beispiel Versicherungsgesellschaften für vergleichbare Objekte? (Versicherungen oder Makler nach entsprechenden PMV-Faktoren fragen)

Bewertung des Hauses/der ETW

- Qualität zahlt sich aus. Ein großzügiger Grundriss, energiesparende Bauweise, ein ansprechendes Äußeres sorgen für zahlungskräftige, zufriedene Mieter.

- Versetzen Sie sich so gut wie möglich in Ihre Zielgruppe und deren Wohnvorstellungen. So vermeiden Sie zum Beispiel Überrenovierungen, die sich finanziell für Sie nicht lohnen.

- Bei vermieteten Häusern oder Wohnungen: Prüfen Sie genau Miethöhe und Nebenkosten. Liegen hier noch Reserven zu Ihren Gunsten?

- Wenn ja: Sind diese Reserven überhaupt durch entsprechende Erhöhungen realisierbar? (Hier gibt es vertragliche und gesetzliche Grenzen, lassen Sie sich unbedingt vor dem Kauf von einem Mietrecht-Fachmann beraten.)

Wirtschaftlichkeitsberechnung

- Lassen Sie sich von Ihrer Bank ausrechnen, ob es sich für Sie grundsätzlich lohnt, Eigenkapital einzusetzen. (Regel: Bei hoher Rendite Ihres zum Beispiel in Aktien angelegten Eigenkapitals lohnt es sich, voll fremd zu finanzieren.)
- Entspricht die gezahlte oder geschätzte Miete den Mieten im Mietspiegel für die Region, in der das Sie interessierende Objekt liegt? (Im Mietspiegel werden die in der Vergangenheit bezahlten Mieten nach genau festgelegten Kriterien für Wohnqualität und Wohnlage aufgeführt.)
- Bei ETW: Sind die Kosten in den ersten Jahren für Verwaltung und Rücklage hoch genug? (Die angegebenen Instandhaltungsrücklagen sind oft viel zu niedrig angesetzt.)
- Welche Mietrenditen werden über zehn und 20 Jahre erwartet?
- Wie könnte sich Ihr zu versteuerndes Einkommen und Ihr Grenzsteuersatz in fünf und zehn Jahren entwickeln?
- Wie hoch könnten die erzielbaren Preise für das Objekt in diesen Jahren sein?
- Rechnen Sie konservativ mit nicht mehr als zwei Prozent Miet- und Wertsteigerung pro Jahr.
- Erstellen Sie eine langfristige Liquiditätsrechnung über mehr als zehn Jahre, aus der die laufenden Einnahmen und Ausgaben bei Annahme realistischer Prognosen (z. B. 2 % Miet- und Wertsteigerung) hervorgehen. Lassen Sie sich nicht von einer Liquiditätsrechnung für das erste Vermietungsjahr oder nur für die Zeit bis zum Ablauf der ersten Zinsbindung blenden.
- Ermitteln Sie die Liquidität jeweils in drei Stufen:

  Liquidität Stufe I (*vor* Steuern und *vor* Tilgung) ____________________

  Liquidität Stufe II (*nach* Steuern und *vor* Tilgung) ____________________

  Liquidität Stufe III (*nach* Steuern und *nach* Tilgung) ____________________

  Dabei kann Ihnen folgendes Berechnungsschema helfen:

  Jahresnettomiete
  ./. nicht umlagefähige Bewirtschaftungskosten
  ____
  Jahresreinertrag
  ./. Hypothekenzinsen
  ____
  Liquidität Stufe I
  + Steuerersparnis
  ____
  Liquidität Stufe II
  ./. Tilgung
  ____
  Liquidität Stufe III

- Denken Sie beim Kauf schon an den späteren Wiederverkauf und gehen Sie von realistisch erzielbaren Verkaufserlösen in der Zukunft aus, zum Beispiel vom 15fachen der mit 2 Prozent pro Jahr hochgerechneten Jahresnettokaltmiete. Ein möglichst steuerfreier Veräußerungsgewinn nach Ablauf von 10 Jahren erhöht die Gesamtrendite, ein Verkauf unter den Anschaffungskosten schmälert sie.

- Die Gesamtrendite eines Mietobjekts errechnet sich aus Mietrendite nach Steuern, steuerlicher Zusatzrendite (durch Ansatz von Abschreibungen) und Veräußerungsrendite. Liegt der Hypothekenzins nach Steuern unter der Gesamtrendite nach Steuern, lohnt sich eine relativ hohe Fremdfinanzierung. Sie profitieren dann von der Hebelwirkung (sog. leverage effect).

Angebote von Bauträgern/Vermittlungsfirmen

- Ist der Preis marktgerecht? Was kosten ähnliche Objekte von Privat? Würden Selbstnutzer aus der Gegend den Gesamtpreis für dieses Objekt überhaupt zahlen können? (Achtung: Preise von Bauträger-Objekten für Kapital-Anleger sind häufig 20–30 Prozent höher als vergleichbare Objekte!)

- Liegen die steuerlich absetzbaren Kosten und Provisionen (Dienstleistungsgebühren) in einem noch vertretbaren Bereich (ca. 10 Prozent der Grundstücks- und Herstellungskosten)?

- Sind die garantierten Mieten überhaupt erzielbar? (Prüfen Sie das unbedingt nach – auch bei einer vom Verkäufer garantierten Miete; denn diese gilt nur für ein paar Jahre.)

- Sind die angenommenen Mietsteigerungen realistisch? (Über drei Prozent sind wahrscheinlich zu optimistisch. Erkundigen Sie sich bei Maklern oder beim Grundeigentümerverein.)

- Verlangen Sie eine Wirtschaftlichkeitsberechnung mit Ihren Grenzsteuersätzen. Lassen Sie das gesamte Angebot von Ihrem Steuerberater prüfen.

- Die Wirtschaftlichkeitsberechnung sollte für mindestens zehn Jahre, besser aber noch für 20 Jahre aufgestellt werden. (Die höheren Steuervorteile der ersten Jahre täuschen eine zu hohe Rendite vor!)

- Bei Wertsteigerungs-Schätzungen: Rechnen Sie die angenommene prozentuale Wertsteigerung nicht auf den Kaufpreis, sondern auf den von Ihnen geschätzten Marktpreis. (Die saftigen Bauträgerprovisionen und -gewinne zahlt Ihnen später kein Käufer!)

- Sind in der Musterrechnung des Anbieters wirklich alle Nebenkosten enthalten, zum Beispiel Maklerprovision, Vermittlungsgebühr für Finanzierungen, realistische Nebenkosten bei ETW?

- Schließen Sie nie über den Verkäufer die Finanzierung ab, ohne vorher Alternativ-Finanzierungen von neutralen Beratern rechnen zu lassen.

- Lassen Sie sich vom Verkäufer Referenzen geben von Personen, die vor mehreren Jahren ein Objekt gekauft haben.

- Erkundigen Sie sich gründlich über den Verkäufer bei Banken, beim örtlichen Grundeigentümer-Verein und der Industrie- und Handelskammer. Lassen Sie über Ihre Bank bei einer Auskunftei eine schriftliche Auskunft einholen.

CHECKLISTE 5:

Zusammenarbeit mit Maklern

1. Makler-Suche

- Ist der Makler spezialisiert auf die Vermittlung von Immobilienverkäufen – statt nur auf Wohnungsvermietung?
- Welche Makler haben sich spezialisiert auf Objekte so wie die, die Sie suchen?
- IVD hinter dem Maklernamen ist ein erster Hinweis auf Qualifikation.
- Wenn eine Bank bei dem Maklerunternehmen beteiligt ist, können Sie davon ausgehen, dass Sie es mit einem professionell arbeitenden Makler zu tun haben.

2. Maklervertrag

- Ein Vertrag muss nicht schriftlich geschlossen werden, mündliche Vereinbarungen oder »schlüssiges« Verhalten des Kaufinteressenten genügt dazu. (Beispiel: Anfrage des Kaufinteressenten beim Makler, danach Besichtigung mit dem Makler)
  Ein Vertrag kommt nicht zustande durch bloße telefonische Anfrage eines Interessenten zum Beispiel auf Grund einer Makleranzeige, unaufgeforderte Zusendung von Exposees, die Verteilung eines Exposees nach einer Besichtigung oder allein durch Unterschrift unter einen Objektnachweis.
- Wenn Sie einen Makler mündlich oder schriftlich bitten, für Sie tätig zu werden, und der Makler akzeptiert, dann ist ein Maklervertrag zustande gekommen.
- Bevor Sie einen Maklervertrag unterschreiben: Genau durchlesen, fragen Sie, wenn Sie etwas nicht verstehen.
- Wer zahlt die Maklerprovision bei Erfolg? Wenn Sie zahlen, wie viel Prozent vom Kaufpreis plus Mehrwertsteuer? (Falls die Mehrwertsteuer nicht erwähnt wird, handelt es sich um eine Bruttogebühr, in der die Mehrwertsteuer bereits enthalten ist. Sie brauchen die Mehrwertsteuer nicht zusätzlich zu zahlen.)
- Die Maklerprovision ist grundsätzlich frei vereinbar. Wenn die Marktlage es zulässt oder wenn es sich um ein größeres Objekt handelt: Versuchen Sie, die Maklerprovision herunterzuhandeln.
- »Einschreibgebühren« oder »Computerspeichergebühren« auf keinen Fall zahlen, an solchen Forderungen erkennen Sie unseriöse Geschäftemacher!
- Bei einem Alleinauftrag: Haben Sie sich vorher vergewissert, dass dieser Makler ein Profi ist? Schließen Sie den Vertrag für nicht länger als drei Monate ab. Akzeptieren Sie keine automatische Verlängerungsklausel.

3. Maklertätigkeit

Wenn Sie eine nachgewiesene Kaufgelegenheit bereits kennen:

- Wenn der Makler von sich aus darüber keine Bestätigung verlangt, dann sollten Sie in Ihrem eigenen Interesse den Makler darüber informieren.
  Voraussetzung für eine solche Bestätigung ist allerdings, dass Sie detaillierter über die Gelegenheit zum Kauf informiert sein müssen. So reicht als Vorkenntnis nicht, wenn Sie das Objekt nur aus einer Anzeige kennen.
  Achten Sie darauf, dass Sie diesen Nachweis der Vorkenntnis später auch beweisen können:
  mündlich nur mit einem Zeugen des Gesprächs und Notiz des Datums, Namen des Gesprächspartners und Ihres Zuhörers;
  schriftlich per Fax, Brief per Einschreiben;
  bei einer Ihnen vom Makler vorgelegten Adressenliste Namen des bereits bekannten Objekts durchstreichen und mit Unterschrift und Datum kennzeichnen, eine Kopie davon geben lassen.
  (Mit einer solchen Dokumentation der Vorkenntnis schützen Sie sich zuverlässig vor späteren Streitigkeiten und möglicher Doppelzahlung von Provisionen!)

- Zu Ihrer eigenen Sicherheit sollten Sie sämtliche Kontakte mit Maklern genau dokumentieren: Datum, Name des Gesprächspartners, Kontakt per Telefon, persönliches Gespräch, wo, getroffene Vereinbarungen, eventuell Namen von Zeugen. (Sollte es später einmal zum Streit mit einem Makler kommen, haben Sie mit diesen Notizen bessere Chancen.)

Bei Reservierungs-Vereinbarungen:

- Hat der Makler vom Verkäufer einen Alleinauftrag? (Wenn nicht, dann nutzt die Vereinbarung Ihnen nichts, wenn andere Makler das Objekt weiter anbieten.)

- Ist der Verkäufer bereit, die Reservierungsvereinbarung mit zu unterschreiben? (Beste Sicherheit für Sie, dass die Reservierung auch klappt.)

- Eine Reservierungsgebühr ist nach einer Entscheidung des BGH nur zulässig, wenn sie – außer dem Ersatz von nachweisbaren Kosten des Maklers – nicht höher ist als 10 Prozent der vereinbarten Provision.

4. Zahlung der Provision

- Einen Provisionsanspruch hat der Makler gegenüber dem Käufer nur, wenn die folgenden Voraussetzungen zutreffen:

1. Es wurde ein gültiger Maklervertrag geschlossen.
2. Der Makler hat seinen Provisionsanspruch deutlich, zum Beispiel schriftlich, und vor Beginn seiner Aktivitäten für Sie mitgeteilt.
3. Der Makler ist für den Käufer durch Nachweis oder Vermittlung aktiv geworden und zwar so, dass diese Aktivitäten maßgeblich für den Abschluss des Kaufvertrages waren.
4. Es wurde ein rechtsgültiger Kaufvertrag abgeschlossen.

5. Der Makler hat seine Pflichten erfüllt – zum Beispiel wichtige Fakten korrekt übermittelt.

- Nur die Kernaktivitäten (Nachweis oder Vermittlung) sind bei einem Vertrag und nach Abschluss des Kaufvertrages provisionspflichtig. Ohne sie brauchen Sie andere Leistungen des Maklers wie Beschaffung von Unterlagen, Hilfe bei Finanzierung nicht zu bezahlen.

- Die Maklerprovision erst zahlen, wenn der notarielle Kaufvertrag abgeschlossen ist.

- Wenn der Kaufvertrag unter einer »aufschiebenden« Bedingung geschlossen wurde (Beispiel bauamtliche Genehmigung für Umbau): Der Kaufvertrag kommt erst zustande, wenn diese Bedingung erfüllt ist. Danach ist die Provision an den Makler zu zahlen.

- Sie haben keinen Anspruch auf Rückzahlung der Provision, wenn Sie später aus gesetzlichen Gründen vom Vertrag zurücktreten oder Wandlung oder Minderung erreichen wollen.

- Die Maklerprovision muss zurückgezahlt werden, wenn Sie den Kaufvertrag anfechten, zum Beispiel wegen arglistiger Täuschung durch den Verkäufer.

- Der Makler verwirkt seinen Anspruch auf Provision, wenn er den Maklervertrag schwerwiegend verletzt. Beispiele: Wohnfläche im Exposee ist 10 Prozent zu hoch angegeben; die Makler-Angabe, das Objekt sei an die öffentliche Wasserversorgung angeschlossen, stimmt nicht; das Exposee ist in wesentlichen Angaben wie Adresse, Grundstücksgröße unvollständig. Oder der Makler ist zum Beispiel mit der Hausverwaltungsfirma wirtschaftlich eng verflochten oder ihm gehört das Grundstück zu einem Teil (OLG Koblenz 5 U 725/91).

- Ein Verwalter einer ETW-Anlage kann eine Vermittlerprovision nur verlangen, wenn er nicht für die einzelnen Wohnungseigentümer tätig wird. (Beispiel: Nebenkosten abrechnen oder Mietzahlungen verwalten) Hat er dagegen vor Vertragsabschluss auf diese Tätigkeit hingewiesen, steht ihm die Provision zu.

- Falls Sie eine Gelegenheit zum Kauf schon vor Abschluss des Maklervertrages kannten, aber den Makler nicht informiert haben (Sie sind dazu rechtlich nicht verpflichtet): Wenn Maklervertrag und Kaufvertrag zeitlich eng zusammen liegen, müssen Sie beweisen, dass Sie diese Kaufgelegenheit schon vorher kannten. Entscheidend ist dabei, dass Sie wussten, dass das Objekt verkauft werden sollte; der Name des Verkäufers oder des Objekts allein reicht nicht.

- Sollten Sie dasselbe Objekt von mehreren Maklern gleichzeitig angeboten bekommen, geht die Provision an den Makler, dessen Bemühungen am meisten zum Abschluss des Kaufvertrages beigetragen haben (BGH, Az.: IV ZR 28/78)

- Bei Streitigkeiten mit einem Makler können Sie sich an folgende Institutionen wenden: Industrie- und Handelskammer, Gewerbeaufsichtsamt, Zentralen der Maklerverbände.

CHECKLISTE 6:

Kurzbeurteilung eines Hauses oder einer ETW

____

Bezeichnung/Adresse des Hauses/der ETW

____

Eigentümer/Bauherr	Adresse	Telefon

____

Makler	Adresse	Telefon

____

Hausmeister/Verwalter	Adresse	Telefon

Bitte CHECKLISTEN 7 bis 10 und 13 durcharbeiten, **bevor** Sie Häuser oder ETW ansehen und diese Kurzbeurteilung machen. Tragen Sie zu jedem Bewertungspunkt in Stichworten die wesentlichen Ergebnisse der Besichtigung ein. Jeden Punkt können Sie abschließend mit Schulnoten bewerten (1–6). Das erleichtert den Vergleich verschiedener Objekte.

Bewertung:

- Umgebung, Lage: **Note:** ____________

  (Beispiele: ruhig, gute Wohnlage, Verkehrsverbindungen, Nachbarn, bei ETW auch Zahl der ETW im Gebäude)

  ____

  ____

  ____

- Grundstück: **Note:** ____________

  Größe: ____________ qm (Beispiele: Lage zur Sonne, Garten, Aussicht)

  ____

  ____

  ____

- Haus/ETW: **Note:** ________

Baujahr: ________ umbauter Raum: ________ cbm
(Beispiele: Haustyp, Zustand von außen, Lage zur Sonne)

- Bau-Substanz: **Note:** ________

(Beispiele: Wärmedämmung, Schallschutz, Mauern, Fenster, Dach)

- Grundriss: **Note:** ________

Zahl der Zimmer: ________ Wohnfläche: ________ qm Nutzfläche: ________ qm

(Beispiele: Grundriss einfallslos, ausgefallen, passend zu Ihren Wohngewohnheiten)

- Technische Einrichtungen: **Note:** ________

(Beispiele: Heizung, Sanitär-Anlagen, Elektro-Installation)

- Ausstattung: **Note:** ________

(Beispiele: Keller, Wohnräume, Dachgeschoss: Fußböden, Wände, Einbauten)

- Was entspricht nicht Ihren Anforderungen nach CHECKLISTE 1:

____

____

- Welche Einschränkungen gibt es:
  (Beispiele: vermietet, Denkmalschutz, Nutzungsrechte Dritter, Modernisierung erforderlich)

____

____

- Bei ETW: Handelt es sich tatsächlich um eine ETW oder nur um Eigentumsanteile am Haus und Nutzungsrechte an der Wohnung (Brucheigentum)? Bruchteilsmodelle auf jeden Fall meiden!
  Was müssten oder was würden Sie ändern:
  (Beispiele: Grundriss, Bausubstanz, Ausstattung, technische Einrichtungen)

____

____

- Wie beurteilen Sie die Aussichten auf Wertzuwachs und Wiederverkäuflichkeit:
  (Beispiele: Lage, Wohnkomfort, Ausstattung)

____

____

- Preis:

Preis pro qm Grundstück:	________ €
Preis für das Haus/die ETW:	________ €
Gesamtpreis:	________ €
Ist der Preis fest:	ja ☐ nein ☐
Maklerprovision (inkl. MwSt):	________ €
Bei ETW: Monatliche Betriebs- u. Nebenkosten:	________ €
Brandversicherungswert:	________ €

- Wie berurteilen Sie den Gesamtpreis: angemessen ☐ zu hoch ☐ günstig ☐

- Zusammenfassende Bewertung des Hauses/der ETW (in Schulnoten):
  1 ☐ 2 ☐ 3 ☐ 4 ☐ 5 ☐ 6 ☐

  Bewertungspunkte, Größenangaben und Preise in ARBEITSBLATT 4 übertragen.

CHECKLISTE 7:

Prüfung eines Hauses oder einer ETW

____

Bezeichnung/Adresse des Hauses/der ETW

____

Eigentümer/Bauherr Adresse Telefon

____

Makler Adresse Telefon

____

Hausmeister/Verwalter Adresse Telefon

Zur Besichtigung mitnehmen: Starke Taschenlampe, Zollstock, Fernglas zur Sichtkontrolle weit entfernter Bauteile, zum Beispiel Dach, Kompass oder Uhr mit Zeigern für sichere Feststellung der Himmelsrichtung. Wichtige Fragen, die bei der Besichtigung nicht beantwortet werden können, am Rand mit Fragezeichen markieren. Zutreffendes bitte ankreuzen.

1. Umgebung, Lage

Achtung: Prüfen Sie die folgenden Fragen besonders sorgfältig, denn Umgebung, Lage und Grundstück sind entscheidend für Lebensqualität und für künftige Wertsteigerungen.

- Wie beurteilen Sie die soziale und wirtschaftliche Situation und die künftige Entwicklung des Stadtviertels und der Umgebung:

  ____

  ____

- Aufwärtstrend (Anhaltspunkte: Viertel ist »in« oder könnte es bald werden; attraktive Arbeitsplätze in der Nähe; Viertel mit Atmosphäre; aktives Leben, junge Leute; Häuser werden renoviert; Sanierung geplant; gut mit öffentlichen Nahverkehrsmitteln erreichbar.)
- Abwärtstrend (Anhaltspunkte: Viertel sieht vernachlässigt und verfallen aus; Abfall auf Straßen und in Hinterhöfen; viele vergammelte Autos; Häuser lange nicht repariert und gestrichen; attraktive Arbeitsplätze werden verlagert; sozial höhere Schichten wandern ab, sozial schwächere Mieter ziehen ein; mit Graffiti verschmierte Wände; verdreckte Hauseingänge; chaotische Namenschilder und Briefkästen.)
- stabil

Praxistipp: Sprechen Sie mit Postboten, Gas- und Elektro-Ablesern, Polizisten und Taxiunternehmen. So können Sie in kurzer Zeit einen zuverlässigen Eindruck von dem Viertel bekommen.

- Entspricht die Umgebung Ihren Vorstellungen: ja ☐ nein ☐
  Warum nicht:

- Sind ruhestörende Objekte in der Nähe: ja ☐ nein ☐

- Welche ruhestörenden Objekte gibt es (Lokale, Sportstätten, Garagen):

  ____

  ____

- Lärm-Belästigung durch Straßen-Verkehr (Eisenbahn, Flugzeuge, Schulhof, Sportveranstaltungen, Glockengeläut): ja ☐ nein ☐

- Ist in der Umgebung häufig Nebel (Nähe von Gewässern!): ja ☐ nein ☐

- Gibt es übermäßig viele Mücken und Insekten im Sommer (auf Sümpfe, Teiche in der Nähe achten): ja ☐ nein ☐

- Wie ist die Umgebung bebaut (Einfamilienhäuser, Hochhäuser, dichte Bebauung): ja ☐ nein ☐

  ____

  ____

- Wie sehen die Häuser in der direkten Umgebung aus: neu ☐ renoviert ☐ alt ☐ vernachlässigt ☐

- Passt das Sie interessierende Objekt zu der Umgebung: ja ☐ nein ☐
  (Ist es zum Beispiel größer, luxuriöser als üblich in der Gegend, dann eventuell schwerer wieder zu verkaufen!)

- Gibt es öffentliche Verkehrsmittel in der Nähe: ja ☐ nein ☐
  Welche:

  ____

  ____

- Wie viel Minuten zu Fuß bis zur Haltestelle: ______ Minuten

- Fahrtzeit bis in die Innenstadt: ______ Minuten

- Können Sie auch zu Ihrem Arbeitsplatz mit öffentlichen Verkehrsmitteln fahren: ja ☐ nein ☐
  Fahrzeit: ______ Minuten
  Fahren diese Verkehrsmittel häufig genug: ja ☐ nein ☐
  Wann ist abends die letzte Verbindung: ______ Uhr

- Entfernung mit dem Auto in die Innenstadt: ______ km
  Fahrtdauer: ______ Minuten

- Entfernung bis zum Arbeitsplatz: ______ km
  Fahrtdauer: ______ Minuten

- Wie weit sind entfernt in Minuten:

	zu Fuß	per Auto		zu Fuß	per Auto
Kindergarten	______	______	Schwimmbad	______	______
Grundschule	______	______	Sportstätten	______	______
Einkaufsmöglichkeiten	______	______	Ärzte	______	______

- Entsprechen die Einkaufsmöglichkeiten, Freizeit-Angebote in dem Viertel Ihren Vorstellungen: ja ☐ nein ☐
  Warum nicht:

  ____

  ____

- Glauben Sie, dass die Nachbarn zu Ihnen passen: ja ☐ nein ☐
  (Welche Schicht? Haben die Nachbarn Kinder?) Weiteres Indiz:
  Achten Sie auf Zustand der Häuser und Gärten (pingelig, gepflegt, vernachlässigt)
  Warum nicht:

  ____

  ____

- Falls keine Spielmöglichkeiten für Ihre Kinder auf dem eigenen Grundstück:
  Welche Spielmöglichkeiten gibt es in der Nähe?

  ____

  ____

- Gibt es für Besucher außerhalb des Grundstücks genügend Parkplätze: ja ☐ nein ☐

2. Grundstück

- Ist ein Garten vorhanden: ja ☐ nein ☐

- Zustand des Gartens (angelegt, gepflegt, verwildert):

  ____

  ____

- Bepflanzung:

____

____

- Ist das Grundstück zur Straße und zu den Nachbarn abgeschirmt: ja ☐ nein ☐

- Was für Gebäude außer dem Haus gibt es noch auf dem Grundstück:
Garage ☐ Doppelgarage ☐ Gartenhaus ☐ Schuppen ☐

- Wie ist das Grundstück eingezäunt:

____

- Ist das Grundstück leicht zu pflegen: ja ☐ nein ☐
Warum nicht (steiler Hang, Winterreinigung bei langer Straßenfront):

____

- Bei Hanggrundstücken: Welche Vorkehrungen gibt es gegen Erdrutsch (zum Beispiel Stützmauern)? Wie ist deren Zustand (eventuell Sachverständigen fragen):

____

- Gibt es über dem Grundstück oder direkt in der Nähe Hochspannungsleitungen? (Diese können eventuell Gesundheit und Wohlbefinden beeinträchtigen.) ja ☐ nein ☐

- Wenn es auf dem Grundstück oder in der Nähe einen Fluss oder Bach gibt: Gab es in den letzten Jahren Überschwemmungen? (auch andere Bewohner der Gegend fragen) ja ☐ nein ☐

- Haben Sie sich vergewissert, dass bei dem Grundstück keine Altlasten zu befürchten sind: ja ☐ nein ☐

Dazu folgendes prüfen: Fragen Sie bei der Gemeinde und beim Bauamt, ob in der Gegend Altlasten bekannt sind (Altlasten-Kataster, Stadtarchiv). Erkundigen Sie sich bei älteren Nachbarn nach der Vergangenheit des Viertels. Leute, die seit Jahrzehnten dort wohnen, wissen noch, ob es auf dem Sie interessierenden Grundstück oder in der direkten Nähe früher einmal Industriebetriebe, Tankstellen, Lagerplätze gegeben hat! Industrie- und Handelskammern führen Betriebskataster, in denen Sie bei Verdacht ebenfalls nachsehen sollten. Luftbilder aus früheren Jahren finden Sie vielleicht beim Landesvermessungsamt. Im Grundbuch prüfen, wer die früheren Eigentümer des Grundstücks waren, fragen Sie dort nach.

- Gibt es oder gab es früher einmal eine chemische Reinigung direkt neben dem Gebäude oder im Gebäude? (Verseuchungsgefahr durch Perchlorethylen, PER) — ja ☐ nein ☐
  Wenn ja: Gebäude von einem Fachmann genau prüfen lassen, im Zweifelsfall nicht kaufen!

- Wie ist der optische Zustand der

	gut	reparaturbedürftig	muss erneuert werden
Umzäumung:	☐	☐	☐
Stützmauern:	☐	☐	☐
Gehwege zum Haus:	☐	☐	☐
Treppen:	☐	☐	☐

- Liegt das Grundstück günstig zur Sonne? (ideal: Süd-West) So können Sie mit einer Uhr die Himmelsrichtung feststellen: Kleiner Zeiger Richtung Sonne, auf halber Strecke im Uhrzeigersinn zwischen dem kleinen Zeiger und der 12 ist Norden. — ja ☐ nein ☐

- Werfen Gebäude, Bäume auf Nachbargrundstücken Schatten: (im Winter Laub auf Bäumen vorstellen!) — ja ☐ nein ☐

- Liegt das Haus windgeschützt (niedrigere Energiekosten): — ja ☐ nein ☐

- Stört der Wind, zum Beispiel beim Aufenthalt auf dem Balkon oder auf der Terrasse: — ja ☐ nein ☐

- Gefällt Ihnen die Aussicht vom Grundstück: — ja ☐ nein ☐
  Warum nicht:
  ____

- Gefällt Ihnen das Grundstück: (Versuchen Sie sich auch vorzustellen, wie das Grundstück im Winter oder im Sommer aussieht. Blumen, Sonne und schönes Wetter geben manchmal einen falschen Eindruck!) — ja ☐ nein ☐
  Warum nicht:
  ____

3. Haus (außen)

- Haus-Typ:

☐ freistehend	☐ Reihenhaus	☐ Reihenendhaus
☐ Doppelhaus	☐ Terrassenhaus	☐ Fertighaus
☐ eingeschossig	☐ zweigeschossig	______ geschossig

- In welchem Geschoss liegt die Wohnung: _______ Geschoss

- Größe:
  - Einfamilien-Haus
  - Einfamilien-Haus mit Einliegerwohnung
  - Zweifamilien-Haus
  - Mehrfamilien-Haus _______ Wohnungen

- Außenmauern:
  - verputzt
  - gestrichen
  - Fachwerk
  - Schiefer
  - Klinker
  - Naturstein
  - Holzverkleidung
  - Verkleidung mit zementhaltigen Platten

  Achtung bei zementhaltigen Platten: Diese Platten können Asbest enthalten! Im Zweifelsfall von einem Fachmann prüfen lassen.

- Sind die Platten nicht gestrichen und bereits stark verwittert: ja ☐ nein ☐

- Dachform:
  - Walmdach
  - Satteldach
  - Pultdach
  - Flachdach

- Besteht die Dachabdeckung aus zementhaltigen Platten: (Asbesthaltig? Im Zweifelsfall von einem Fachmann prüfen lassen). ja ☐ nein ☐

- Sind diese Platten nicht gestrichen und stark verwittert: ja ☐ nein ☐

- Äußerer Zustand des Hauses:

	Anstrich, Putz	Dachrinnen, Fallrohre	Dach	Türen	Zugang, Treppe
gepflegt, optisch einwandfrei	☐	☐	☐	☐	☐
ungepflegt, vernachlässigt	☐	☐	☐	☐	☐
Schönheitsreparaturen notwendig	☐	☐	☐	☐	☐
Renovierung erforderlich	☐	☐	☐	☐	☐

- Wie wirkt das Äußere, die Fassade (modern, klassisch, repräsentativ, primitiv):

  ____

- Gefällt Ihnen das Äußere des Hauses: ja ☐ nein ☐
  Warum nicht:

  ____

- Liegt das Haus günstig auf dem Grundstück: ja ☐ nein ☐

- Wie ist das Verhältnis Grundstücksgröße zur Größe des Hauses:
  harmonisch ☐
  Haus zu groß für Grundstück ☐

4. Haus-Besichtigung

4.1 Keller

- Wie ist das Haus unterkellert: ▢ vollständig ▢ teilweise ▢ überhaupt nicht
  Zahl der unterkellerten Räume: ______

- Wie sieht der Keller aus: ▢ Mauern verputzt ▢ unverputzt

- Sind Boden, Mauern, Decken in Ordnung
  (auf feuchte Stellen, Schimmel, Risse im Boden achten. Riecht es feucht und mufflig?):
  ▢ optisch in Ordnung ▢ nicht in Ordnung
  Mängel:
  ____

- Wie sehen die Türen und Fenster aus (Rost, Farbe blättert ab, Fäulnis):

	Türen	Fenster
optisch einwandfrei	▢	▢
reparaturbedürftig	▢	▢
müssen erneuert werden	▢	▢

- Welche Fenster sind eingebaut:
  Kellerfenster mit Metallgitter und Lichtschacht ja ▢ nein ▢
  Wohnraumfenster ja ▢ nein ▢

- Ist der Keller von außen zugänglich: ja ▢ nein ▢

- Ist der Keller ausgebaut: ja ▢ nein ▢
  Wo, wie:
  ____

- Entspricht der Ausbau Ihren Vorstellungen: ja ▢ nein ▢
  Wenn nein, warum nicht:
  ____

- Sind die Keller ausbaubar
  (Raumhöhe, Anschlüsse Wasser, Heizung) ja ▢ nein ▢

- Höhe der Keller in Meter: ______

- Welche Räume haben

	Heizung	Wasser kalt	warm	Licht
alle Räume	▢	▢	▢	▢
______	▢	▢	▢	▢
______	▢	▢	▢	▢
______	▢	▢	▢	▢

- Sind die Heizungsrohre/Warmwasserrohre verkleidet/wärmegedämmt — ja ☐ nein ☐

4.2 Heizung

- Art der Anlage
  - ☐ Öl ☐ Gas ☐ Kohle ☐ Elektro
  - ☐ Fernwärme ☐ Ofenheizung ☐ Zentralheizung

- Alter der Anlage ______ Jahre
  (auf Typenschild ablesen, durchschnittliche Haltbarkeit Heizkörper und Kessel: Gusseisen ungefähr 30 Jahre, Stahl ungefähr 20 Jahre, Ölöfen max. 20 Jahre, Gasöfen ungefähr 15 Jahre):

- Kann die Heizungsanlage die seit Oktober 1993 höheren Grenzwerte für Abgasverluste und den Rußwert erreichen (ostdeutsche Bundesländer ab Oktober 1995)? — ja ☐ nein ☐
  Messwerte vom Schornsteinfeger
  Grenzwerte bei Anlagen von 4–25 Kilowatt: Abgasverlust höchstens 15 %, Rußzahl höchstens 2:

Ölheizung

- Tank — Anzahl: ______
  Größe: ______ Liter

- Können Sie den Jahresverbrauch lagern: — ja ☐ nein ☐

- Gibt es einen Öl-Außentank: — ja ☐ nein ☐
  Wenn ja, liegt das vorgeschriebene Prüfzeugnis vor: — ja ☐ nein ☐

Elektro-Heizung

- Ist das Haus besonders gut wärmegedämmt (zum Beispiel Isolier-Verglasung, zusätzliche Wärmedämmung außen oder innen; durch einen Fachmann prüfen lassen): — ja ☐ nein ☐

- Entspricht das Gebäude der seit dem 1.1.1995 geltenden Wärmeschutz-Verordnung (Wärmebedarfs-Ausweis zeigen lassen): — ja ☐ nein ☐

- Welche Lieferverträge gibt es:

  ____

- Wie hoch ist der Strompreis für die Heizung: ______ € Kilowattstunde

- Durchschnittliche Heizkosten im letzten Jahr
  (Rechnungen zeigen lassen): ______ €

Fernwärme

- Welche Lieferverträge gibt es:

____

- Wie wird der Verbrauch ermittelt:
  Ablesen der Messgeräte an Heizkörpern — ja ☐ nein ☐
  nach Personenzahl — ja ☐ nein ☐

4.3. Wasser

- Versorgung aus: ☐ öffentlichem Netz ☐ eigenem Brunnen
- Ist ein Anschluss an öffentliches Netz geplant: — ja ☐ nein ☐
- Wie alt sind die Leitungen: ______ Jahre
  (durchschnittliche Haltbarkeit bei Kunststoff oder Kupfer ungefähr 40 Jahre, verzinkter Stahl ungefähr 30 Jahre – je nach Wasserqualität)
- Warmes Wasser durch Durchlauf-Erhitzer: — ja ☐ nein ☐
  In welchen Räumen:

____

- Zentrale Warmwasser-Bereitung — ja ☐ nein ☐
  Kapazität (Anhaltspunkt: pro Person im Haushalt ungefähr 50 Liter): ______ Liter
- Ist die Anlage unabhängig von der Heizung: — ja ☐ nein ☐

4.4 Abwasser

- Ableitung in: ☐ Kanalisation ☐ eigene Grube
- Ist künftig ein Anschluss an die Kanalisation erforderlich: — ja ☐ nein ☐
  (Auskunft bei der Gemeinde)
  Wann: ______ Kosten: ______ €
- Sind Rückstau-Ventile vorhanden: — ja ☐ nein ☐
  Wo:

____

- Fließen die Abwässer über eine Hebeanlage (Pumpe): — ja ☐ nein ☐

4.5 Elektrische Ausstattung

- Wie alt ist die Anlage: ______ Jahre
  (durchschnittliche Haltbarkeit bei Leitungen unter Putz ungefähr 40 Jahre, über Putz ungefähr 30 Jahre, Schalter und Steckdosen ungefähr 20 Jahre):

- Leitungen über Putz ☐ unter Putz ☐ reparaturbedürftig ☐ komplett erneuern ☐

- Schuko-Steckdosen: ja ☐ nein ☐

- Reicht die Zahl der Steckdosen: ja ☐ nein ☐

- Anzahl der Stromkreise: _______ Stromkreise
  (erkennbar an der Zahl der Sicherungen; Beispiel für 80–100 qm Wohnfläche: 8 Minimum, 17 sehr gut):

- Bei Bauträger-Objekten:
  Welchen Ausstattungswert der HEA (Hauptberatungsstelle für Elektrizitäts-Anwendungen) entspricht die Installation:
  Ausstattungswert 1 (Minimum) ☐
  Ausstattungswert 2 ☐
  Ausstattungswert 3 (optimal) ☐

4.6 Wohnräume

- Material der Außenmauern: ______________________________
  (Gebäude mit Baugenehmigung nach dem 1. 11. 1977 haben gesetzlichen Mindestwärmeschutz. Seit dem 1. 1. 1984 gilt erhöhter Wärmeschutz und seit 1. 1. 1995 weiter verbesserter Wärmeschutz.)

- Sind die Mauern noch zusätzlich wärmegedämmt: ja ☐ nein ☐
  (zum Beispiel durch Dämmplatten, Holzverkleidung)
  Wie:
  ____

- Trennmauer bei Reihen- und Doppelhäusern:
  Wie gut ist die Geräuschdämmung zum Nachbarhaus oder zur Nachbarwohnung (bei geschlossenen Fenstern horchen):
  Achtung: Erst seit 1975 müssen Reihen- und Doppelhäuser mit doppelten Haustrennwänden gebaut werden!
  in Ordnung ☐
  nicht in Ordnung ☐
  nicht festzustellen ☐

- Wie ist die Geräuschdämmung der Böden und Decken, hört man zum Beispiel das Treppensteigen, Schritte von oben? (Seit November 1989 gilt eine neue Schallschutz-Norm DIN 4109)
  Zufrieden stellend ☐
  nicht zufrieden stellend ☐

- Sind die Innenwände massiv genug (dünne leichte Wände erkennen Sie einfach durch Abklopfen mit der Hand): ja ☐ nein ☐

- Sind die Wasser- und Abwasser-Leitungen ausreichend schallgedämmt? (Hören Sie Wasser-Geräusche von Bad oder WC in anderen Räumen?)
  zufrieden stellend ☐
  nicht zufrieden stellend ☐

- Höhe der Wohnräume: _______ cm

- Gibt es schräge Decken ja ☐ nein ☐
  Wo:
  ____

- Material der Fenster:
  - Holz
  - Kunststoff
  - Aluminium
  - Einfach-Verglasung
  - Isolier-Verglasung
  - Schallschutz-Verglasung

- bei älteren Aluminiumrahmen: Sind sie wärmegedämmt, zum Beispiel mit Kern im Rahmen (eventuell Fachmann oder Hersteller fragen): ja ☐ nein ☐
  Bei Bauträger-Objekten: Haben die Fenster das RAL-Gütezeichen ja ☐ nein ☐

- Alter der Fenster: _______ Jahre
  (durchschnittliche Haltbarkeit von Aluminium und Kunststoff fast unbegrenzt, Hartholz wie Kiefer und Mahagoni bis ungefähr 50 Jahre, Weichholz wie Tanne und Fichte höchstens 30 Jahre)

- Erhaltungs-Zustand, zum Beispiel Farbe, Dichtigkeit: (gegebenenfalls Zugprobe mit Streichholz oder Seidenpapier machen)
  Zufrieden stellend ☐
  nicht zufrieden stellend ☐

- Erhaltungs-Zustand der Treppen:
  Zufrieden stellend ☐
  nicht zufrieden stellend ☐

- Türen:
  Material: Vollholz (besserer Schallschutz)
  geleimte Platten (dünne Sparausführung?) ☐ furniert ☐ lackiert

  Erhaltungs-Zustand:
  Zufrieden stellend ☐
  nicht zufrieden stellend ☐

- Rollladen-Material:

☐ Holz	☐ Kunststoff	☐ Metall
In welchen Räumen:	☐ alle Wohnräume	☐ teilweise

Wo:	zu erneuern	reparaturbedürftig
____________	☐	☐
____________	☐	☐
____________	☐	☐

- In welchen Räumen ist:

	Heizung	Wasser kalt	Wasser warm
alle Räume	☐	☐	☐
	☐	☐	☐
	☐	☐	☐

- Regelung der Temperatur durch: ☐ Außen-Thermostat ☐ Raum-Thermostat (besser bei Mehrfamilien-Haus)

- Haben die Heizkörper Ventile zur individuellen Temperatur-Regelung: ja ☐ nein ☐

Ausstattung Wohn- und Schlafräume, Flur

Material Fußboden-Belag	Teppich	Fliesen	Parkett	Holzdielen	zu erneuern
alle Räume	■	■	■	■	■
________	■	■	■	■	■
________	■	■	■	■	■
________	■	■	■	■	■

Dekoration Wände	Tapeten	gestrichener Putz	Holz-verkleidung	zu erneuern
alle Räume	■	■	■	■
________	■	■	■	■
________	■	■	■	■
________	■	■	■	■

Dekoration Decken				
alle Räume	■	■	■	■
________	■	■	■	■
________	■	■	■	■
________	■	■	■	■

- Gibt es besonders wertvolle oder interessante Ausstattung: ja ■ nein ■
  (zum Beispiel Stuckdecken, Fenster, Türen, Beschläge)

- Einbau-Schränke: ja ■ nein ■
  Wo:
  ____

- Kamin: ja ■ nein ■

- Sind die Räume hell genug (genügend Tageslicht?): ja ■ nein ■
  Warum nicht, welche Räume:
  ____

- In welcher Himmelsrichtung liegen (ideal Süden / Südwesten):
  Wohnzimmer ________
  Terrasse ________
  Balkon ________

- Gefällt Ihnen der Ausblick aus dem Wohnzimmer: ja ■ nein ■
  Warum nicht:
  ____

- Gefällt Ihnen der Ausblick von der Terrasse, vom Balkon ja ■ nein ■
  Warum nicht:
  ____

- Sind Terrasse und Balkon gut abgeschirmt zu den Nachbarn: ja ☐ nein ☐

- Gefällt Ihnen spontan der Grundriss (siehe auch CHECKLISTE 11): ja ☐ nein ☐

4.7 Bad / WC

Material Fußböden	Fliesen	Textil-Beläge	Holz	zu erneuern
alle Räume	☐	☐	☐	☐
______________	☐	☐	☐	☐
______________	☐	☐	☐	☐
______________	☐	☐	☐	☐

Dekoration Wände	Fliesen teilweise	Fliesen wandhoch	Holz	gestrichen	zu erneuern
alle Räume	☐	☐	☐	☐	☐
______________	☐	☐	☐	☐	☐
______________	☐	☐	☐	☐	☐
______________	☐	☐	☐	☐	☐

- Ist der Fußboden- und Wandbelag: ☐ billig ☐ aufwändig (zum Beispiel Keramik-Kacheln)

- Welche Sanitär-Einrichtung befindet sich im

	WC	Bidet	Wanne	separate Dusche	Waschbecken einfach	Waschbecken doppelt
Badezimmer	☐	☐	☐	☐	☐	☐
WC	☐	☐	☐	☐	☐	☐

- Ist die Sanitär-Einrichtung
  ☐ einfach ☐ aufwändig (zum Beispiel WC an der Wand aufgehängt)
  ☐ weiß ☐ farbig ☐ modern ☐ altmodisch

- Bei neuen Bauträger-Objekten: Sind die einzelnen Armaturen und Einrichtungen eindeutig beschrieben, zum Beispiel mit Herstellernamen und Artikelnummer: ja ☐ nein ☐
  Was muss erneuert werden:

  ____

- Können WC, Badewanne, Dusche neu installiert werden?
  Räumlich möglich: ja ☐ nein ☐
  Neue Versorgungs-Leitungen erforderlich: ja ☐ nein ☐

- Belüftung durch ☐ Fenster ☐ Ventilator ☐ Schacht

- Bei älteren Häusern: Ist der Wasserdruck ausreichend? ja ☐ nein ☐
  (An der höchsten Stelle des Hauses ausprobieren – wichtig für Umbau-Pläne)

4.8 Küche

- Material Fußboden ▪ Fliesen ▪ Holz ▪ Sonstiges ▪ zu erneuern
- Material Wände ▪ Fliesen ▪ Tapete ▪ gestrichen ▪ zu erneuern

Welche Küchen-Einrichtungsgegenstände sollen im Haus bleiben:

____

- Wollen Sie die Küche übernehmen: ja ▪ nein ▪
  teilweise
- Marke der Geräte/der Einbauküche: ____________________________
- Neuwert ungefähr: ____________ €

4.9 Dachgeschoss

- Dämmung des Daches/Dachbodens (Isoliermatten, Folien, Glaswolle): ja ▪ nein ▪
  Wie:

  ____

- Zustand des Daches (dicht, feuchte Stellen auf dem Boden, man kann zwischen Pfannen durchsehen, feuchte Holzbalken, Nordseite/feuchte Seite): optisch in Ordnung ▪ nicht in Ordnung ▪
- Dachfenster vorhanden: ja ▪ nein ▪
  Erhaltungszustand: Zufrieden stellend ▪ nicht zufrieden stellend ▪
- Ist das Dachgeschoss ganz oder teilweise ausgebaut: ja ▪ nein ▪
- Ist das Dachgeschoss ausbaubar: ja ▪ nein ▪
- Wie hoch ist das Dachgeschoss (Boden bis Querbalken): ____________ Meter
- Wird der Ausbau vom Bau-Ordnungsamt genehmigt: ja ▪ nein ▪
  (beim Bau-Ordnungsamt nachfragen) nicht bekannt ▪
- Ist das Dachgeschoss bereits zum Ausbau vorbereitet: ja ▪ nein ▪
  (Fenster, Heizungs- und Wasser-Anschlüsse)
- Aufgang zum Dachgeschoss: ▪ feste Treppe ▪ Schiebe-Treppe ▪ Leiter

- Bei Flachdach: Wann wurde das Dach das letzte Mal repariert: ______________
  (Rechnung zeigen lassen, bei älteren Häusern sollten Sie Zustand von einem Fachmann prüfen lassen!)

4.10 Einliegerwohnung

- Vorhanden: ja ☐ nein ☐
- Größe: _______ qm Zahl der Räume: _______ Ausstattung:

  ____

- Zugang von wo:
- Ist eine Einliegerwohnung möglich: ja ☐ nein ☐

4.11 Garage, Stellplatz

- Gehört zu dem Haus eine Garage: ja ☐ nein ☐
  Wo:

  ____

- Wie groß ist die Garage (Meter): lang _______ breit _______ hoch _______
- Gibt es einen Abstellplatz für Autos: ja ☐ nein ☐
  Wo:

  ____

4.13 sonstige Ausstattung

____

____

____

____

5. Fragen an den Hausbesitzer / Verkäufer

Klären Sie jetzt alle Fragen, die während der Besichtigung offen geblieben und für Sie wichtig sind.

- Größe des Grundstücks (Meter): Länge ______ Breite ______ Fläche ______ qm

- Baujahr: ________
  Anhaltspunkt: Gute Bausubstanz vor 1914 und ab 1970. Oft weniger gut bei Häusern, die nach Kriegen gebaut wurden (1918–1922 und 1945–1955)

- Grundriss:
  Wohnfläche ______ qm Nutzfläche ______ qm Wohn- und Nutzfläche ______ qm
  umbauter Raum ______ qm Zahl der Zimmer ______ Keller insgesamt ______ qm

	Erdgeschoss	1. Stock		Erdgeschoss	1. Stock
Wohnzimmer	______ qm	______ qm	Esszimmer	______ qm	______ qm
Flur	______ qm	______ qm	Küche	______ qm	______ qm
Bad	______ qm	______ qm	WC	______ qm	______ qm
________	______ qm	______ qm	________	______ qm	______ qm
Terrasse*	______ qm	überdacht	ja ☐ nein ☐		

	Erdgeschoss	1. Stock		Erdgeschoss	1. Stock
Schlafzimmer	______ qm	______ qm	Schlafzimmer	______ qm	______ qm
Schlafzimmer	______ qm	______ qm	Flur	______ qm	______ qm
Bad	______ qm	______ qm	Balkon*	______ qm	

*) Tatsächliche Maße eintragen. Dahinter notieren, wie viel Prozent davon bei der Wohnfläche mitgerechnet wurden.

- Haben Sie eine Kopie des Grundrisses: ja ☐ nein ☐

- Was sind die Gründe für den Verkauf:

  ____

  ____

- Wohin zieht der Verkäufer:
  (eventuell Hinweis auf Nachteile des Hauses!)

  ____

  ____

- Bei noch zu bauendem Haus: Reicht Ihnen die im Festpreis angebotene Standardausstattung? Wenn nein, welche Sonderwünsche haben Sie:

  ____

  ____

- Wie sollen diese Sonderwünsche abgewickelt werden:
  (Achtung, vergleichen Sie sehr sorgfältig die Preise, falls der Bauträger Ihre Sonderwünsche an die Handwerker in Auftrag gibt. Wenn Sie die Handwerker selbst beauftragen, sollten Sie das rechtzeitig tun. Sonst geraten Sie zu leicht unter Druck!)

  ______

- Wenn Sie ein noch zu bauendes Haus nach der Besichtigung eines Musterhauses kaufen: Welche Abweichungen gibt es zu »Ihrem« Haus bezüglich Lage, Grundriss, Ausstattung:

  ______

  ______

- Wird das Objekt mit gesundheitlich unbedenklichem Material gebaut: ja ☐ nein ☐

- Ist der Bauträger bereit, mindestens die Standards der Qualitätsgemeinschaft Fertigbau vertraglich zuzusichern: ja ☐ nein ☐

- Welche weiteren Verbesserungen akzeptiert der Bauträger zusätzlich (Beispiele Gipsplatten nur aus Naturgips; keine Holzschutzmittel in Innenräumen; Verzicht auf formaldehydhaltiges Material?):

  ______

  ______

- Höhe der jährlichen Heizkosten prüfen (Rechnungen der letzten Jahre)

6. Einschränkungen

- Vermietet: ja ☐ nein ☐
  Wie viele Parteien: ______

- Wie lange laufen die Mietverträge: ______
  (Verträge einsehen)

- Sonstige Nutzungs-Rechte: ja ☐ nein ☐
  (Beispiele Wege-Recht, öffentliche Rechte)
  Welche:

  ______

- Denkmalschutz: ja ☐ nein ☐

- Gab es größere Schäden an dem Objekt: ja ☐ nein ☐
  (zum Beispiel im Krieg)
  Welche:

  ______

- Wurden in den letzten Jahren größere Reparaturen durchgeführt (Rechnungen zeigen lassen): ja ☐ nein ☐

- Ist möglicherweise gesundheitsgefährdendes Material zum Bau oder bei Modernisierungen verwendet worden (Holzschutzmittel, formaldehydhaltiges Material): ja ☐ nein ☐
  Bei Fertighäusern, Fachwerkhäusern und sonstigen mit viel Holz gebauten oder ausgebauten Häusern oder ETW sollten Sie im Zweifelsfall auf einer entsprechenden Prüfung durch einen Fachmann bestehen. Ist der Verkäufer mit Tests einverstanden (Raumluftsammler, Untersuchung von Holz- und Spanplattenstückchen)?

7. Bewertung, Kosten

- Einheitswert-Bescheid vom: ________ (Datum) ________ €

- Brandversicherungs-Schein vom: ________ (Datum) ________ €

  Errechnung des ungefähren Wertes des Gebäudes:
  Brandversicherungswert mal Indexfaktor (24,6 in 1994) abzüglich der Abschreibung bei älteren Gebäuden = ungefährer Wert des Hauses; Beispiel für Abschreibungssätze für ein Gebäude mit 80 Jahren Nutzungszeit:

nach 5 Jahren	3,8%	nach 10 Jahren	7,5%	nach 15 Jahren	11,3%
nach 20 Jahren	6,0%	nach 25 Jahren	21,0%	nach 30 Jahren	26,0%
nach 35 Jahren	31,8%	nach 40 Jahren	38,0%	nach 45 Jahren	44,3%
nach 50 Jahren	51,0%	nach 55 Jahren	53,5%	nach 60 Jahren	66,0%
nach 65 Jahren	73,8%	nach 70 Jahren	82,5%	nach 75 Jahren	91,3%
nach 80 Jahren	100,0%				

- Kosten:
  Grundstück (einschließlich Erschließungs- und Anliegerkosten) ________ €
  Haus ________ €
  Garage, Stellplatz ________ €
  Maklerprovision (einschließlich Mehrwertsteuer) ________ €
  Gesamtpreis (einschließlich Mehrwertsteuer) ________ €

- Ist der Gesamtpreis: fest ☐ Verhandlungsbasis ☐

- Die wichtigsten Steuern und Betriebskosten pro Jahr (geschätzt):
  Heizung ________ €
  Elektrizität ________ €
  Anliegergebühren (Müllabfuhr, Abwasser, Straßenreinigung): ________ €
  bei ETW: Hausmeister-/Verwalterkosten-Anteil: ________ €
  bei ETW: Anteil an Instandhaltungs-Rücklage: ________ €
  sonstige Kosten: ________________ ________ €

  Gesamtkosten: ________ €

- bei relativ neuen Häusern und ETW: ja ☐ nein ☐
  Sind alle Kosten für die Erschließung schon bezahlt:
  Wenn nein, wie viel ist noch zu zahlen
  (bei Gemeinde nachfragen): _______ €

- Kommt das Objekt für Sie in die engere Wahl: ja ☐ nein ☐
  Wenn ja, alle Kosten detailliert auf ARBEITSBLATT 7
  und 8 erfassen.

CHECKLISTE 8:

Prüfung einer ETW (Gemeinschaftseigentum)

____
Bezeichnung/Adresse der ETW

____
Eigentümer/Bauherr Adresse Telefon

____
Makler Adresse Telefon

____
Hausmeister/Verwalter Adresse Telefon

Für die Prüfung der Umgebung, Lage des Grundstücks und des Hausäußeren, der Wohnung und des hauseigenen Kellers CHECKLISTE 7 verwenden.

Achten Sie besonders auf den Schutz der ETW gegen Schall von Nachbarwohnungen (zum Beispiel akustisch ungünstige Grundrisse, schlechte Schalldämmung der Sanitär-Installationen), vom Treppenhaus (zum Beispiel lautes Durchgangs-Treppenhaus, Fahrstuhl, Müllschacht in der Nähe) und gegen Schall von draußen. Bei Verkehrslärm: Prüfen Sie sorgfältig die Schallschutz-Qualität von Mauern, Fenstern und Türen.

1. Besichtigung Sondereigentum (Wohnung):

- Bewertung mit CHECKLISTE 10
- Welcher Kellerraum/Abstellraum gehört zu der Sie interessierenden ETW (Bezeichnung, Größe, qm):

  ____

2. Besichtigung Gemeinschafts-Eigentum

2.1. Außenanlagen

- Bewertung mit CHECKLISTE 7

2.2. Treppenhaus, Flure

- Wie wirken Eingangsbereich, Flure und Treppenhaus auf Sie (großzügig, repräsentativ, verwinkelt, einfach, lange Gänge):

  ____

- Wie ist der Zustand dieser Bereiche: gepflegt ☐ renoviert ☐ vernachlässigt ☐ Renovierung erforderlich ☐

- Gibt es einen Aufzug: ja ☐ nein ☐

- Grenzt der Aufzug an die Sie interessierende ETW: ja ☐ nein ☐

- Wenn ja: Sind in der Wohnung Aufzuggeräusche zu hören ja ☐ nein ☐

2.3 Sauna

- Vorhanden ja ☐ nein ☐

2.4. Schwimmbad

- Vorhanden ja ☐ nein ☐

- Wo: ☐ im Haus ☐ im Garten

- Größe: Länge ______ m
  Breite ______ m
  Tiefe ______ m

- Sonstige Ausstattung (Achtung: Prüfen Sie, ob das Hausgeld durch die Unterhaltung des Schwimmbades überdurchschnittlich hoch ist.):

  ____

  ____

2.7. Sonstige Gemeinschafts-Räume / Einrichtungen
(Hobby-, Party-, Fitness-Räume)

____

____

- Gibt es einen Gemeinschafts-Waschraum: ja ☐ nein ☐

- Ausstattung des Waschraums: Waschmaschinen ☐ Trockner ☐

2.5. Parkplätze für Besucher

- Wie viele Parkplätze gibt es: ______
  Wie liegen diese:

  ____

2.6. Garage / Stellplatz

Welche Garage, welcher Stellplatz gehören zu der Wohnung:

Garage ▢ Wo: ______________________________

Stellplatz ▢ Wo: ______________________________

- Wie groß ist die Garage: Länge ______ m
  Breite ______ m
  Tiefe ______ m

- Ist noch genügend Platz in der Garage, um Fahrräder und sonstiges abzustellen: ja ▢ nein ▢

- Wo sonst können Fahrräder, Kinderwagen abgestellt werden:

  ____

  ____

3. Fragen an den Besitzer / Verwalter der ETW

Wenn es – bei Neubauten – einen Verwaltungsbeirat der Eigentümer gibt, fragen Sie auch ein Mitglied des Beirates.

Zusätzlich:

- Was für Leute wohnen in dem Haus (Passen die zu Ihnen?):

  ____

  ____

- Wie viele Wohnungen sind von Eigentümern bewohnt und wie viele sind vermietet: Eigentümer ______
  vermietet ______
  Total ______

(je weniger vermietet, desto besser, wenn Sie selbst dort wohnen wollen)

- Wie ist das Klima im Haus? Gibt es Streitigkeiten zwischen den Eigentümern oder mit dem Verwalter? Laufen Mahnverfahren gegen säumige Eigentümer:

  ____

  ____

- Lassen Sie sich vom Verkäufer eine verbindliche Aufstellung folgender Kosten geben (anteilig für die ETW): Hausreinigung, Treppenhaus-Beleuchtung, Aufzug, Abwasser, Müllabfuhr, Straßenreinigung, Verwalter-/Hausmeister-Kosten, Instandhaltungs-Rücklagen. (in ARBEITSBLATT 7 eintragen)

- Vergleichen Sie diese Kosten mit denen in ähnlichen Häusern (Fragen Sie Makler und den Grundeigentümer-Verein).

- Wie werden die folgenden Kosten für die ETW ermittelt:

  Heizung: nach Verbrauch ☐ / sonstiger Schlüssel ☐ / festgestellt durch: ________

  Wasser: nach Verbrauch ☐ / sonstiger Schlüssel ☐ / festgestellt durch: ________

- Letzte Jahresabrechnung des Verwalters prüfen, ob und wie hoch Eigentümer mit Zahlungen im Rückstand sind. (Die anderen Eigentümer müssen das Geld erst einmal für diese säumigen Zahler vorlegen, denn alle Eigentümer haften gesamtschuldnerisch!)

- Gibt es Erträge aus Gemeinschaftseigentum: ja ☐ nein ☐

- Wie viel entfallen auf die ETW: € (pro Jahr): ________

- Ist die ETW vermietet: ja ☐ nein ☐
  Wie lange läuft der Mietvertrag: ________ Jahre

- Wenn Sie die ETW weiter vermieten wollen:
  Ist die Miete marktgerecht: ja ☐ nein ☐

  Höhe der monatlichen Miete: ________ €

- Wann ist die Wohnung frei oder bezugsfertig:

  ____

- Liegt die ETW günstig bezüglich Energie-Einsparung (zum Beispiel zwischen beheizten Wohnungen): ja ☐ nein ☐

- Ist der Schall-Schutz ausreichend: ja ☐ nein ☐

- Welche größeren Reparaturen wurden in den letzten Jahren gemacht?

  An der Wohnung:

  ____

  ____

  Am Haus:

  ____

  ____

- Gab es dafür Sonderumlagen, weil die Instandhaltungs-Rücklage nicht hoch genug war: ja ☐ nein ☐

- Ist in nächster Zeit mit aufwändigen Reparaturen zu rechnen: An der Wohnung, am Haus: ja ☐ nein ☐

  ____

- Ist mit einer Sonderumlage zu rechnen, weil die ja ☐ nein ☐

  Instandhaltungs-Rücklage heute schon nicht ausreicht:

- Wie hoch ist zur Zeit die Instandhaltungs-Rücklage: ________ €
  Sind Teile davon bereits ausgegeben:

  ____

- Werden vom Verwalter regelmäßig Hausbegehungen gemacht – zum Beispiel einmal pro Jahr: (wichtig bei älteren Gebäuden) ja ☐ nein ☐

- Protokolle der letzten Begehungen prüfen.

- Wie beurteilen Sie die Qualifikation des Verwalters (gibt präzise Auskünfte, Anlage ist gepflegt; fragen Sie auch andere Hausbewohner):

  ____

- Laufen Gerichtsverfahren im Namen der Eigentümergemeinschaft oder gegen sie: ja ☐ nein ☐

4. Bewertung, Kosten

- CHECKLISTE 7, Punkt 7 oder ARBEITSBLÄTTER 7 und 8 ausfüllen.

CHECKLISTE 9:

Prüfung Teilungserklärung / Gemeinschaftsordnung

Haben Sie das Wohnungseigentumsgesetz studiert? (Siehe Literatur-Tipps)

1. Teilungserklärung

- Stimmen die Angaben in der *Teilungserklärung*? Ist das als *Sondereigentum* im Aufteilungsplan markierte und im *Teilungsverzeichnis* genannte identisch mit dem, was Sie kaufen wollen (wichtig bei Sondereigentum an Keller- oder Bodenräumen)?

- Bei noch nicht gebauten ETW: Liegt die beurkundete Teilungserklärung vor und ist sie beim Grundbuchamt eingereicht? (wenn nicht, mit dem Kaufvertrag warten. Fragen Sie einen Notar, welche Sicherheiten er einrichten kann.)

2. Gemeinschaftsordnung

- Entspricht die Regelung der Gemeinschaftsordnung Ihren Vorstellungen und Ihrer Lebensweise?

- Ist die Gemeinschaftsordnung im Grundbuch eingetragen? (Änderungen sind dann sehr schwierig durchsetzbar. Verzichten Sie auf den Kauf, wenn Sie Bedingungen nicht akzeptieren können.)

- Welche Sondernutzungs-Rechte gelten für Sie, welche für andere Eigentümer? Entspricht das Ihren Vorstellungen? Zahlen Sie für Instandhaltungs-Aufwendungen des von anderen sondergenutzten Gemeinschaftseigentums?

- Enthält die Gemeinschaftsordnung eine Bestimmung zur beruflichen Nutzung der Wohnung? Was ist durch diese Bestimmung möglich oder ausgeschlossen? Passt das zu Ihren beruflichen Plänen? Wenn nicht zu Wohnzwecken dienende Räume ausgewiesen sind, welche Gewerbe werden hier bereits ausgeübt? An wen können diese Räume verkauft werden?

- Gibt es eine schriftliche Gebrauchsregelung für die Nutzung des Sondereigentums und des Gemeinschaftseigentums? Falls nein: Prüfen Sie, ob in den Protokollen der Eigentümer-Versammlungen Regelungen dazu festgehalten sind.

- Stimmrecht: je Wohnungseigentum 1 Stimme (üblich)

- Wer ist der Verwalter?

- Ist er wirtschaftlich verbunden oder abhängig vom Verkäufer der ETW? (möglicher Nachteil bei der Abnahme der ETW und bei der Durchsetzung von Gewährleistungsansprüchen)

- Haben Sie den Verwaltervertrag und die Verwaltervollmacht genau gelesen? (Vertragsdauer höchstens 5 Jahre, Verwalter-Vergütung, Aufgaben des Verwalters)

- Wie hoch ist das Verwalterhonorar für die ETW im Jahr? (Mit anderen Objekten vergleichbar?)

- Bei Wohnanlagen mit mehreren Gebäuden: Zahlen Sie Reparatur- und Unterhaltskosten nur für das Gebäude, in dem Ihre ETW liegt? (andere Regelung ungünstig)

- Entspricht die Gemeinschaftsordnung bei den Abstimmungs-Modalitäten dem Wohnungseigentumsgesetz? Beispiele aus dem Gesetz: Mehrheitsbeschluss der Wohnungseigentümer-Versammlung erforderlich bei Bestellung und Abberufung des Verwalters, bei Aufstellung/Änderung der Hausordnung, bei Entscheidungen zu Instandhaltung/Instandsetzung des gemeinschaftlichen Eigentums, Versicherungen, Wirtschaftsplan, Instandsetzungs-Rücklage, Abstimmung über Wirtschaftsplan, Abrechnung des Verwalters, Bestellung Verwaltungsbeirat. Mehrheitsbeschluss von mehr als der Hälfte aller Wohnungseigentümer für Verlangen, dass ein Wohnungseigentümer seine Wohnung verkaufen muss (zum Beispiel bei grobem wiederholtem Verstoß gegen seine Pflichten laut § 14 WEG).

- Kosten- und Lasten-Verteilung am Gemeinschaftseigentum nach Miteigentumsanteil (gesetzliche Regelung)? Wenn nein: Nach welchem Schlüssel werden die Kosten für *Wohnflächen,* Büro/Praxis-Flächen und Gewerbeflächen verteilt?

- Zahlen Sie für Kosten, die Sie nicht verursachen? (Kosten für Eigentum mit Sondernutzungsrecht sollte der entsprechende Eigentümer tragen.)

- Entspricht Ihr Kostenanteil ihrem Verbrauch?

- Übernimmt der Verkäufer die anteiligen Bewirtschaftungskosten für noch nicht verkaufte ETW?

- Wird das eingezahlte Guthaben verzinst?

- Gibt es eine Hausordnung? Enthält diese Bestimmungen, die nicht zu Ihren Vorstellungen oder Ihrem Lebensstil passen?

- Ist die Hausordnung Bestandteil der Gemeinschaftsordnung? (Das ist unpraktisch, da für Änderungen Einstimmigkeit der Eigentümer erforderlich ist)

- Gibt es Auflagen/Begrenzungen bei einem späteren Verkauf oder einer Vermietung der ETW? Eine Zustimmung durch den Verwalter ist – vor allem bei kleinen Anlagen – üblich und kein Problem, da dieser nur aus wichtigem Grund nein sagen darf, zum Beispiel, wenn der Käufer nicht zumutbar ist.

- Ist Haustierhaltung erlaubt?

CHECKLISTE 10:

Grundriss-Prüfung

Prüfen Sie mit dieser Liste zu Hause in aller Ruhe die Grundriss-Pläne und Wohnflächen-Berechnungen der Sie interessierenden Objekte.

	Objekt 1	Objekt 2	Objekt 3	Objekt 4
■ Wohnfläche in Quadratmetern:				
■ Nutzfläche in Quadratmetern:				
■ Gesamtfläche in Quadratmetern: Welchen Anteil in Prozent haben die Hauptbereiche an der *Wohnfläche:*				
Aufenthaltsbereich				
(Wohnzimmer, Esszimmer, Arbeitszimmer, Schlafzimmer, Kinderzimmer, Dachstudio und ähnliche Zimmer)				
■ Zahl der Quadratmeter (laut Plan oder Wohnflächenberechnung):				
■ Anteil an der Wohnfläche in Prozent: (Günstig sind ungefähr 70 Prozent.)				
Haustechnischer Bereich				
(Küche, Hausarbeitsraum, Abstellraum, WC, Bad)				
■ Zahl der Quadratmeter:				
■ Anteil an der Wohnfläche in Prozent: (Günstig sind ungefähr 20 Prozent.)				
Verkehrsbereich				
(Flure, Diele, Treppen und ähnliche Räume)				
■ Zahl der Quadratmeter:				
■ Anteil an der Wohnfläche in Prozent: (Günstig sind ungefähr 10 Prozent.)				

- Über wie viel Ebenen erstreckt sich die Wohnung?

- Wenn Sie das Objekt vermieten wollen: Entspricht es in Größe und Zahl der Zimmer der Nachfrage:

Für Antwort »ja« ein J, für »nein« ein N eintragen.

1. Allgemein

- Ist die Wohnung so angeordnet, dass Sie optimal lüften können (Dauerlüftung von der warmen zur kühleren Seite, wichtig bei ETW):

- Können Sie direkt vom Flur oder von der Diele jeden Raum betreten (keine »gefangenen« Räume, in die Sie nur durch ein Zimmer gelangen können):

- Öffnen sich die Türen zur richtigen Seite, ohne Personen in dem Raum zu behindern:

- Sind die Türen zweckmäßig angeordnet (Mauerbreite zwischen Tür und Wand mindestens Schranktiefe):

- Ist der Grundriss günstig für die Hausarbeit (kurze Wege):

- Sind die einzelnen Wohnbereiche wie Wohnen, Essen / Kochen und Schlafen einander gut zugeordnet und gut voneinander getrennt (»laute« Räume getrennt von »ruhigen« Räumen):

- Ist der Grundriss vielseitig genug für eine mögliche spätere Nutzungsänderung (Beispiele: Familienzuwachs, Kinder sind aus dem Haus, die Großeltern kommen dazu):

- Sind alle Aufenthaltsräume hell genug (Tageslicht):

- bei ETW: Gibt es einen Abstellplatz für Fahrräder, Kinderwagen? Liegt der Abstellplatz günstig zu Ihrer ETW:

2. Aufenthaltsbereich

Wohnzimmer

- Ist genügend Raum für einen Arbeitsplatz: Liegt das WC abseits vom Wohnzimmer oder dem Hauptaufenthaltsraum (Geräusche!):

Schlafzimmer

- Sind die Schlafzimmerwände frei von Frisch-/ Abwasserleitungen (Geräuschbelästigungen):
- Können Sie vom Elternschlafzimmer direkt ins Bad oder WC gehen:
- Bei kleinen Wohnungen und jungen Paaren: Ist im Schlafzimmer genug Platz für ein Babybett:
- Bei Reihen-, Doppelhäusern oder ETW: Sind die Schlafzimmer von lauten Räumen (Wohnzimmer, Treppenhaus, Bad) der Nachbarn weit genug entfernt:

Badezimmer

- Sind WC und Bad getrennt:
- Gibt es Fenster zum Lüften in WC und Bad:
- Bei kleinen Wohnungen: Ist genug Platz für die Waschmaschine:

Küche

- Ist die Küche groß genug (Essplatz, Platz für Schularbeiten):
- Können Sie Küchenmöbel mit einer Tiefe von bis zu 60 Zentimeter aufstellen:
- Ist auch Platz für eine Tiefkühltruhe (wenn Sie keinen Keller haben oder dieser zu weit entfernt ist):
- Gibt es eine Speisekammer:
- Ist der Essplatz nahe genug an der Küche:
- Können Sie Ihre spielenden Kinder von der Küche aus beaufsichtigen:

3. Verkehrs-Bereich

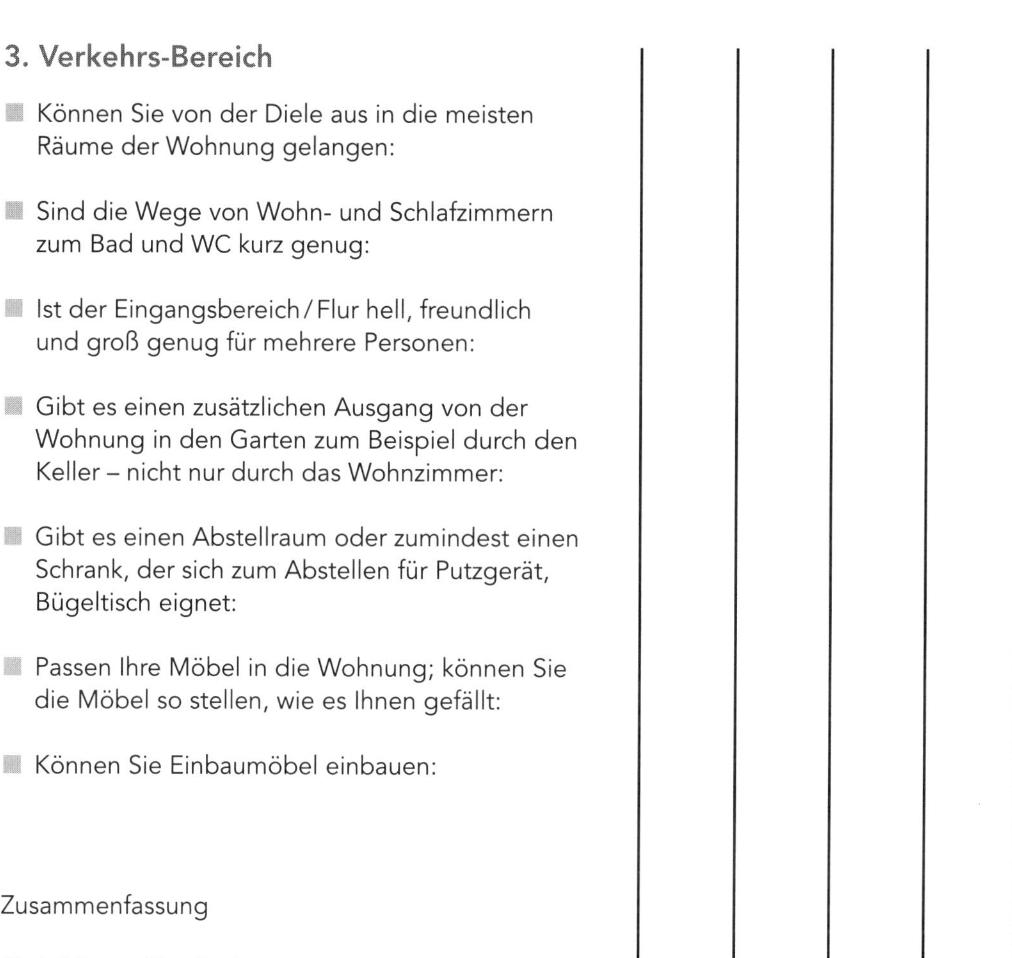

- Können Sie von der Diele aus in die meisten Räume der Wohnung gelangen:
- Sind die Wege von Wohn- und Schlafzimmern zum Bad und WC kurz genug:
- Ist der Eingangsbereich / Flur hell, freundlich und groß genug für mehrere Personen:
- Gibt es einen zusätzlichen Ausgang von der Wohnung in den Garten zum Beispiel durch den Keller – nicht nur durch das Wohnzimmer:
- Gibt es einen Abstellraum oder zumindest einen Schrank, der sich zum Abstellen für Putzgerät, Bügeltisch eignet:
- Passen Ihre Möbel in die Wohnung; können Sie die Möbel so stellen, wie es Ihnen gefällt:
- Können Sie Einbaumöbel einbauen:

Zusammenfassung

- Addieren Sie die Antworten:

J	N	J	N	J	N	J	N

CHECKLISTE 11:

Werbungskosten und Anschaffungs-/Herstellungskosten

Diese CHECKLISTE soll Ihnen helfen, möglichst alle für Sie steuerlich absetzbaren Kosten zu erfassen. Lassen Sie Ihre Auflistung aber unbedingt noch von einem Steuerfachmann prüfen: die Bestimmungen ändern sich häufig, und es gibt viele Sonderfälle. Rechnen Sie bei allen Kosten die Mehrwertsteuer mit.

1 Werbungskosten bei vermieteten Objekten

Wichtige Steuervorteile enthalten die Tabellen auf den Seiten 20 und 81. Diese Kosten können Sie auf ARBEITSBLATT 11 zusammenstellen.

Grundsätzlich können Sie dabei folgende Kostengruppen unterscheiden:
- Schuldzinsen und sonstige Finanzierungskosten
- Bewirtschaftungskosten (Betriebs-, Verwaltungs- und Instandhaltungskosten)
- Abschreibungen

Um keine steuerlich abzugsfähigen Werbungskosten zu vergessen, finden Sie im Folgenden eine Auflistung von typischen Posten (kein Anspruch auf Vollständigkeit!)

- [ ] Abschluss- und Kontoführungsgebühren für Bausparvertrag (Fragen Sie einen Steuerberater, wenn der Vertrag in früheren Jahren abgeschlossen wurde.)

- [ ] Kosten für Vermittlung von Fremdfinanzierungen, zum Beispiel durch Makler

- [ ] Gebühr Zwischenkredite

- [ ] Zwischenkredit-Zinsen

- [ ] Disagio

- [ ] Bereitstellungs-Zinsen

- [ ] Bürgschaftskosten

- [ ] Bausparkassen-Darlehensgebühr

- [ ] Notargebühren (im Zusammenhang mit Finanzierung)

- [ ] Grundbucheintragung einer Hypothek

- [ ] Gebühr Auskunftei für nicht gekaufte Objekte

- [ ] Wertermittlungs-Gutachten für nicht gekaufte Objekte

- [ ] Erbbauzinsen

- Abstandszahlungen an Mieter, Pächter oder für ein Wohnrecht in dem gekauften Objekt (Wenn dieses anschließend umgebaut oder abgerissen werden soll, rechnen die Zahlungen als Herstellkosten.)

- verlorene Anzahlung ohne Gegenleistung, wenn ein Bauträger/Bauunternehmer Konkurs anmeldet (Voraussetzung dafür: Objekt wird fertig gestellt und selbst bewohnt)

- Vorfälligkeits-Entschädigung für das nicht mehr benötigte Darlehen eines verkauften Objekts, wenn dieses in Zusammenhang mit und vor dem Kauf eines anderen Objektes anfällt

- Beiträge für Ersatz oder Modernisierung von vorhandenen Wegen und Straßen

- Prämien für Bauherren-, Grundbesitzer-, Privathaftpflicht- und Bauwesen-Versicherungen

Wenn Sie das Haus oder die Wohnung kaufen, in dem/der Sie leben:

- Finanzierungs- und Renovierungskosten, die zwischen Abschluss des Kaufvertrages und der Übername aller Lasten und Nutzungsrechte anfallen

Wenn Sie aus beruflichen Gründen umziehen und vorher Mieter waren:

- Entschädigungszahlungen an den Vermieter wegen vorzeitiger Kündigung, ebenfalls Prozesskosten in diesem Zusammenhang

- Sämtliche Kosten für die Suche und Besichtigung nicht gekaufter Objekte: Taxi-Kosten/km-Geld für Besichtigungsfahrten, Karten, Stadtpläne, Telefonate, Zeitungen; Übernachtungskosten, Tagegelder, wenn Sie mehr als 15 km von Ihrem Wohnort entfernt sind. (Auflistung auf ARBEITSBLATT 3)

- Grundsteuer

- Reparatur- und Modernisierungskosten in den ersten drei Jahren nach dem Kauf bis höchstens 15 % der Anschaffungskosten des Gebäudes

- Kosten Räumungsklage gegen Mieter

- Grundstückskosten wie Versicherungen, Müllabfuhr, Grundsteuer und Ähnliche

- Sämtliche Kosten, die mit dem Unterhalt des Hauses oder der ETW zusammenhängen (Gebühren, Versicherungen, Handwerkerkosten, Material, Hausverwaltung und Ähnliche)

- Kosten für die Suche neuer Mieter

- bei Objekten aus zweiter Hand: Breitbandkabel-Anschluss (Einmalgebühren und Verlegungskosten)

- Gartenanlagekosten bis 2.000 €

- Werkzeug, Material für Ausbesserungen

- Falls das vorher selbstgenutzte Objekt nach dem Auszug vermietet wird: Umzugskosten
- vergebliche Aufwendungen (Keine Leistung, weil zum Beispiel der Bauträger in Konkurs ging)

2. Anschaffungs- / Herstellungskosten

Diese Kosten sind die Basis für die AfA (vermietete Objekte). Die Kosten können Sie auf ARBEITSBLATT 12 zusammenstellen.

Zu Grund und Boden gehörige Kosten rechnen bei vermieteten Objekten überhaupt nicht mit.

Grund und Boden

- Kaufpreis für Grundstück
- Anschlusskosten außerhalb des Grundstücks für Strom, Wasser, Elektrizität, Gas
- Kosten für Suche und Besichtigung des später gekauften Objektes: Taxikosten / km-Geld für Besichtigungsfahrten, Karten, Stadtpläne, Telefonate, Zeitungen; Übernachtungskosten, Tagegelder, wenn Sie mehr als 15 km von Ihrem Wohnort entfernt sind. (Auflistung auf ARBEITSBLATT 3)
- Erschließungskosten (an die Gemeinde zu zahlen)

Auf Grund und Boden sowie Gebäude anteilig entfallende Kosten

- Grunderwerbsteuer
- Notargebühren für Eigentumsumschreibung
- Grundbuchgebühren für Eigentumsumschreibung
- Maklerprovision
- Kosten für Sachverständigengutachten

Gebäude

- Kaufpreis (einschließlich Garage)
- Mehrkosten für Sonderwünsche
- anschaffungsnaher Herstellungsaufwand (aufwändige Modernisierungs- und Instandsetzungsarbeiten, fragen Sie einen Steuerfachmann, was dazu gehört.)

- Fahrten zum gekauften Objekt (Bauüberwachung, Eigenleistung, Materialeinkauf und anderes, Verpflegungsmehraufwand bei Abwesenheit von mehr als 12 Stunden, Übernachtungskosten; ARBEITSBLATT 3)
- Abstandszahlungen an Mieter, Pächter oder für ein Wohnrecht in dem gekauften Objekt, wenn dieses anschließend umgebaut oder abgerissen werden soll
- Architekten- und Bau-Ingenieurhonorare
- Baugenehmigungsgebühren und -kosten
- Anschlusskosten des Hauses (Wasser, Abwasser, Strom, Gas innerhalb des Grundstücks)
- Baukosten (Maurer- und Dachdeckerarbeiten)
- Installation von Heizungs-, Sanitär-, Elektroanlagen
- Bau-Ausstattung (Fenster, Türen, Rollläden, Markisen, Wand- und festverlegte Bodenbeläge, Malerarbeiten)
- Heizkosten während der Bauarbeiten
- Antennenanlage, Breitbandkabel-Anschluss
- Blitzschutzanlage
- Alarmanlagen
- Fahrstuhlanlage
- Herd und Spüle, wenn diese Ausstattung durch den Vermieter üblich ist (regional verschieden)
- Entlüftungsanlagen
- Einbaumöbel (wenn sie wesentliche Bestandteile des Gebäudes sind)
- Einzäunung des Grundstücks, auch Hecken als Einzäunung
- Zahlung an die Gemeinde, mit der die Verpflichtung für Einstellplätze abgelöst wird
- Baumängel (Prozesskosten, Beseitigung)
- Abstandszahlungen an Mieter, Pächter, wenn das Objekt anschließend umgebaut oder abgerissen werden soll
- fest eingebautes Schwimmbad
- Holzvertäfelungen von Wänden und Decken

- Richtfestkosten
- Telefonkosten
- Wege, Plätze und Straßen auf dem Grundstück
- Terrassenbelag
- Abbruchkosten (in bestimmten Fällen, Steuerfachmann fragen)
- Erbbaurecht (einmalige Kosten im Zusammenhang mit dem Vertragsabschluss)
- Gartenanlagekosten (Abschreibung auf 10 Jahre, Aufwendungen bis 2.000 € sind sofort absetzbar)

CHECKLISTE 12:

50 Möglichkeiten zur Kostensenkung

1. Haus- oder ETW Suche

- Erbbau/Erbkauf
- Kauf auf Rentenbasis (Der Zinsanteil der Leibrente ist als Sonderausgabe steuerlich absetzbar – auch bei selbstgenutztem Objekt.)
- Maklerprovision vermeiden durch eigene Initiative bei der Suche. Ideen dazu ab Seite 23
- Versuchen Sie zu erreichen, dass der Verkäufer ganz oder teilweise die Maklerprovision übernimmt (Je nach Marktlage möglich)
- Versuchen Sie, mit dem Makler eine niedrigere Provision auszuhandeln

2. Finanzierung/Steuern

- Alle Möglichkeiten, Kapital zu beschaffen, anhand von ARBEITSBLATT 2 prüfen
- Alle Möglichkeiten, Steuern zu sparen, anhand von CHECKLISTE 11 und den Tabellen auf den Seiten 20 und 81 prüfen
- Günstigste Finanzierung durch Computer ermitteln lassen.
- Finanzierungs-Angebote mehrerer Institute anhand von CHECKLISTE 3–4 überprüfen
- Hypothek mit langer Laufzeit, zum Beispiel 30 Jahre. (Vorteil: Geringere Tilgung pro Jahr)
- Hypothekentilgung für die ersten Jahre aussetzen lassen
- Falls Bausparvertrag nicht rechtzeitig zugeteilt wird: Günstige Zwischenfinanzierung durch die Bausparkasse
- Bausparverträge von Verwandten kaufen. Auch Verlobte gelten bei den meisten Bausparkassen als Verwandte! (Ersparnis gegenüber Kauf von Fremden 0,5 bis 1% der Vertragssumme!)
- Wenn Teilzahlungsaufschläge verlangt werden: Prüfen, ob Auszahlung in einem Betrag und Anlage des noch nicht benötigten Geldes als Festgeld günstiger und möglich ist
- Finanzierung kostengünstig absichern: Wenn Sie eine Lebensversicherung haben, Ansprüche in Höhe der zu erwartenden Ablaufleistung an die Bank abtreten

- Abschluss einer preiswerten Risiko-Lebensversicherung mit fallender Summe, die die abnehmende Verschuldung berücksichtigt

- Bei Ehepaaren, die beide verdienen und eine Risiko-Lebensversicherung abschließen wollen: Statt getrennter Verträge für jeden Partner einen (wesentlich günstigeren) Vertrag auf beiderseitigem Leben abschließen

- Zinsgünstige Versicherungs-Darlehen (nur bei vermieteten Objekten)

- Bei Abschluss einer Lebensversicherung: Senkung der Versicherungs-Beiträge durch Vertragsabschluss auf den Namen eines Kindes (Nur zu empfehlen, wenn das Risiko durch entsprechendes Vermögen abgesichert ist.)

- Senkung der Monats- und Gesamtbelastung durch Einbeziehung der Überschussbeteiligung zur Vertragsminimierung (Abschluss Lebensversicherung nur über 50 % des Darlehens)

- Wenn Sie Objekte vermieten und über größeres Kapital verfügen: Kosten senken durch Kombination eines Hypothekenkredits mit Kapitaleinzahlung in Beitragsdepot. Fragen Sie Versicherungsgesellschaften nach Einzelheiten.

- Bemessungsgrundlage für Grunderwerbsteuer vermindern: Zum Haus gehörende Gegenstände wie Einbaumöbel, Sauna und anderes mit Preisen im Kaufvertrag auflisten. Dadurch mindern Sie den Kaufpreis.

- Bei vermieteten Objekten: Grundstückswert möglichst niedrig ansetzen. Dafür Kosten für das Gebäude möglichst hoch schätzen. Maßgeblich sind die Verkehrswerte des Boden- und Gebäudeanteils. Nicht zulässig ist die Restwertmethode, bei der der Verkehrswert des Bodens vom Gesamtkaufpreis abgezogen wird.

- Wird ein Teil des selbstgenutzten Hauses an nahe Verwandte vermietet, kann der Mietpreis in Höhe der Hälfte der ortsüblichen Miete vereinbart werden. Die Werbungskosten können trotzdem in voller Höhe geltend gemacht werden.

- Bei ETW: Prüfen Sie mit Hilfe eines Steuerberaters, ob Sie die Vorteile der wechselseitigen Vermietung zusammen mit einem anderen Käufer einer ETW in derselben Anlage nutzen können.

3. Abwicklung

- Beim Kauf eines lastenfreien Objektes: Kaufpreis direkt an Verkäufer zahlen, so sparen Sie Notarkosten (nur nach entsprechender Absicherung im Grundbuch!)

- Falls der Verkäufer noch Belastungen auf dem Grundstück hat: Verkäufer sollte einen Teil der Kosten des Notar-Anderkontos übernehmen, weil er davon ebenfalls profitiert

- Wenn die Auffassung im Kaufvertrag mitbeurkundet wird: Auflage, dass der Notar den Vertrag erst dann dem Grundbuchamt vorlegt, wenn die Zahlung des Kaufpreises sichergestellt ist. (In Einzelfällen kann eine getrennte Beurkundung sinnvoll sein)

- Das »vereinfachte Verfahren« bei Zwischenkrediten von Banken oder Sparkassen für einen bestehenden Bausparvertrag erspart Gebühren für Grundbuch-Änderungen (Kreditinstitut fragen)

- Kaufpreis für ein Objekt aus 2. Hand in möglichst langen Abständen auf Raten zahlen (Erspart Finanzierungskosten)

- Große Beträge zum spätestmöglichen Termin telegrafisch überweisen. Dafür Liste der Zahlungstermine anlegen.

- Teilweise Ersparnis der zum Beispiel beim Kauf eines Objektes vom Bauträger zu zahlenden Mehrwertsteuer durch Vermietung des Objektes oder eines Teils an einen Gewerbetreibenden (Anwalt, Arzt usw.). Fragen Sie den Steuerberater nach weiteren Einzelheiten.

- Notarkosten senken: Zustimmungsgenehmigungen selbst entwerfen (Beispiele: Verwalterzustimmung bei ETW, nachträgliche Genehmigungen der Vertragsbeteiligten)

- Höhere Verzinsung Ihrer Einzahlungen auf dem Notar-Anderkonto durch Anlage als Festgeld – wenn der Betrag länger liegen bleibt

- Notarkosten sparen durch Beglaubigungen von Unterschriften zum Beispiel bei der Gemeindeverwaltung – vorausgesetzt, dieses ist in Ihrem Bundesland zulässig

- Notarkosten sparen: Statt des Notars füllen Sie das Formular der Bewilligungserklärung für die Eintragung einer Hypothek oder Grundschuld ins Grundbuch aus. Der Notar beglaubigt nur die Unterschrift.

4. Nutzung

- Einliegerwohnung (Steuervorteile)

- Vermietung eines Teils der Wohnung

- Vermietung Garage / Stellplatz

5. Bau-Substanz, Ausstattung

- Auf Keller verzichten. (Bei Teilunterkellerung sind Einsparungen relativ gering)

- Ausbau von nicht sofort dringend benötigtem Raum nur vorbereiten (zum Beispiel Dach, Keller)

- Statt Garage nur Stellplatz

- Statt eingebautem Kamin nur Anschluss für später zu kaufenden separaten Kamin-Ofen

- Auf aufwändige Wand- und Deckenverkleidungen verzichten (zum Beispiel statt teuerer Fliesen Wände wasserfest lackieren)

- Statt Tapete nur Wandanstrich (oder selbst tapezieren)
- Preiswerterer Bodenbelag
- Sonstige aufwändige Sonderwünsche, zum Beispiel bei Sanitär-Installationen, sorgfältig prüfen
- Bei sämtlichen Handwerker-Rechnungen möglichst 3 % Skonto abziehen (vorher schriftlich im Auftrag vereinbaren!)
- Einbauten wie Küche, Teppiche, Spiegel günstig mitkaufen. (bei Kauf eines Objektes aus zweiter Hand)
- Einfachere Küchen-Einrichtung (Einzelmöbel sind wesentlich preiswerter als Systemküchen). Einbauküchen aus 2. Hand erwerben (Anzeigenblätter auswerten!).
- Selbstbau von Einbau-Schränken und begehbaren Schränken, zum Beispiel mit preiswerten Industrieregalen, statt neue Schränke zu kaufen
- Gartengestaltung zurückstellen
- Renovierungskosten der alten Wohnung senken: Veranstalten Sie eine »Renovierungs-Party« mit Freunden
- Versuchen Sie, die Renovierungskosten auf den Nachfolger abzuwälzen – wenn die Marktlage das zulässt
- Gebühren für Straßenreinigung sparen. In Neubaugebieten können Anwohner durch Gründung einer Siedlergemeinschaft bei der Stadt einen Antrag auf Befreiung von den Straßenreinigungsgebühren stellen. Dafür verpflichten sich die Anwohner, ihre jeweilige Straßenfront selbst sauber zu halten.

CHECKLISTE 13:

Endgültige Prüfung »Ihres« Hauses oder »Ihrer« ETW

Diese Checkliste bitte sorgfältig durchgehen, sobald Sie sich für ein Objekt entschieden haben. Schließen Sie einen Kaufvertrag nur nach genauer Prüfung der folgenden Punkte ab!

____

Bezeichnung/Adresse des Hauses/der ETW

____

Eigentümer/Bauherr | Adresse | Telefon

____

Makler | Adresse | Telefon

____

Hausmeister/Verwalter | Adresse | Telefon

Erledigte Punkte ankreuzen. Punkte, die für Sie nicht in Frage kommen, durchstreichen.

1. *Grundbuch*-Amt

- ☐ Haben Sie beglaubigte, aktuelle Grundbuch-Auszüge?
- ☐ Wer ist als Eigentümer eingetragen? (Achtung, bei Erbengemeinschaften kann es Probleme mit der Zustimmung zum Verkauf geben.)
- ☐ Wenn der Verkäufer nicht der Eigentümer ist: Haben Sie eine schriftliche Zustimmung zum Verkauf, zum Beispiel bei gemeinsamem Besitz von Ehegatten?
- ☐ Verzichtet die Gemeinde auf ihr Vorkaufsrecht, haben Sie das Negativzeugnis? (nicht erforderlich bei ETW)
- ☐ Sind im Grundbuch Rechte/Dienstbarkeiten eingetragen? Stimmt die Flurbezeichnung im Grundbuch mit denen in den Unterlagen des Verkäufers überein? Wenn der Verkäufer Rechte löschen muss: Welche Sicherheiten haben Sie dafür?

2. Bauordnungsamt

- ☐ Haben Sie Kopien des genehmigten Bebauungsplanes, des Katasterblattes und des amtlichen Lageplanes mit eingezeichnetem Haus, Garage, Stellplatz?
- ☐ Haben Sie den Generalverkehrsplan eingesehen? Beeinflussen die Planungen von Straßen und anderen Bauvorhaben den Wert Ihres Grundstücks?

- Wie ist der Boden des Grundstücks beschaffen? Gab es dort früher Gewerbebetriebe (Bodenverseuchung?) oder Müllkippen, Bergwerke (Bodenabsenkung?)? Haben Sie sich dazu gründlich erkundigt, zum Beispiel auch bei Leuten, die dort schon lange wohnen?
- Ist der Grundwasserstand überdurchschnittlich hoch?
- Gibt es Einschränkungen / Auflagen für das Wohngebiet, zum Beispiel keine Nutzgärten, keine offenen Kamine?
- Wie ist das Gebiet ausgewiesen: Reines Wohngebiet, Mischgebiet, Gewerbegebiet? Lassen Sie sich die Unterschiede genau erklären.
- Ist Ihr Grundstück durch Bauten auf den Nachbargrundstücken beeinträchtigt (Einsicht, Schattenwurf und anderes)?
- Beeinträchtigen künftige Bauten Ihr Grundstück?
- Liegen Baulasten vor? (Akte beim Bauamt einsehen)
- Gibt es sonstige öffentliche Beschränkungen: Objekt unterliegt den Bestimmungen des sozialen Wohnungsbaues, Denkmalschutz, Objekt liegt in einem Sanierungsgebiet?
- Sind nachträgliche bauliche Veränderungen von der Baubehörde genehmigt?
- Bei ETW: Ist die Teilung des Grundstücks vom Bauamt genehmigt? Haben Sie das schriftlich?
- Welche der erforderlichen / geplanten Veränderungen, Umbauten oder Modernisierungs-Maßnahmen sind

	technisch möglich	genehmigungspflichtig
______________________________	■	■
______________________________	■	■
______________________________	■	■
______________________________	■	■

3. Gemeindeverwaltung

- Sind noch Anlieger- oder Erschließungskosten zu zahlen? Schriftlich bestätigen lassen. Wenn ja, Teil des Kaufpreises zurückhalten bis zur Endabrechnung.
- Wenn kein Anschluss an die Kanalisation besteht: Ist ein Anschluss notwendig? Was kostet der Anschluss?
- Gibt es noch Grundsteuer-Rückstände?

4. Steuerberater / Finanzamt

- Ist die steuerrechtliehe Bewertung des Objekts – zum Beispiel als Zweifamilien-Haus, Einfamilien-Haus mit Einliegerwohnung – klar? Liegen dazu verbindliche schriftliche Mitteilungen des Finanzamtes vor (Einheitswertbescheid)?

- Haben Sie offene Fragen / Ihre Finanzierung mit einem Steuerfachmann geklärt?

5. Finanzierungs-Institut

- Haben Sie verschiedene Finanzierungs-Möglichkeiten geprüft? (CHECKLISTE 3, ARBEITSBLÄTTER 5 und 6)

- Liegen die Gesamtkosten des Objektes fest? (ARBEITSBLATT 8)

- Wenn Sie eine Hypothek vom Verkäufer übernehmen wollen: Sind die Konditionen marktgerecht? Liegt ein schriftliches Einverständnis der Bank mit den Konditionen vor?

- Wenn Sie ein Disagio vereinbart haben: Ist sichergestellt, dass das Disagio auch steuerlich abgesetzt werden kann (gilt nur für vermietete Objekte)?

6. Eigentümer / Verkäufer

- Haben Sie eine Kopie der Baugenehmigungs-Urkunde mit allen Auflagen?

- Haben Sie die Baubeschreibung und einen kompletten Satz der Baupläne, Pläne des Statikers, Ausführungszeichnungen (Ansicht von jeder Seite, Schnitte, Grundriss für jedes Geschoss, Elektro-, Heizungs-, Sanitär- und Entwässerungs-Pläne)? Außer den Elektro-, Heizungs- und Sanitärplänen müssen alle Pläne den Genehmigungsvermerk des Bauordnungsamtes haben.

- Haben Sie die Berechnungen der Wohnfläche, Nutzfläche und des umbauten Raumes? Wenn nicht vorhanden, Baubeschreibung, Pläne, Aufrisse und Flächenberechnungen anfertigen lassen. Oft liegen die Pläne beim Bauordnungsamt vor und können dort kopiert werden.

- Stimmen die Pläne noch? Haben Sie die Wohn- und Nutzflächen nachgemessen?

- Stimmt die Grundstücksgröße? Wenn es keine Vermessungs-Unterlagen aus neuerer Zeit gibt: Nachmessen oder neu vermessen lassen (Die im Kataster angegebenen Zahlen sind nicht rechtsverbindlich!).

- Welche größeren baulichen Veränderungen wurden nachträglich vorgenommen? Sind diese vom Bauamt genehmigt?

- Haben Sie sich vergewissert, dass keine Gesundheitsrisiken durch Baumaterial oder die Ausstattung der Wohnung zu erwarten sind (Holzschutzmittel, Asbest, Formaldehyd)?

- Ist der Verkäufer mit einer Klausel im Kaufvertrag einverstanden, dass er für mögliche Altlasten haftet (Beispiel Bodenverseuchung)?

- Ist der Verkäufer bereit, im Vertrag zuzusichern, dass ihm keine gesundheitlichen Probleme am oder im Haus durch Holzschutzmittel, Formaldehyd und andere Chemikalien bekannt sind?

- Wenn der Grundwasserstand überdurchschnittlich hoch ist: Gab es damit in der Vergangenheit Probleme? Eventuell von einem Fachmann überprüfen lassen. Bei Neubauten: Sind entsprechende Vorkehrungen gegen Wasser getroffen worden (Beispiel Dränage, Betonwanne, Pumpen)?

- Bei älteren Häusern: Haben Sie eine Bescheinigung des Schornsteinfegers, dass der Schornstein in Ordnung ist?

- Falls die Heizungsanlage erneuert werden muss: Ist der Kamin für Umrüstung auf Öl oder Gas geeignet?

- Bei neueren Häusern: Liegt die Abnahmebescheinigung der Baubehörde für das Haus vor? Wenn nicht, vom Bauaufsichtsamt prüfen lassen.

- Haben Sie Vermessungsbestätigungen und ein Grenzattest für das Grundstück?

- Haben Sie die Grenzsteine auf dem Grundstück gesehen?

- Haben Sie Kopien der Versicherungsurkunden (Brandversicherung und andere)?

- Ist eine Maklerprovision zu zahlen? Wie hoch? Schriftlich bestätigen lassen.

- Haben Sie die Umgebung und Lage gründlich geprüft? Mehrmals, zu verschiedenen Tageszeiten, an Werktagen und am Wochenende, zusammen mit Freunden (CHECKLISTE 10)? Haben Sie das Haus oder die ETW gründlich geprüft (CHECKLISTEN 10 und 11)?

- Bei älteren Objekten: Haben Sie die Bausubstanz und den Zustand des Gebäudes von einem Fachmann prüfen lassen? Bei ETW unbedingt das Gemeinschaftseigentum prüfen lassen; denn spätere Reparaturen können teuer werden.

- Haben Sie geprüft, ob und welche Modernisierungsmaßnahmen erforderlich sind (ARBEITSBLATT 9)? Haben Sie dafür eine verbindliche Kostenaufstellung eines Architekten und einen Zeitplan?

- Ist der Kaufpreis marktgerecht? (Prüfen unter anderem durch Einsehen der Kaufpreissammlungen bei den örtlichen Gutachterausschüssen; Vergleich mit Angeboten in der Zeitung; Wertgutachten und anderes.)

- Wenn das Objekt vermietet oder verpachtet ist: Haben Sie Kopien sämtlicher Verträge? Welche Ansprüche haben die Mieter an den Verkäufer (Kautionen, Mietvorauszahlungen)?

- Wenn Sie ein bisher vermietetes Objekt selbst beziehen wollen: Können Sie Eigenbedarf mit Aussicht auf Erfolg geltend machen? Wie lange läuft der Mietvertrag noch? Haben alle Personen, die den Mietvertrag unterschrieben haben, schriftlich zugestimmt, dass sie zu einem festgelegten Termin ausziehen?

- Bei Umwandlung von Wohnungen in ETW im sozialen Wohnungsbau: Erkundigen Sie sich über die Laufzeit der staatlichen Darlehen und die zahlreichen Einschränkungen für den Käufer! Die Materie ist kompliziert, unbedingt Fachleute befragen!

- Bei Objekten, die ganz oder teilweise gewerblich genutzt werden: Verlangen Sie vom Verkäufer eine Unbedenklichkeitsbescheinigung des Finanzamtes. (Sonst müssten Sie vielleicht für Umsatzsteuer-Schulden Ihres gewerblichen Mieters aufkommen!)

7. Beim Kauf vom Bauträger

- Wann ist das Objekt bezugsfertig?

- Haben Sie eine detaillierte Baubeschreibung, die die Qualität der Materialien und Einbauten eindeutig beschreibt (Typenbezeichnungen, Quadratmeter-Preise und Ähnliches)?

- Haben Sie verbindliche schriftliche Vereinbarungen über Ihre Sonderwünsche? Sind die Sonderwünsche genau festgelegt: Ausführung, Termin, Kosten?

- Haben Sie mehrere Referenzen vom Bauträger bekommen – zum Beispiel zu früheren Bauten?

- Haben Sie diese Referenzen geprüft, zum Beispiel mit Käufern dieser Bauten gesprochen?

- Hat der Bauträger in der Vergangenheit mit Käufern prozessiert?

- Haben Sie eine Auskunft über Ihren künftigen Vertrags-Partner eingeholt? (Möglichkeiten: über Ihre Bank; bei Auskunfteien)

- Bei kleineren Firmen und wenn der Bauträger nicht Eigentümer des Grundstücks ist: Genehmigung zur Ausübung des Gewerbes nach § 34 c der Gewerbeordnung zeigen lassen.

- Haben Sie einen aktuellen Auszug über den Bauträger aus dem Handelsregister vorliegen (Informationen über Gesellschaftsform, Geschäftsführer, Kapital und anderes)?

Zusätzliche Prüfpunkte bei ETW:

- Haben Sie Kopien der beglaubigten Teilungserklärung, vom Aufteilungsplan und Hausordnung? Haben Sie diese mit CHECKLISTE 12 geprüft?

- Haben Sie die Protokolle der Eigentümer-Versammlung durchgesehen? (Gute Information über Hauszustand, mögliche künftige Reparaturen, Klima zwischen Eigentümern und anderes)

- Sind große Reparaturen absehbar, die die Instandhaltungsrücklage übersteigen? Wie hoch würde Ihr Nachschuss-Betrag sein?
- Gibt es noch Verbindlichkeiten des jetzigen Eigentümers, zum Beispiel rückständiges Hausgeld?
- Wenn ja: Vereinbaren Sie schriftlich, dass der jetzige Eigentümer die Verbindlichkeiten vor Abschluss des Kaufvertrages ausgleicht.
- Gibt es Beschlüsse der Eigentümer-Versammlung, die die Teilungserklärung und die Gemeinschaftsordnung ändern oder ergänzen?
- Laufen Gerichtsverfahren der Eigentümergemeinschaft oder gegen die Eigentümergemeinschaft?
- Haben Sie eine Liste mit Namen und Adressen der anderen ETW-Käufer?
- Bei älteren modernisierten Gebäuden: Versuchen Sie, eine Baubeschreibung des Gebäudes vor der Modernisierung zu bekommen. (Ein Sachverständiger kann damit besser die Bauqualität einschätzen.)
- Bei Neubauten: Gibt es bereits eine – fest oder lose – organisierte Eigentümer-Versammlung?

CHECKLISTE 14:

Kaufvertrag

Grundsätzliches zum Kaufvertrag

- Haben Sie anhand von CHECKLISTE 13 alle für Sie wichtigen Fragen geklärt?
- Haben Sie eine komplette Kopie des Vertrages, genehmigte Baubeschreibung, Lageplan, Grundrisse und anderes?
- Haben Sie den Vertrag von einem Juristen prüfen lassen?
- Enthält der Vertrag den Hinweis »der Notar hat das Grundbuch eingesehen«?
- Sind folgende Punkte im Vertrag korrekt angegeben: Grundstücksgröße, Wohnfläche, Anteil von Balkonen/Terrassen an der Wohnfläche, Nutzfläche, Zahl der Räume, wichtige Ausstattung, Garage/Abstellplatz, Gemeinschaftseinrichtungen, Preis?
- Ist der Kaufpreis aufgeteilt in Anteile für den Boden und für das Gebäude? Entsprechen die Zahlen Ihren Vorstellungen? (Wichtig für Steuervorteile!)
- Sind zum Objekt gehörende Einrichtungsgegenstände, die Sie mit übernehmen wollen, detailliert mit Preisen aufgeführt? Stimmen diese Preise?
- Wenn das Objekt durch einen Makler vermittelt wurde: Liegt fest, wer wann welche Provision zahlt?
- Stimmt die Flur- und Grundstücksbezeichnung im Vertrag mit der im Kataster überein?
- Bei lastenfreier Übergabe des Grundstücks: Enthält der Vertrag eine entsprechende Zusage?
- Ist im Vertrag festgehalten, wer welche Erschließungskosten zahlt?
- Liegt eine Bescheinigung der Gemeindebehörde vor, dass die Gemeinde ihr gesetzliches Vorkaufsrecht nicht ausübt? (Auch bei Objekten aus zweiter Hand; nicht bei ETW.)
- Wenn Grundpfandrechte Dritter im Grundbuch eingetragen sind: Ist eine Klausel im Vertrag vorhanden, dass Zahlungen bis zur Löschung auf ein Treuhänder- oder Notar-Anderkonto gehen oder dass die Gläubiger aus dem Kaufpreis direkt befriedigt werden? (Zahlen Sie erst, wenn dem Notar die Löschungsunterlagen vorliegen.)
- Versuchen Sie zu erreichen, dass der Verkäufer im Vertrag zusichert, sämtliche für den Verkauf notwendigen Unterlagen und Urkunden zu beschaffen.
- Kündigung/Übernahme von Versicherungsverträgen: Feuer-, Wasser-, Sturm- und Hagelschlag-Versicherung können innerhalb von 30 Tagen nach Grundbucheintragung gekün-

digt werden. Die Hausbesitzer-Haftpflichtversicherung kann nur innerhalb der vereinbarten Fristen beendet werden.

- Bei einem vermieteten Objekt: ist zugesichert, dass es keine Mietrückstände gibt?

Bei ETW:

- Kaufpreis aufteilen in Preis für die ETW und die Summe der Instandhaltungsrücklage, die auf die ETW entfällt (Vorteil: Diese Summe ist frei von Grunderwerbsteuer.).
- Ist die voraussichtliche Höhe des Wohngeldes für 1 Jahr im Vertrag enthalten?
- Enthält der Vertrag eine Klausel, dass eventuelle Restforderungen von Wohngeld aus früherer Zeit zu Lasten des Verkäufers gehen?
- Ist ein Termin festgehalten, ab wann der Käufer Kosten und Lasten trägt?
- Wenn die Teilungserklärung noch nicht im Grundbuch eingetragen ist: Hat die Baubehörde die Abgeschlossenheits-Bescheinigung erteilt (Zustimmung zum Aufteilungsplan)?
- Bei geplantem Umbau der ETW vor Bezug: Genaue Beschreibung der Baumaßnahmen und Einverständnis der Miteigentümer in den Vertrag aufnehmen lassen.

Haus/ETW aus zweiter Hand

- Ist schriftlich festgelegt, welche Gegenstände/Einrichtungen im Haus verbleiben?
- Sichert der Verkäufer im Vertrag zu, dass keine versteckten Mängel bekannt sind?
- Sichert der Verkäufer im Vertrag zu, dass das Haus oder die ETW frei ist von Hausschwamm, Hausbock und sonstigen Schädlingen wie Schaben, Wanzen und Kugelkäfern (Haftung des Verkäufers nach § 459 Absatz 2 BGB)?
- Sichert der Verkäufer im Vertrag zu, dass ihm keine gesundheitlichen Belastungen durch Grund und Boden oder Haus bekannt sind (Beispiele: Altlasten im Boden, Ausdunstungen von Holzschutzmitteln und Formaldehyd, asbesthaltiges Material)?
- Wenn Sie vor der Grundbucheintragung modernisieren oder reparieren wollen: Enthält der Vertrag einen Hinweis, dass der Verkäufer mit den beschriebenen Arbeiten einverstanden ist?
- Wenn das Objekt ganz oder teilweise vermietet ist und Sie es selbst nutzen wollen: Haben Sie mit allen Mietern einen Mietaufhebungsvertrag geschlossen? Dieser Vertrag sollte Bestandteil des Kaufvertrages sein.
- Wenn der Verkäufer in dem zu kaufenden Objekt wohnt und nicht termingerecht auszieht: Minderung des Kaufpreises festlegen (besser als eine Mietzahlung, die Sie versteuern müssten).

- Ist der Zahlungstermin so festgelegt, dass die erforderliche Zeit für die Löschung der eingetragenen Lasten des Verkäufers berücksichtigt sind?
- Enthält der Vertrag die Erklärung des Verkäufers, dass keine versteckten oder wesentlichen Mängel bekannt sind?
- Falls Sie keinen Anspruch auf die Vorteile des sozialen oder öffentlich geförderten Wohnungsbaues haben: Hat der Verkäufer zugesichert, dass das Objekt nicht dem Wohnungsbindungs-Gesetz unterliegt?
- Bei Erbbaurecht-Verträgen: Verfügen Sie frei über das Erbbaurecht, so dass Sie ohne Schwierigkeiten auch wieder verkaufen können? Ist ein Vorkaufsrecht am Grundstück für Sie vereinbart?
- Hat der Verkäufer die eventuell noch vorhandenen Gewährleistungsansprüche an Handwerker auf Sie übertragen?
- Enthält der Vertrag den Hinweis, dass das Objekt, auch nachträgliche Umbauten/Änderungen, bauamtlich genehmigt ist oder sind?
- Bei Objekten, die ganz oder teilweise gewerblich genutzt werden: Liegt eine Bescheinigung des Finanzamtes vor, dass es keine Umsatzsteuer-Rückstände des Mieters gibt?

Haus/ETW vom Bauträger

- Sind die dem Vertragsentwurf beiliegende Baubeschreibung und die Pläne identisch mit denen, die Sie vorher geprüft haben?
- Haben die Pläne den Genehmigungsvermerk der Baubehörde?
- Sichert der Bauträger zu, dass alle Baugenehmigungen vorliegen?
- Im Vertrag bestätigen lassen, dass die Bestimmungen der Makler- und Bauträger-Verordnung für diesen Vertrag gelten.
- Wenn dies nicht zutrifft: Vertrag gründlich prüfen lassen. Vorsicht beim Kauf, wenn getrennte Verträge für Boden und für Gebäude verlangt werden!
- Sind die Erschließungskosten, Kosten für Anschluss an Versorgungs- und Entsorgungs-Anlagen einschließlich Mehrwertsteuer im Festpreis enthalten (Bestätigung im Vertrag)? Wenn nicht, Recht zur Zurückhaltung in Höhe der Erschließungskosten im Vertrag festhalten.
- Klausel aufnehmen, dass Käufer und Verkäufer berechtigt sind, den Festpreis zu ändern, wenn sich später Grundstücks- und Wohnflächen gegenüber der Baubeschreibung ändern.
- Ist der Festpreis durch andere Klauseln im Vertrag ganz oder teilweise aufgehoben?
- Sind Sonderwünsche – vor allem Veränderung der Bausubstanz – vertraglich vereinbart?

- Nachträgliche Änderungen von Bauzeichnungen und Material (angeblicher technischer Fortschritt) nicht akzeptieren.
- Sichert der Bauträger zu, dass das Baumaterial mindestens dem Standard der Qualitätsgemeinschaft Deutscher Fertigbau entspricht?
- Welche darüber hinausgehenden baubiologischen Verbesserungen akzeptiert der Bauträger? Entsprechende Vereinbarungen sollten Bestandteil des Vertrages sein.
- Sind Baubeginn und Fertigstellung genau festgelegt?
- Gibt es Klauseln, die verdeckte Mängel, wie zum Beispiel Bodenbeschaffenheit, ausschließen? Nicht akzeptieren!
- Ist Zahlung nach Baufortschritt vereinbart? Entsprechen die Raten den üblichen Sätzen, zum Beispiel der Makler- und Bauträgerverordnung: 30% nach Beginn der Erdarbeiten, Eintragung der Auflassungsvormerkung, Freistellungserklärung der Bank für vorgehende Belastungen und Baugenehmigung, 28% nach Rohbau-Fertigstellung (möglichst nach Vorlage des Bau-Abnahmescheins), 17,5% nach Fertigstellung der Rohinstallation einschließlich Innenputz, 10,5% nach Abschluss der Schreiner- und Glaser-Arbeiten, 10,5% nach Bezugsfertigkeit und Übergabe (möglichst nach Vorlage des Gebrauchs-Abnahmescheins), 3,5% nach Beseitigung aller Mängel und der endgültigen Fertigstellung.
- Wenn möglich, die letzte Rate zwei Jahre zurückbehalten (bestes Druckmittel).
- Wenn Zurückbehaltung nicht möglich ist: Welche Sicherheiten haben Sie für die letzte Rate, falls Mängel nicht beseitigt wurden? (Lösung: Bankbürgschaft des Bauträgers über die letzte Rate)
- Ist genau geregelt, wie Sie Mängel rügen müssen, die sich nachträglich herausstellen? (Versand als Einschreiben; erhält der Bauträger Kopien von Mängelrügen bei Handwerkern? Wann verjähren Ansprüche bei Handwerkern? Wofür haftet der Bauträger selbst? Welche Ansprüche gehen an Sie über?)
- Wenn das Haus/die Wohnung schon fertig ist und zum ersten Mal bezogen wird: Sind fünf Jahre Gewährleistung vorgesehen (üblich)?
- Entschädigung im Vertrag vereinbaren für Baumängel, die nicht mehr behoben werden können. Höhe durch neutralen Sachverständigen feststellen lassen.
- Versuchen Sie zu erreichen, dass der Bauträger seine Ansprüche an Handwerker im Vertrag auf Sie überträgt. (Bei Konkurs des Bauträgers können Sie nur so Ansprüche – zum Beispiel auf Mängelbeseitigung – durchsetzen!)
- Sind die Verzugszinsen am normalen Zinssatz orientiert und nicht überhöht? (4% über Basiszins der Deutschen Bundesbank sind noch in Ordnung)
- Bei Zahlungen auf Notar-Anderkonto: Wer übernimmt die Kosten bei der Bank? Wer erhält die Zinsen?

- Haben Sie eine Konventional-Strafe oder Verzugsschaden vereinbart? Beides sollte auf jeden Fall so angesetzt sein, dass Kosten für Unterbringung in einem Hotel und die Einlagerung der Möbel mindestens ausgeglichen werden.

- Bei ETW: Ist die Abnahme des Gemeinschaftseigentums durch einen neutralen Sachverständigen vereinbart, der von den Käufern beauftragt wird?

- Erteilen Sie keine Vollmachten im Vertrag für den Verkäufer, zum Beispiel für Belastung von Grundstücken, Abschluss von Darlehensverträgen!

- Gibt es eine Vollmacht für den Bauträger zur Änderung der Teilungserklärung? (Vorsicht: Prüfen Sie den Umfang dieser Vollmacht!)

- Festhalten, dass technische Veränderungen/Abweichungen von der Baubeschreibung durch den Bauträger nur nach schriftlicher Genehmigung durch Sie zulässig sind. (Ausnahmen: kleine unwesentliche Abweichungen)

- Haben Sie eine Fertigstellungs-Garantie des Bauträgers? (Bei Konkurs des Bauträgers sorgt dann die Bank des Bauträgers dafür, dass das Objekt fertiggestellt werden kann.)

- Gibt es eine Klausel, dass zur Fertigstellung der Bau-Abnahmeschein vorliegen muss?

- Verpflichtet sich der Bauträger, alle durch ihn zu stellenden Bescheinigungen und Unterlagen – zum Beispiel für die Finanzierung – rechtzeitig vorzulegen?

- Kann die Auflassungsvormerkung ohne Ihre Zustimmung, zum Beispiel vom Bauträger, wieder gelöscht werden? Wenn ja: Welche Voraussetzungen sind hierfür vorgesehen?

- Ist im Vertrag sichergestellt, ob und wann Sie vom Vertrag zurücktreten können, wenn der Bauträger in Verzug gerät?

- Wie sind Ihre Ansprüche abgesichert, wenn das Grundstück noch nicht geteilt ist und mit Hypotheken/Grundschulden belastet ist? (Lösungen: Hinterlegung des Kaufpreises beim Notar; Verkäufer hat die Bürgschaft einer Bank)

- Wenn das Gebäude mit erhöhtem Schallschutz und Wärmeschutz gebaut wird, im Vertrag mit DIN-Norm bestätigen lassen.

- Wenn die Zufahrts-Straße zu Ihrem Haus noch nicht gebaut oder noch nicht fertig ist: Vereinbaren Sie im Vertrag, dass der Verkäufer für eine Fertigstellung oder eine reibungslose Anfahrt des Möbelwagens zum Haus-Übergabetermin sorgt.

- Für zu vermietende Objekte: Ist vermerkt, dass die Voraussetzungen für die degressive Abschreibung gegeben sind? Ist das Fertigstellungsdatum für das neue Objekt festgehalten? Sichert der Bauträger zu, dass er bislang noch keine Abschreibungen auf dieses Objekt durchgeführt hat?

- Nur bei Bauverträgen, die nicht notariell beurkundet werden: Bestätigen lassen, dass der Vertrag den Bestimmungen des Gesetzes zur Regelung des Rechts der allgemeinen Geschäftsbedingungen (AGB-Gesetz) entspricht.

CHECKLISTE 15:

Abnahme Ihres Hauses oder Ihrer ETW

Für die Abnahme mitbringen: Vollständigen Satz der genehmigten Baupläne (Ausführungs-Zeichnungen Maßstab 1:50) und Baubeschreibung, Prospekte, Beschreibung der Sonderwünsche, Zollstock, Taschenlampe, Spannungs-Prüfer (Trockenrasierer zeigt ebenfalls, ob Steckdosen Spannung haben).

Räume möglichst schon vor der Abnahme in Ruhe nachmessen. Brauchen Sie einen Fachmann für die Abnahme?

1. Innenabnahme

Türen

- Schließen die Türen richtig?
- Schloss-Funktion geprüft?
- Schlüssel vorhanden?
- Sind keine Fugen mehr offen, zum Beispiel an den Türfüllungen, durch die es ziehen kann?
- Beschläge fest?
- Sind die Holz-Furniere von Türen und Rahmen einwandfrei?
- gut gestrichen?

Fenster

- öffnen
- schließen
- Kippstellung prüfen
- Scheiben in Ordnung, keine Kratzer?
- keine Verunreinigungen zwischen Isolierglasscheiben? (Nur gereinigte Scheiben abnehmen, sonst sind Fehler nicht sichtbar!)
- keine Ritzen und Fugen am Rahmen?
- Beschläge fest?

Heizkörper

- Werden alle warm?
- Funktionieren die Ventile oder Thermostate?
- Verkleidung der Konvektoren richtig?
- In der richtigen Farbe und ordentlich gestrichen?

Heizanlage

- Gebrauchsanleitung vorhanden?
- Sind Sie in den Gebrauch eingewiesen worden?
- Rohrleitungen isoliert?

Fußböden

- Belag wie Baubeschreibung?
- Flor zur Sonne, Schnittkanten?
- Stoßleisten vollständig, auch in den Ecken?
- Trennschienen zwischen Teppichboden und Fliesen oder Holzboden?

Sanitäreinrichtung

- WC, Waschbecken, Wannen entsprechend Baubeschreibung?
- keine Kratzer? (Genau prüfen!)
- Kräne laufen lassen (warm und kalt)
- Zubehör vollständig (Spiegel, Handtuchhalter)?
- Kacheln entsprechend Baubeschreibung oder Fliesenplan (falls vorhanden)?
- korrekt verlegt?
- gut verfugt?
- alle Kacheln in Ordnung (genau prüfen)?

Rollläden

- herunterlassen
- von innen und außen auf Zustand prüfen
- Können die Rollläden bis zum Fensterbrett oder Boden heruntergelassen werden?

Küche

- Anschlüsse Herd, Wasser in Ordnung?

Elektro-Installationen

- alle Schalter und Steckdosen wie Baubeschreibung?
- vollständig und an der richtigen Stelle?
- in Ordnung? (Mit Spannungsprüfer kontrollieren)

Zählerstand

- Verbrauch von Wasser, Gas und Strom notieren.

Raum-Maße

- Mit Grundriss, Höhen-Maße mit Schnitt-Plan vergleichen

Treppenhaus

- Stufen, Geländer-Befestigung prüfen

Maler-Arbeiten

- richtige Farben und Tapeten?
- sauber ausgeführt, zum Beispiel in Ecken, in Heizkörpernischen?

Sauberkeit

- Platten, Fußböden sauber, zum Beispiel keine Kalk- oder Zement-Flecken?

Abnahme-Protokoll

- genau durchlesen, ob alle festgestellten Mängel aufgeführt sind.

2. Außen-Abnahme

Haus

- Außenmauer in Ordnung: Putz, Anstrich, Verkleidungen?
- Außenmauer in der Erde ausreichend gegen Feuchtigkeit geschützt?
- Haus von außen vollständig verputzt/gestrichen?
- Dachrinnen komplett, läuft das Wasser ab?
- Dach-Abdeckung in Ordnung?
- Türen in Ordnung? (Gestrichen, schließen richtig) Schlüssel vorhanden?
- Außen-Anschlüsse Wasser, Elektro in Ordnung?
- Außenbeleuchtung in Ordnung? Vollständig nach Baubeschreibung?
- Sind die Keller-Fensterschächte mit Kies aufgefüllt?
- Sind alle Fugen, zum Beispiel zwischen Putz und Beton-Fertigteilen, gut verfugt?
- Balkon-Abläufe in Ordnung?
- Balkonboden mit ausreichendem Gefälle, damit Regenwasser ablaufen kann?
- Terrassenpflaster ordentlich verlegt? Entspricht die Fläche des Pflasters den Vereinbarungen?

Grundstück

- Umzäunung vollständig und der Baubeschreibung entsprechend?
- alle Erdarbeiten durchgeführt (planiert, Rasen eingesät)?
- Entwässerungs-Schächte und -Leitungen in Ordnung?
- Müllbox?
- Zugang zum Haus entsprechend Baubeschreibung?

Garage

- Komplett laut Baubeschreibung – auch auf dem Dach?
- Schließen Tor und Schloss richtig?

3. Sonstiges

Kauf vom Bauträger:

- Haben Sie eine Liste aller beteiligten Handwerker mit Namen, Adresse, Telefon-Nr.?
- Notieren Sie die Zählerstände für Gas, Wasser und Strom. (Ab jetzt zahlen Sie dafür.)

Bei ETW:

- Vermerken Sie, dass die Abnahme nur für Ihre Wohnung und nicht für das Gemeinschaftseigentum gilt. Achtung: Abnahme des Gemeinschaftseigentums nicht durch die Käufer, sondern nur durch einen unabhängigen Fachmann!

CHECKLISTE 16:

Umzug

So früh wie möglich:

- Wohnungs-Mietvertrag fristgemäß schriftlich kündigen (wie vertraglich vereinbart)
- Telefon ummelden oder neu beantragen (Antragsformular beim Postamt)
- falls erforderlich, neues Konto einrichten; Dauer-Aufträge für Zahlungen nach Einzug über neues Konto laufen lassen
- über Kindergarten und Schulen informieren, Kinder an- und abmelden
- Sammeln Sie für alle mit dem Umzug zusammenhängenden Kosten entsprechende Rechnungen und Quittungen

Ungefähr 2 Monate vorher:

- Möbelstellplan für die neue Wohnung erarbeiten
- klären, welche Möbel verwendbar sind; Welche Möbel brauchen Sie neu?
- Welche Möbel, welchen Hausrat wollen Sie nicht mitnehmen? Was passiert damit?
- Angebote von mehreren Speditionen einholen; bei Umzug in Eigenhilfe Mietwagen-Preise erfragen
- wenn Sie die Wohnung renoviert übergeben müssen: Angebot für Renovierung einholen
- wenn Gegenstände in der Wohnung ersetzt werden müssen, zum Beispiel Schalter, Scheiben, Schlüssel: Ersatz besorgen
- Aufträge an Handwerker erteilen
- Auftrag an Möbelspedition erteilen

Ungefähr 1 Monat vorher:

- falls Sie kleine Kinder haben: Babysitter für den Umzugstag besorgen
- falls Sie in einen anderen Ort ziehen: Haben Sie ausgeliehene Dinge (Bücher) zurück?
- Umzugsurlaub mit Arbeitgeber vereinbaren

- abmelden oder ummelden beim Einwohner-Meldeamt, Bezirksamt oder bei der Gemeinde-Verwaltung; Personalausweis mitnehmen (Meldeformulare in Schreibwarengeschäften)

- wenn Sie in Eigenhilfe umziehen wollen: Kosten der einzelnen LKW-Vermieter vergleichen; Wagen reservieren lassen; Helfer für Umzug gewinnen und über Termin informieren; Umzugskartons und Decken zum Schutz der Möbelteile aus dem Bekanntenkreis ausleihen

- Nachsende-Antrag bei Post stellen (Formular beim Postamt); Postfach abmelden

- Nebenräume aufräumen und reinigen; Überflüssiges aussortieren (Sperrmüll-Termin?)

- Liste sämtlicher Adressen aufstellen, die über den Umzug informiert werden müssen: Verwandte; Freunde; Bekannte; Arbeitgeber; Krankenkasse; Versicherungen; Versandhäuser; Geschäftspartner; Banken; Bausparkassen; Finanzamt; Kreiswehr-Ersatzamt; Zeitungs- und Zeitschriften-Verlage für Abonnements (Computer-Etiketten von Zeitschriften sammeln und mit der Adressen-Änderung an die Verlage geben); für TV und Funk-Gebühren Info an Gebühren-Einzugszentrale, Postfach 108025, 50656 Köln

- Dauer-Auftrag für Miete stornieren

- wenn Sie die Umzugs-Mitteilung originell gestalten wollen: Entwürfe machen oder machen lassen; drucken lassen oder kopieren

- Vorräte an Nahrungsmitteln verringern, zum Beispiel in der Kühltruhe

- Einbauten, die Sie selbst bezahlt haben, wie TV-Antenne, Elektro-Boiler, Jalousien, an den Haus-Eigentümer oder Nachmieter verkaufen

- falls Einbauten, Antennen mitgenommen werden: mit Handwerker schriftlich Abbau-Termin vereinbaren

- klären, ob alle Möbel im neuen Haus durch das Treppenhaus oder durch die Türen passen

Abmeldung / Ummeldung Auto:

- Umzug innerhalb Stadt- oder Landkreis: Ummeldung bei Zulassungsstelle (geänderten Personal-Ausweis, Kfz-Brief und Kfz-Schein mitnehmen)

- Umzug in anderen Ort: Abmeldung bei Zulassungsstelle

- neue Versicherungs-Bestätigungskarte von der Kfz-Versicherung ausstellen lassen

Ungefähr 1 Woche vorher:

- Termin für Ablesen des Gas-, Wasser-, Elektro-Zählers vereinbaren

- Handwerker für Umzugstag bestellen: Abmontieren von Herden, Transportsicherung von Waschmaschine; TV-Anschluss im neuen Haus

- Inhalt von Schränken, Bücherwänden aussortieren und in Kisten packen (Bücherkisten nur halb voll, mit leichten Sachen ausfüllen); Kartons von außen kennzeichnen; je Zimmer eine Nummer aufkleben.
- Teppiche reinigen lassen, Gardinen waschen
- Genehmigung für Aufzugs-Benutzung beim Umzug einholen
- Milch, Brötchen abbestellen
- dickes Papier oder dicke Folie zum Abdecken von Teppichböden für alte/neue Wohnung besorgen

1 Tag vorher:

- Proviant für Möbelpacker besorgen
- Schlüssel von allen Möbeln abziehen und in Umschläge stecken, Umschläge beschriften
- Kühlschrank abtauen
- Dinge, die Sie sofort im neuen Haus brauchen, extra packen; Beispiele: Handtücher, Rasierer, Kosmetiksachen, Taschenlampe, Werkzeugkasten, Toilettenpapier
- Platz vor dem Haus für den Möbelwagen freihalten
- PC, Plattenspieler für Transport sichern
- Waschmaschine transportfähig sichern
- prüfen, ob alle Möbel leer sind
- Gas, Wasser, Elektro-Zähler abgelesen?
- Wohnungs-Übergabe mit Vermieter: Übergabe-Protokoll erstellt und akzeptiert? Miet-Kaution zurückgezahlt?

Am Umzugstag:

- vor Beginn der Umzugsarbeiten jedes Möbelstück zusammen mit dem Kolonnenführer auf sichtbare Schäden prüfen; bereits vorhandene Schäden und Mängel auflisten und abzeichnen lassen
- Teppichboden mit Papier/Folie abdecken
- zusätzliche Arbeiten und sonstige größere Abweichungen vom Vertrag schriftlich festhalten und abzeichnen lassen

Vor Verlassen Ihrer bisherigen Wohnung prüfen:

- Sind alle Räume leer, auch Boden, Keller, Garage? Sind alle Lampen abgenommen oder alle Glühbirnen herausgenommen?

- Sind Strom, Gas, Wasser abgestellt?

- Ist das Telefon abgeschaltet?

In der neuen Wohnung:

- Teppichboden mit Papier / Folie abdecken

- Nummern auf Zimmertüren kleben, damit Kisten und Möbel an die richtige Stelle kommen

- Namensschild an Klingel und Hausbriefkasten anbringen

- nach Abschluss der Arbeiten: zusammen mit dem Kolonnenführer Möbel und Umzugsgut prüfen; äußerlich erkennbare Schäden durch den Umzug (Kratzer an Möbeln, beschädigtes Glas) auflisten; vom Kolonnenführer unterschreiben lassen

Tag nach dem Umzug:

- Gas, Wasser, Elektro-Zähler ablesen lassen

Innerhalb einer Woche nach dem Umzug:

- Anmeldung beim Einwohner-Meldeamt, Bezirksamt oder bei der Gemeinde-Verwaltung (Abmelde-Bestätigung vorlegen)

- Anmeldung Auto bei Zulassungsstelle (Kfz-Papiere und neue Versicherungs-Bestätigungskarte, Deckungskarte)

- bei Wehr-Überwachung: Kreiswehrersatzamt neuen Wohnsitz melden

- versteckte Schäden durch den Umzug bis zum zehnten Tag nach dem Umzug schriftlich an die Spedition melden; Schäden durch Zeugen in dem Schreiben bestätigen lassen

Später:

- Steuererklärung:
  Bei beruflich bedingtem Umzug können Sie bestimmte Kosten geltend machen; fragen Sie Ihren Steuerberater oder das Finanzamt nach den aktuellen Bestimmungen.

Arbeitsblätter

ARBEITSBLATT 1:

Ermittlung der möglichen Belastung

Für kleinere Einnahmen und Ausgaben reichen Schätzungen.

zur Zeit pro Monat (€)

1. Einkommen

- Netto-Einkommen des Hauptverdieners ______________
- Netto-Einkommen anderer Haushaltsmitglieder (nur anrechnen, wenn diese Einkommen Ihrem Haushalt voll zufließen und auch in Zukunft sicher sind)

______________________________ ______________

______________________________ ______________

- 13. Monatsgehalt, Weihnachtsgeld, Urlaubsgeld des Hauptverdieners und anderer Haushaltsmitglieder (geteilt durch 12)

______________________________ ______________

______________________________ ______________

- Falls bei Netto-Einkommen noch keine steuerlichen Freibeträge berücksichtigt sind: Lohn-/Einkommensteuer-Rückzahlung für Hauptverdiener und andere Haushaltsmitglieder (Rückzahlung geteilt durch 12):

______________________________ ______________

______________________________ ______________

- sonstige regelmäßige Einnahmen, mit denen Sie sicher auch in Zukunft rechnen können (Kindergeld, Mieten, Pachten, Zinserträge):

______________________________ ______________

______________________________ ______________

Summe des durchschnittlichen Einkommens pro Monat: ______________

2. Ausgaben

- Lebenshaltungskosten Ihres Haushaltes
  (Falls Sie diese nicht kennen, führen Sie am besten einige Monate lang Buch.) Mitrechnen: Nahrung, Kleidung, Auto, Urlaub, Versicherungen, Wohnnebenkosten wie Heizung, Wasser und ähnliches. Nicht mitrechnen: Miete für das Haus oder die Wohnung, in dem oder der Sie zur Zeit wohnen, Zahlungen an Bausparkassen (Banken und andere Kreditgeber rechnen als »Minimum-Kosten«: für eine Person 750 €, für Ehepaare 1.000 €, Zuschlag pro Kind 250 €. Bei hohem Einkommen und Lebensstandard werden wesentlich höhere Beträge angesetzt).

Summe der durchschnittlichen Ausgaben pro Monat

3. Einkommen abzüglich Ausgaben

- bei zu kaufender ETW: abzüglich 3 % Instandhaltungsrücklage und Verwaltervergütung ____________
- mal 12 ____________

= mögliche Belastung pro Monat

ARBEITSBLATT 2:

Schätzung des finanzierbaren Kaufpreises

1. Eigenkapital

1.1. Eigenkapital in Form von Geld, Vermögen oder Eigenleistung

- Sparguthaben, Guthaben auf Konten ____________
- Bausparguthaben einschließlich Prämien, Zinsen ____________
- Versicherungsguthaben (Rückkaufswert einer Lebensversicherung) ____________
- Aktien, Pfandbriefe und andere Wertpapiere ____________
- veräußerbare Wertgegenstände (Schmuck, Antiquitäten und ähnliches) ____________
- Wert eines vorhandenen Grundstücks ____________
- Kapitalhilfe der Verwandtschaft (vorgezogene Erbschaft, geschenkte Bausparverträge und ähnliches) ____________
- geschätzter Wert der Eigenleistung (nicht zu hoch ansetzen!) ____________

Summe (in ARBEITSBLATT 5 übertragen)

1.2. Eigenkapital in Form von Darlehen, die im Rahmen der Finanzierung als Eigenkapital gerechnet werden

- Verwandten-Darlehen ____________
- Arbeitgeber-Darlehen ____________
- Policedarlehen von der Lebensversicherung ____________
- Darlehen gegen Wohnrecht ____________
- Mietvorauszahlungen, zum Beispiel für eine Einliegerwohnung ____________

Summe (in ARBEITSBLATT 5 übertragen)

Gesamtes Eigenkapital = Summe aus 1.1. und 1.2.

2. Fremdkapital

- mögliche Belastung pro Jahr (aus ARBEITSBLATT 1 übertragen) Bei selbstgenutztem Einfamilienhaus oder einer ETW: mögliche Belastung pro Jahr mal 16,67 (Annahme: 6 % im Durchschnitt für Zinsen und Tilgung; genaue Höhe hängt von der Marktlage und der Zusammensetzung Ihrer Finanzierung ab). Nicht selbstgenutzte Häuser oder ETW können wegen der unterschiedlichen Höhe der Steuerbegünstigungen hier nicht geschätzt werden. ______________

= geschätztes finanzierbares Fremdkapital [ ]

3. Kaufpreis-Schätzung

- gesamtes Eigenkapital ______________
- zuzüglich geschätztes finanzierbares Fremdkapital ______________
- insgesamt verfügbar ______________
- abzüglich 8 % geschätzte Nebenkosten (Makler, Notar, Grunderwerbsteuer, Disagio, Gutachten, Finanzierungskosten) ______________

Anhaltspunkt für möglichen Kaufpreis [ ]

ARBEITSBLATT 3:

Liste Kosten für Suche, Finanzierung, Bau-Überwachung

Anlage für die Steuererklärung

Kosten für (ankreuzen)

- Suche und Besichtigung
- Finanzierung
- Bau-Überwachung

Kalenderjahr
Steuernummer
Name des Steuerpflichtigen

Datum	Anlass/Grund für Kosten	Beleg-nummer	Zahl der gefahrenen km	Kosten gefahrene km	Kosten insgesamt (aufgerundet)

ARBEITSBLATT 4:

Vergleich der Haus-/ETW-Angebote

Bezeichnung des Hauses/der ETW:	Angebot 1	Angebot 2	Angebot 3	Angebot 4
Bewertung in Schulnoten (1–6) aus der CHECKLISTE 7 für jedes der folgenden Kriterien eintragen: • Umgebung, Lage: • Grundstück: • Haus/ETW: • Bau-Substanz: • Grundriss: • Technische Einrichtungen: • Ausstattung:				
Stichworte eintragen: • Einschränkungen (zum Beispiel vermietet): • Was muss geändert werden:				
Zahlen aus CHECKLISTE 7 eintragen: • Grundstückgröße (Quadratmeter): • Wohnfläche (Quadratmeter): • Nutzfläche (Quadratmeter): • Wohn- + Nutzfläche (Quadratmeter): • umbauter Raum (Kubikmeter): • Preis Grundstück oder Grundstücksanteil: • Preis Gebäude: • Gesamtpreis: (fest oder Verhandlungsbasis) • Maklerprovision (einschl. MwSt):				
• Gesamtpreis (einschließlich möglicher Maklerprovision): • Preis pro Quadratmeter Grundstück: • Preis pro Quadratmeter Wohnfläche: • Preis pro Kubikmeter umbauter Raum: • Brandversicherungswert: • bei ETW: monatliche Betriebs- und Nebenkosten pro Quadratmeter:				
zusammenfassende Bewertung des Hauses oder der ETW (1–6):				

ARBEITSBLATT 5:

Finanzierungsplan 1. Jahr

Finanzierung durch: ____ Telefon: ____ Sachbearbeiter: ____	Spalte 1 Kapital-Betrag (1.000 €)	Spalte 2 Zinsbeträge; Versicherungsprämien (1.000 €)	Spalte 3 Tilgungsbeträge; Pro Jahr (1.000 €)	Spalte 4 Summe der Spalten 2–4 (1.000 €)
Eigenkapital (Spalte 1)				
• Eigenkapital (Summe aus ARBEITSBLATT 2):	____	____	____	____
• Darlehen, die als Eigenkapital rechnen (Verwandten-D.:, Arbeitgeber-D., D. gegen Wohnrecht)	____	____	____	____
Gesamtes Eigenkapital (Spalte 1)	____	____	____	____
• 1. *Hypothek:* ____	____	____	____	____
Auszahlung: ____ %; Laufzeit: ____ Jahre; Nominalzins: ____ %; Zinssatz fest für ____ Jahre	____	____	____	____
• 2. *Hypothek:* ____ Auszahlung: ____ %; Laufzeit: ____ Jahre; Nominalzins: ____ %; Zinssatz fest für ____ Jahre				
• *Bauspardarlehen:* ____ Auszahlung: ____ %; Laufzeit: ____ Jahre; Nominalzins: ____ %; Zinssatz fest für ____ Jahre	____	____	____	____
• Darlehen (z. B. Versicherung): ____ Auszahlung: ____ %; Laufzeit: ____ Jahre; Nominalzins: ____ %; Zinssatz fest für ____ Jahre	____	____	____	____
• Zwischenfinanzierung: ____ Auszahlung ____ %; Nominalzins ____ %; Zinssatz fest variabel				
• Risikoversicherungs-Prämie:	____	____	____	____
• Nebenkosten der Finanzierung				
Gesamtes Fremdkapital (Spalte 1)	____	____	____	____
Summe Eigen- und Fremdkapital (Spalte 1) (sollte den Gesamtkosten des Hauses/der ETW laut ARBEITSBLATT 8 entsprechen)	____	____	____	____
Betriebs- und Nebenkosten (pro Jahr) (laut ARBEITSBLATT 7)				____
Einnahmen – Vergünstigungen (pro Jahr)				
• Steuer-Ersparnis				____
• Aufwendungsdarlehen und -zuschüsse				____
• Mieteinanhmen aus dem Objekt; Lastenzuschüsse				____
Summe der Einnahmen/Vergünstigungen				____
Gesamtbelastung (pro Jahr) (Zinsen + Versicherungsprämien + Tilgung + Betriebskosten ./. Einnahmen/Vergünstigungen)				

ARBEITSBLATT 6:

Zahlungsplan Belastung in künftigen Jahren

Kosten/Erträge (1.000 €)	Herkunft	Laufzeit in Jahren	Jahr:	Jahr:	Jahr:	Jahr:	Jahr:	Jahr:	Jahr:	Jahr:	Jahr:
Zinsen, Tilgung	• Darlehen, die als Eigenkapital gelten										
Zinsen, Tilgung Versicherungs-prämien	• 1. Hypothek										
	• 2. Hypothek										
	• Bauspardarlehen										
	• Darlehen (z. B. Versicherung)										
	• Zwischenfinanzierung										
	andere										
	• ____________										
	• Nebenkosten der Finanzierung										
	Belastung aus Fremdkapital										
Haus-Kosten	Betriebs- und Nebenkosten										
Einnahmen, Vergünstigungen	• Steuervorteile										
	• Beihilfen, Aufwendungsdarlehen und -zuschüsse										
	• Mieteinnahmen, Lastenzuschüsse										
	Gesamt-Einnahmen, Vergünstigungen										
	Gesamtbelastung (Belastung aus Fremdkapital + Hauskosten ./. Einnahmen)										

ARBEITSBLATT 7:

Betriebs- und Nebenkosten

Kostenart	Kosten pro Jahr (gegebenenfalls geschätzt)	Haben Sie die Kosten überprüft? (zum Beispiel mit vergleichbaren Objekten)	
		ja	nein
		☐	☐
• Brandversicherung	______		
• Glasversicherung	______		
• Sturm- und Wasserschaden-Versicherung	______		
• Haftpflichtversicherung	______		
• Schornsteinfeger-Gebühren	______		
• Straßenreinigung	______		
• Entwässerungskosten (Abwasser)	______		
• Grundsteuer	______		
• Müllabfuhr	______		
• Kosten für Kaltwasser	______		
• Kosten für Warmwasser	______		
• Heizungskosten	______		
zusätzliche Kosten bei ETW:			
• Hausmeister-Kosten	______	☐	☐
• Strom Treppenhaus, Flur	______		
• Heizung Treppenhaus, Flur	______		
• Reinigungskosten Haus und Grundstück	______		
• Gartenpflege	______		
• Schneebeseitigung, Streuen	______		
• Fahrstuhl	______		
• Gemeinschaftsantenne	______		
• Instandhaltungs-Rücklage	______	☐	☐
• Verwaltervergütung	______		
• ______			
• ______			
Summe der Betriebs- und Nebenkosten		☐	☐

ARBEITSBLATT 8:

Zu erwartende Gesamtkosten

Kostenart	Beträge abgerundet einschließlich MwSt., abzüglich Skonto; geschätzte Beträge mit * versehen sofort fällig	später fällig (und wann)
1. Kosten Grundstück		
• Grundstück (bei ETW entsprechender Anteil)	____________	____________
• alle Erschließungs- und Anliegerkosten	____________	____________
Zwischensumme Grundstücks-Kosten	____________	____________
2. Kosten Haus / ETW		
• Gebäude (bei ETW ohne Grundstücks-Anteil)	____________	____________
• Garage(n); Stellplatz	____________	____________
• Modernisierungskosten (entsprechend ARBEITSBLATT 9)	____________	____________
• Sonderwünsche beim Bau und bei der Ausstattung (entsprechend ARBEITSBLATT 10)	____________	____________
• Architekten- und Sachverständigen-Honorare	____________	____________
• Baugenehmigungs-Gebühren und -Kosten	____________	____________
• Kosten für Anschluss des Hauses an Versorgungs- und	____________	____________
• Entsorgungsleitungen	____________	____________
• Kosten Geh- und Fahrwege	____________	____________
• Garten und sonstige Außenanlagen	____________	____________
• feste Einbauten, die nach Vereinbarung mit dem Verkäufer übernommen werden sollen	____________	____________
• ______________________________		
Zwischensumme Kosten Haus / ETW	____________	____________
3. Kosten für Suche und Finanzierung		
• verauslagte Kosten für die Suche (Anzeigen, Porti, Telefon und anderes)	____________	____________
• Makler-Provision	____________	____________
• Notargebühren (Kauf, Bestellung Grundschuld und Ähnliches)	____________	____________

• Justizkasse (Eintragung und Änderung Grundbuch)	________	________
• Grunderwerbsteuer	________	________
• Disagio (Finanzierung)	________	________
• Aval- und Bürgschaftsprovisionen	________	________
• andere Finanzierungskosten (Kontoführung, Teilauszahlungsaufschläge)	________	________
• ________________		
• ________________		
Zwischensumme Kosten für Suche und Finanzierung	________	________

4. Reserve für unerwartete Mehrkosten

(ungefähr 10 % der Kosten aus 1. und 2.)	________	________

5. Zu erwartende Gesamtkosten		

ARBEITSBLATT 9:

Kostenschätzung Modernisierungs-Maßnahmen

Modernisierungs-positionen (CHECKLISTE 10)	Zahl qm	Kurzbeschreibung der festgestellten Mängel	Kurzbeschreibung der Modernisierungsmaßnahmen		Geschätzte Kosten 1.000 €	
			sofort	in 3–5 Jahren erforderlich	sofort	in 3–5 Jahren erforderlich

ARBEITSBLATT 10:

Kontrolle Handwerkeraufträge

Arbeiten, Sonderwünsche	Lieferanten/Handwerker		Kosten-Schätzung € (gerundet)	Verbindliche Kosten			
	Firma/Sachbearbeiter	Telefon		Schriftliches Angebot vom	Kosten € (gerundet)	abgerechnete Kosten € (gerundet)	Gründe für Abweichungen

ARBEITSBLATT 11:

Ermittlung der Werbungskosten

Anlage für die Steuererklärung
Liste der Werbungskosten

■ **vermietetes Objekt**
Adresse des Hauses / der ETW

Kalenderjahr

Steuernummer

Name des Steuerpflichtigen

Datum	Kostenart (siehe CHECKLISTE 11)	Kosten € (gerundet)	Beleg-Nr.

ARBEITSBLATT 12:

Ermittlung der Anschaffungs-/Herstellungskosten

Anlage für die Steuererklärung
Liste der Anschaffungs- bzw. Herstellungskosten

- **selbstgenutztes Objekt**
- **vermietetes Objekt**

Adresse des Hauses/der ETW

Kalenderjahr

Steuernummer

Name des Steuerpflichtigen

Datum	Kostenart (siehe CHECKLISTE 11)	Kosten € (gerundet)	Beleg-Nr.

Möbelschablonen
(Maßstab 1:50)

Schrank 200 x 60
Schrank 200 x 60
Schrank 300 x 60

Schrank 300 x 70
Schrank 300 x 80
Esstisch ø 150

Schrank 200 x 70
Schrank 250 x 70
Schrank 250 x 70

Sideboard 200 x 60
Sideboard 200 x 60
Kommode 150 x 60
Kommode 150 x 80
Tisch 50 x 50
Tisch 50 x 50
Tisch 50 x 50

Sessel 125 x 125
Sessel 125 x 125
Sessel 125 x 125
Sessel 125 x 125

Stuhl
Stuhl
Stuhl
Stuhl
Stuhl
Stuhl
Stuhl
Stuhl
Stuhl
Stuhl
Stuhl
Stuhl
Stuhl
Stuhl
Stuhl

Sofa 200 x 125
Sofa 255 x 125
Sofa 255 x 125

Sofa 300 x 125
Sofa 300 x 125

Schreibtisch 200 x 80
Schreibtisch 200 x 80
Schreibtisch 160 x 80
Schreib-tisch 80 x 80
Schreib-tisch 80 x 80

Couchtisch 150 x 80
Couchtisch 150 x 150
Couchtisch 100 x 100
Couchtisch 150 x 100

Bett 90 x 200 | Bett 90 x 200 | Bett 120 x 200 | Bett 120 x 200 | Bett 140 x 200 | Bett 140 x 200

Regal 100 x 60
Regal 100 x 60
Regal 100 x 60
Regal 100 x 60
Regal 100 x 60
Regal 100 x 60
Regal 100 x 60
Regal 100 x 60

Bett 160 x 200 | Bett 160 x 200 | Bett 180 x 200 | Bett 180 x 200

Bett 200 x 200 | Bett 200 x 200

Regal 100 x 80 | Regal 100 x 80 | Regal 100 x 80 | Regal 100 x 80
Regal 100 x 80 | Regal 100 x 80 | Regal 100 x 80 | Regal 100 x 80

Esstisch 200 x 100 | Esstisch 200 x 125 | Esstisch 150 x 150 | Esstisch 150 x 80 | Esstisch 150 x 80

Spüle 100 x 60 | Spüle 120 x 60 | Spüle 180 x 60 | Küche 180 x 60 | Küche 120 x 60 | Küche 120 x 60

Küche 60 x 60 | Küche 60 x 60 | Küche 60 x 60 | Küche 60 x 60 | Küche 60 x 60 | Küche 60 x 60 | Küche 60 x 60 | Küche 60 x 60 | Küche 60 x 60 | Küche 60 x 60 | Küche 60 x 60 | Küche 60 x 60 | Küche 60 x 60

Bank 150 x 60 | Bank 150 x 60 | Bank 180 x 60

Stuhl | Stuhl | Stuhl | Stuhl | Stuhl | Stuhl | Stuhl